Operating System
운영체제

이 헌 지음

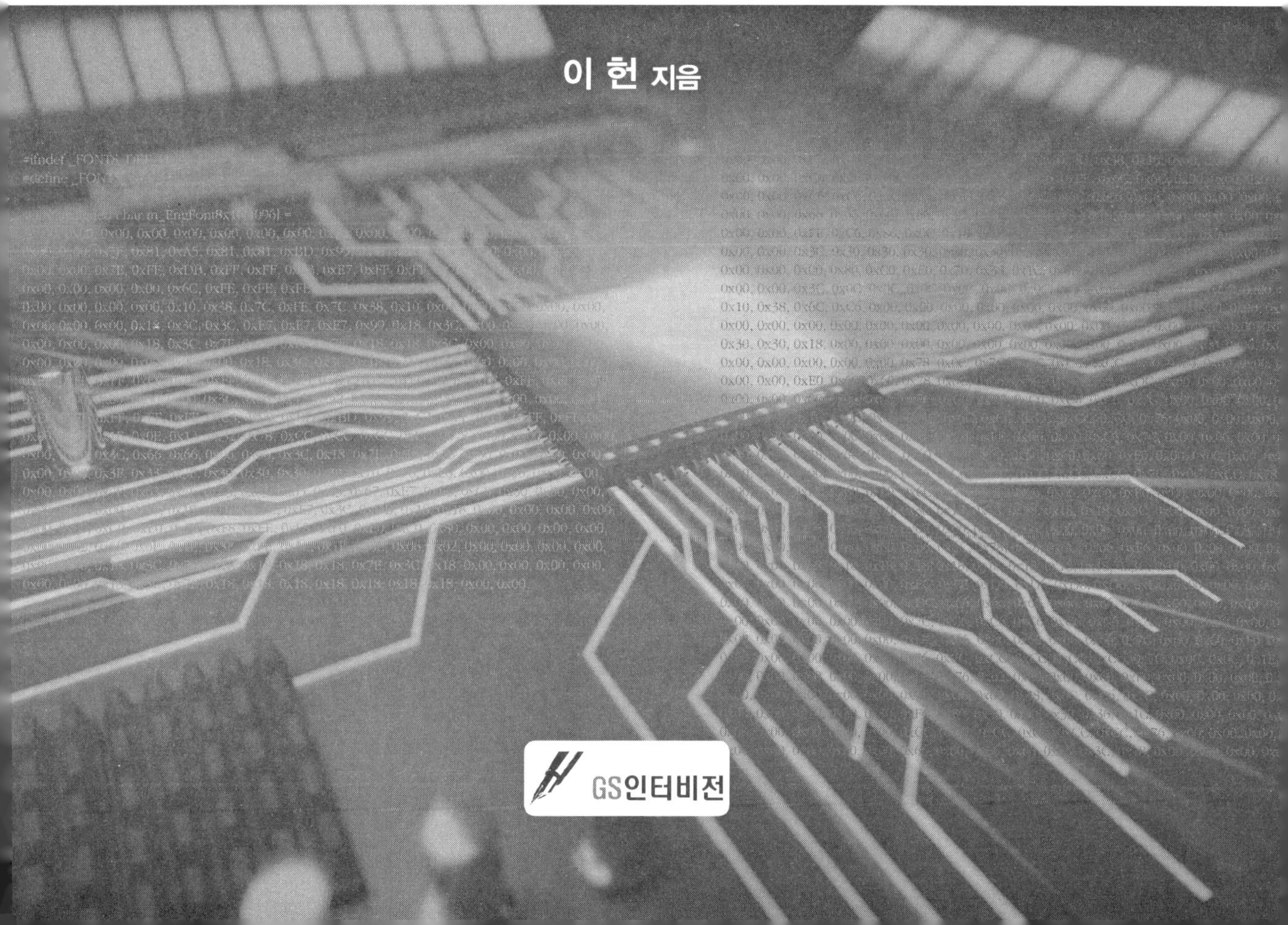

GS인터비전

머리글

시스템을 구성하는 모든 것은 중요하다.
하지만 구성하는 요소들의 중요도에는 차이가 없다.
이런 관점을 유지한다면, 시스템은 완전한 기능을 하게 될 것이다.

컴퓨터 공학을 전공하거나 그렇지 않고 컴퓨터를 응용하는 경우에도, 운영체제에 대한 중요성은 충분히 인식할 수 있다.

하지만 **컴퓨터 시스템**을 구성하는 많은 **하드웨어**와 복잡한 **소프트웨어**를 고려할 때, 그들 각자의 중요도에는 차이가 없어, 운영체제만이 특별히 중요하다고 강조해서는 안 된다. 이러한 인식을 지니고 컴퓨터 시스템에 대한 각 영역을 이해하려고할 때, 상호 결합된 기능과 능력을 충분히 해석할 수 있게 되어, 새로운 가능성을 발견하고, 문제해결을 위한 잠재적 도구로써 컴퓨터 시스템을 만나게 될 것이다.

소프트웨어는 매우 흥미로운 분야다.

그중에서도 시스템과 직접 관련이 있는 **시스템 소프트웨어**는 사뭇 설레는 분야로, 컴퓨터 하드웨어 시스템과 사용자의 응용 영역을 적절히게, 그리고 디당하게 관리하고 운영하여, 사용자의 무책임한 듯한 실행 요청에도 바른 결과를 도출해 준다. 이는 사용자에게 **편리성**과 **용이성** 그리고 **가용성**과 **효율성**을 제공해 주는 것으로, 이들은 운영체제가 추구하는 **기본 목표**다.

시스템 소프트웨어의 하나인 운영체제에 대한 필요성을 생각할 때, 운영체제가 없다면 하고 반문해 봄으로써 짐작하는 것은 어떨까?

늘 접할 수 있는 현재의 PC 운영체제인 윈도우즈 시리즈나 유닉스 패밀리 또는 맥 OS X 등과 같은 것이 없다면, 우린 어떻게 컴퓨터를 사용할까? 아마도 컴퓨터는 소수 전문가만을 위한 소유물로, 대부분의 사람과는 먼 거리에 있는 도구에 불과할 것이다.

자신이 작성한 프로그램을 기계가 알 수 있는 코드로 번역한 후, **주기억장치**는 물론 CPU를 비롯한 각종 **보조 처리기**들에게 직접 명령을 수행하도록 지시하고, 나아가 다른 사용자들의 요청을 고려하면서 결과를 얻도록 한다는 건, 매우 전문적인 분야가 아닐 수 없다. 운영체제는 우리의 인식 밖에서 이러한 과정을 수행하고 있었던 것이다.

결국 시스템 소프트웨어인 운영체제는 그 어떤 소프트웨어보다도 먼저 컴퓨터를 점유하고 지배하며, 우리의 처리 요구를 묵묵히 수행하는, 사람과 기계간의 협력자(**인터페이스**)였던 것이다.

운영체제에 대한 서적은 시중에서 쉽게 만날 수 있다. 동일한 분야의 책이 많다는 건 목적에 따라 다양한 개성이 발휘되었다는 것을 의미한다. 이러한 개성은 내용 구성에서부터 나타나며, 책의 폭과 깊이를 달리하게 한다. 그런 의미에서 이 책은 특별하다고 할 건 없다. 오히려 기존의 책들과 비교하면 부족할 따름이다. 하지만 이 책이 지닌 개성을 다음과 같도록 노력하였으니, 필요한 이들이 있을 것으로 여긴다.

먼저, 이 책은 읽기 쉽다.

읽기 쉽다는 건 최소한의 분량만 읽어도, 일정한 기법이나 개념을 이해할 수 있는 구조를 지녀야 한다는 것을 의미한다. 이를 위해 운영체제의 방대한 분야에 대한 개념을 순차적으로 풀면서도, 이어지는 문장들이 주는 따분함을 피하려했다. 본문 전체를 **60여 개(실제로는 90개가량)의 세부 주제**로 나눠 기술한 것이나, 하나의 주제가 2 페이지 이내에서 끝날 수 있도록 한 것은 이런 이유 때문이다. 따라서 초보자는 편안한 마음으로 읽을 수 있을 것이다.

한편, 세부 주제들은 묶어서 **9개의 부문**으로 구성시켰다. 운영체제의 대분류는 이 정도면 충분하고, 대부분의 책에서 취하는 형식이다.

이 책의 두 번째 특징은, 개념과 정의 그리고 특성으로 이어지는 내용 전개 형식이다.

새로운 분야를 공부한다는 건, 전문용어의 이해로부터 시작된다. 예를 들어, 이 한권의 내용 전체는 '**운영체제**'라는 하나의 용어를 설명하고 정의한다. 운영체제라는 한 단어를 이해하기 위해 최소한 한 권의 책이 필요하고, 대학에선 통상 한 학기의 강의를 한다. 이렇듯 전문 용어의 개념을 구축하는 게 일단의 공부다. 여기서는 용어들의 개념과 정의를 가능한 한 단문으로 구조화시키려 노력했다. 단일 개념을 지닌 정의들을 통해 전체 이해를 지속해나간다면, 단편적인 이해가 누적되면서 거대한 개념은 물론이고 새로운 자신만의 정의도 가능할 것이다.

셋째, 동일한 목표를 위한 여러 기법과 방식은, 동일한 조건을 통해 비교하므로 엄격한 구별을 발견하게 하였다.

운영체제는 영혼을 상상하게 한다.

이 책은 연구 목적이나 학문으로서의 접근에는 부적합하다. 그러다 보니 연구주제가 될 만한 내용들은 과감히 줄였고, 기초 개념 확립에 비중을 두었다. 선행 지식을 돕기 위해 각주를 사용하였고, 직접 다루지는 못하는 용어들은 부록에 기술했다.

나아가, 이해의 정도를 확인하기 위해, 간단한 문제들을 곳곳에 모아 두었으며, 이를 풀다보면 중요한 내용은 자연스럽게 반복되도록 했다.

이 책은 앞에서 언급한 것처럼 9개의 부문으로 구성되어있다.

1부에서는 **운영체제 개요**를 기술하고, 2부에서는 **프로세스 관리**, 3부에서는 **병행 프로세스**와 **교착상태**를 기술하였다. 그리고 4부에서는 **기억장치 관리**를, 5부에서는 **보조기억장치 관리**, 6부에서는 **정보 관리**를 설명했다.

7부는 **보호와 보안**을, 8부는 **다중 처리 시스템과 분산 처리 시스템**에 대하여 나타내었다. 끝으로 9부에서는 **운영체제들**이란 주제로, 현재 쉽게 접할 수 있는 대표적인 운영체제를 간단히 설명했다.

연구실에서 이호

목차

Ⅰ부 운영체제 개요

1장 운영체제 정의 ······ 3
2장 운영체제 목적 ······ 5
3장 운영체제 기능 ······ 6
4장 시스템 소프트웨어의 구성 ······ 7
5장 프로그래밍 언어 ······ 12
6장 링커(Linker)와 로더(Loader) ······ 16
7장 운영체제 유형 ······ 18
(1) 일괄 처리 시스템(Batch Processing System) ······ 18
(2) 온라인 시스템(대화형 시스템 On-Line System) ······ 19
(3) 다중 프로그래밍 시스템(Multi Programming System) ······ 19
(4) 시분할 시스템(TSS : Time Sharing System) ······ 19
(5) 다중 처리 시스템(Multi Processing System) ······ 21
(6) 실시간 처리 시스템(Real-Time Processing System) ······ 22
(7) 다중 모드 처리(Multi Mode Processing) ······ 22
(8) 분산 처리 시스템(Distributed Processing System) ······ 22
(9) 클라우드 컴퓨팅(Cloud Computing) ······ 23
8장 매크로와 매크로 프로세서 ······ 26
(1) 매크로(Macro) 개요 ······ 26
(2) 매크로 프로세서(Macro Processor) ······ 26
9장 운영체제 구조 ······ 28
10장 중앙처리장치(CPU : Central Processing Unit) ······ 30
(1) 제어장치(Control Unit) ······ 30
(2) 제어장치의 구성요소 ······ 30
(3) 연산장치(ALU : Arithmetic & Logic Unit) ······ 31

(4) 레지스터(Register) ··· 31
(5) 버스(Bus) ··· 34

II부 프로세스 관리

11장 프로세스 개요 ··· 41
12장 PCB(Process Control Block) ··· 43
13장 프로세스 상태 ··· 45
14장 스레드(Thread) ··· 49
15장 CPU 스케줄링 개요 ··· 53
16장 CPU 스케줄링 3단계 ··· 57
17장 비선점 스케줄링 ··· 59
17-1 FCFS(First Come First Service 선입선출) ··· 59
17-2 SJF(Shortest Jot First 단기작업우선) ··· 60
17-3 HRN(Highest Response-ratio Next) ··· 61
17-4 Deadline(기한부) 스케줄링 ··· 61
17-5 Priority(우선순위) 스케줄링 ··· 62
18장 선점 스케줄링 ··· 63
18-1 RR(Round Robin 라운드 로빈) 스케줄링 ··· 63
18-2 SRT(Shortest Remaining Time) 스케줄링 ··· 64
18-3 선점 우선순위 스케줄링 ··· 65
18-4 다단계 큐(Multi-Level Queue) 스케줄링 ··· 65
18-5 다단계 피드백 큐(MFQ) 스케줄링 ··· 66

III부 병행 프로세스와 교착상태

19장 병행 프로세스 ··· 75
20장 임계구역(Critical Section) ··· 78
21장 상호배제(Mutual Exclusion) ··· 79

(1) 데커(Dekker) 알고리즘 ········· 80
(2) 피터슨 알고리즘 ········· 82
(3) Lamport의 제과점 알고리즘(Bakery Algorithm) ········· 84
22장 동기화 기법(Synchronization) ········· 86
23장 교착상태(Deadlock) ········· 88
24장 입출력 프로그래밍 ········· 95
(1) BIOS(Basic Input Output System) ········· 96
(2) 부팅순서(Windows System) ········· 96
(3) 입출력 방식 ········· 97
(4) 입출력 버퍼링(Buffering) ········· 100
(5) 스풀링(SPOOLing) ········· 101
(6) 인터럽트(Interrupt) 방식 ········· 102
(7) 인터럽트 우선순위 방식 ········· 104

Ⅳ부 기억장치 관리

25장 기억장치 개요 ········· 113
26장 주기억장치 할당 기법 ········· 115
27장 단일 분할 할당 기법 ········· 116
28장 다중 분할 할당 기법 ········· 119
(1) 고정 분할 할당(MFT) 또는 정적 할당 기법 ········· 119
(2) 가변 분할 할당(MVT) 또는 동적 할당 기법 ········· 121
29장 단편화(Fragmentation) ········· 124
30장 기억장치 배치 전략 ········· 126
(1) 최초 적합(First-fit) 전략 ········· 126
(2) 최적 적합(Best-fit) 전략 ········· 126
(3) 최악 적합(Worst-fit) 전략 ········· 127
31장 가상기억장치(Virtual Memory) ········· 128
32장 페이징(Paging) 기법 ········· 130
33장 세그먼테이션(Segmentation) 기법 ········· 132
34장 세그먼테이션-페이징 기법 ········· 134

35장 페이지 교체 알고리즘 ···· 136
35-1 OPT(OPTimal Replacement 최적교체) ···· 136
35-2 FIFO(First In First Out 선입선출) ···· 137
35-3 LRU(Least Recently Used) ···· 138
35-4 LFU(Least Frequently Used) ···· 139
35-5 NUR(Not Used Recently) ···· 140
35-6 SCR(Second Chance Replacement 2차 기회 교체) ···· 141
36장 페이지의 크기와 성능 ···· 143
37장 메모리의 구역성(Locality 국부성) ···· 144
38장 워킹 셋(Working Set) ···· 145
39장 스래싱(Thrashing) ···· 146

V부 보조기억장치 관리

40장 하드디스크 ···· 153
41장 디스크 스케줄링 ···· 156
41-1 FCFS 스케줄링 ···· 157
41-2 SSTF 스케줄링 ···· 158
41-3 SCAN 스케줄링 ···· 159
41-4 C-SCAN 스케줄링 ···· 160
41-5 N-step SCAN 스케줄링 ···· 161

VI부 정보 관리

42장 파일(File) ···· 167
43장 파일 구조 ···· 169
(1) 순차파일(Sequential File) ···· 169
(2) 직접 파일(Direct File) / 랜덤 파일(Random File) ···· 170
(3) 색인 순차 파일(Indexed Sequential File) ···· 171
(4) 분할파일 ···· 173

(5) VSAM(Virtual Storage Access Method) ········· 173
(6) 역 파일(Inverted File) ········· 174
(7) 다중 키 파일(Multi Key File) ········· 174
(8) 다중 리스트 파일(Multi List File) ········· 174
(9) 다중 링 파일(Multi-Ring File) ········· 175
44장 파일 시스템 ········· 176
45장 디렉터리(Directory) ········· 180
(1) 1 단계(단일) 디렉터리 구조 ········· 181
(2) 2 단계 디렉터리 구조 ········· 181
(3) 트리 디렉터리 구조 ········· 182
(4) 비순환 그래프 디렉터리 구조 ········· 183
(5) 일반적인 그래프 디렉터리 구조 ········· 183
46장 디스크의 사용 가능한 공간 관리 ········· 185
47장 디스크 공간 할당 방법 ········· 187
(1) 연속 할당 방법(Contiguous Allocation) ········· 188
(2) 불연속 할당 방법(Non-Contiguous Allocation) ········· 189

Ⅶ부 보호와 보안

48장 보호(Protection 자원보호, 정보보호) ········· 197
(1) 접근 제어 행렬(Access Control Matrix) ········· 199
(2) 전역 테이블(Global Table) ········· 199
(3) 접근 제어 리스트(ACL : Access Control List) ········· 200
(4) 권한 리스트(CL : Capability List) ········· 201
(5) 록-키(Lock-Key) ········· 202
49장 보안(Security) ········· 203
50장 보안 기법 ········· 206
(1) 비밀키 암호방식((Private Key System 개인키 시스템) ········· 207
(2) 공개키 암호방식(Public Key System 공용키 시스템) ········· 207
(3) 디지털 서명 기법(Digital Signature Mechanism) ········· 208
(4) 여분 정보 삽입 기법(Traffic Padding Mechanism) ········· 209
(5) 인증 교환 기법(Authentication Exchange Mechanism) ········· 209
(6) 접근 제어 기법(Access Control Mechanism) ········· 209

Ⅷ부 다중 처리 시스템과 분산 처리 시스템

51장 다중 처리 시스템(Multi-Processing System) ········· 215
52장 다중 처리기-구조적(플린 Flynn) 분류 ········· 217
53장 병렬 처리 기법 ········· 219
54장 결합강도 ········· 221
55장 기억장치 연결에 따른 분류 ········· 222
56장 운영체제 구성에 따른 분류 ········· 224
57장 분산 처리 시스템(Distributed Processing System) ········· 226
58장 클라우드 컴퓨팅(Cloud Computing) ········· 231
59장 프로세서 모델에 따른 분류 ········· 235
60장 네트워크 위상에 따른 분류 ········· 237
61장 분산 범위에 따른 분류 ········· 242
62장 운영체제 유형에 따른 분류 ········· 244

Ⅸ부 운영체제들

63장 UNIX ········· 251
64장 Windows ········· 258
65장 MS-DOS ········· 260

부록-1 운영체제 용어 ········· 266
부록-2 출제경향 ········· 281
찾아보기 ········· 305

1부

운영체제 개요

1장 운영체제 정의
2장 운영체제 목적
3장 운영체제 기능
4장 시스템 소프트웨어의 구성
5장 프로그래밍 언어
6장 링커와 로더
7장 운영체제 유형
8장 매크로와 매크로 프로세서
9장 운영체제 구조
10장 중앙처리장치

1장 운영체제 정의

운영체제(OS : Operating System)는 사용자가 필요로 하는 프로그램(응용 소프트웨어 AP : Application Program)을 실행시켜 주기 위하여, 컴퓨터 시스템의 하드웨어를 관리하는 시스템 소프트웨어(SS : System Software)의 하나다.

시스템 소프트웨어는 컴퓨터를 작동시키고 효율적으로 사용하기 위한 프로그램으로서, 사용자들이 컴퓨터를 보다 편리하고 쉽게 사용할 수 있도록 한다. 따라서 사용자는 컴퓨터 시스템의 하드웨어 구조나 특성을 몰라도 시스템 소프트웨어의 사용방법을 통해 컴퓨터를 이용할 수 있다.

한편, 시스템 소프트웨어를 시스템 프로그램과 운영체제로 나누기도 하지만, 운영체제는 시스템 소프트웨어를 대표하는 프로그램으로서 대부분의 시스템 소프트웨어가 이에 포함되는 추세다. 이런 이유로 운영체제와 시스템 소프트웨어를 구별하지 않고 동일한 의미로 사용하기도 한다.

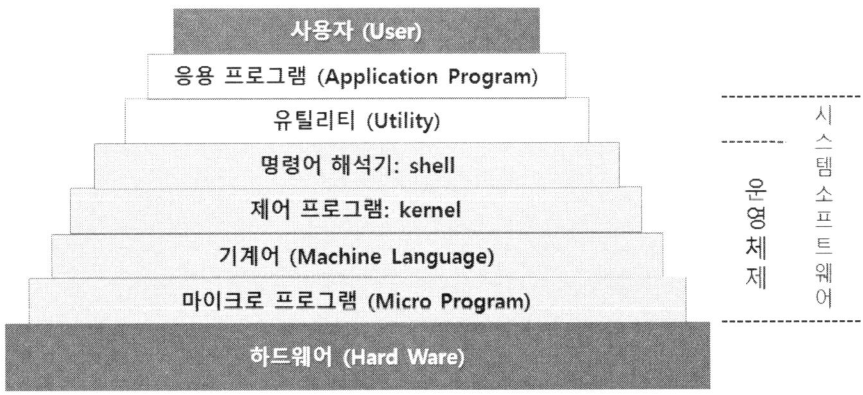

[그림 1-1] 컴퓨팅 시스템 계층구조

시스템 소프트웨어는 시스템 전체를 작동시키는 프로그램으로서, 사용자가 필요로 하는 작업을 수행할 응용프로그램을 주기억 장치에 적재시키거나 인터럽트 관리, 각종 장치 관리 및 언어 번역 등의 기능을 수행한다.

시스템 소프트웨어

- 운영체제(OS)
- 언어번역 프로그램(Interpreter, Compiler, Assembler)
- 매크로 프로세서(Macro Processor)
- 링커(Linker)
- 라이브러리(Library)
- 정렬/합병 프로그램(Sort/Merge Program)
- 로더(Loader) 등

[그림 1-2] 시스템 소프트웨어 구성

운영체제 정의

- 컴퓨터 하드웨어를 관리하는 프로그램
- 컴퓨터의 성능을 효율적으로 운영, 관리, 감독하는 프로그램
- 컴퓨터의 각종 자원을 효율적으로 관리하여 사용자에게 최대의 편의성을 제공하는 프로그램
- 컴퓨터 하드웨어와 사용자의 인터페이스[1]를 담당
- 종류는 MS-DOS, Windows XP, Windows 10, UNIX, LINUX, OS/2, IOS, OS/390(IBM), MSP/EX(FUJITSU), AIX, Mac OS X 등이 있다.

1) 종류가 서로 다른 두 개의 장치 사이에서 정보를 주고받을 수 있도록 지원하는 기능이나 장치(중계자)

2장 운영체제 목적

운영체제는 사용자에게 컴퓨터 하드웨어와 소프트웨어를 최대한 쉽고 편리하게 사용할 수 있도록 하며, 컴퓨터 시스템의 성능을 최대화하여 효율성을 높인다. 이로서 사용자는 용이성, 편리성, 효율성, 신뢰성을 확보 받는다.

운영체제의 목적은 컴퓨터 시스템의 성능 즉 생산성 향상에 있으며, 이는 처리능력의 향상, 사용 가능성(가용성)의 향상, 신뢰성의 향상, 반환시간의 단축 등이 요구된다. 따라서 이들은 운영체제의 성능 평가 기준이 된다.

운영체제의 목적

- 컴퓨터의 사용을 편리하게
- 컴퓨터 시스템의 하드웨어를 효율적으로 사용하도록
- 컴퓨터의 모든 자원(Resource)을 관리하며
  - 기억장치(주기억 장치 및 보조기억 장치)
  - I/O 장치
  - 프로세서(Processor)
  - 정보(Information : 프로그램과 파일 및 데이터)
  - 에러(Error) 처리 등을 수행한다.

운영체제의 성능 평가 요소

- **처리능력(Throughput) 향상** : 일정 시간동안 시스템에서 처리할 수 있는 일의 양으로 시스템의 생산성을 나타내는 단위
- **반환시간(Turn Around Time) 단축** : 시스템에 작업을 의뢰한 때부터 처리가 완료될 때까지이 소요시간
- **사용 가능도(가용성 Availability) 증대** : 시스템의 자원을 사용할 필요가 있을 때 얼마나 신속하게 사용할 수 있는가의 정도
- **신뢰도(Reliability) 향상** : 주어진 문제를 얼마나 정확하게 처리하는가의 정도

3장 운영체제 기능

사용자에게 편리성과 용이성을 제공하고, 시스템에겐 생산성과 효율성 및 신뢰성을 제공하는 목적을 지닌 운영체제는 다음과 같은 기능을 수행해야한다.

운영체제의 기능

- 처리기(프로세서 Processor), 주기억장치, 보조기억장치, 입력장치, 출력장치 등의 하드웨어 자원관리
- 파일, 정보 등 소프트웨어 자원관리
- 초기 작업환경[2] 설정 기능
- 자원을 효율적으로 관리하기 위한 자원 스케줄링[3] 기능(CPU 스케줄링 등)
- 기억장치의 할당 및 회수
- 하드웨어 장치와 프로그램 수행 제어
- 시스템의 하드웨어 장치와 네트워크를 관리 및 제어
- 사용자와 시스템간의 편리한 인터페이스 제공
- 자료·정보를 관리하고, 데이터 및 자원의 공유 기능 제공
- 시스템 오류를 검사하고 복구시키며, 자원을 보호하는 기능 제공
- 가상 컴퓨터(가상기계 Virtual Machine[4]) 기능 제공
- 입출력에 대한 보조 기능 제공

운영체제의 주요자원 관리

- 프로세스 관리 : 프로세스 생성/제거, 시작/정지 등 프로세스 스케줄링 및 동기화 관리
- 기억장치 관리 : 프로세스에게 기억장치 할당 및 회수 관리
- 주변장치 관리 : 입출력장치 스케줄링 등 전반적인 관리
- 파일 관리 : 파일의 생성, 삭제, 변경, 유지 등 관리

2) 사용자가 컴퓨터 전원을 켰을 때부터 사용하기까지의 부팅에 대한 지원 기능
3) 특정 자원을 누가, 언제, 어떤 방식으로 사용할 수 있을 지를 결정
4) 하나의 실제 컴퓨터 시스템을 소프트웨어적으로 구성해 만든 또 다른 가상의 컴퓨터로, 하나의 컴퓨터를 여러 명의 사용자가 동시에 사용할 수 있도록, 개념적으로 여러 대의 컴퓨터로 분할 사용하거나, 운영체제나 하드웨어 등의 구성을 달리하여 운영하는 것

4장 시스템 소프트웨어의 구성

시스템 소프트웨어를 기능별로 분류하면 다음과 같이 **제어 프로그램**과 **처리 프로그램**으로 구분한다.

시스템 소프트웨어 구성[5]	
제어 프로그램 (Control Program)	• 감시 프로그램(Supervisor Program) • 작업 제어 프로그램(Job Control Program) • 데이터(자료) 관리 프로그램(Data Management Program)
처리 프로그램 (Processing Program)	• 언어 번역기 : 어셈블러, 컴파일러, 인터프리터 • 서비스 프로그램 : 연결 편집기, 정렬/합병 프로그램, 라이브러리안, 유틸리티 프로그램 • 문제 프로그램

제어 프로그램(Control Program)

시스템 전체의 동작 상태를 감시하고, 작업 순서 지정, 자업에 사용되는 데이터 관리 등의 역할을 수행하는 프로그램이다.

- 감시 프로그램(Supervisor Program)

  각종 처리 프로그램의 실행과 시스템 전체의 동작 상태를 감시·감독하는 프로그램을 의미한다.

5) 일반적으로 시스템 소프트웨어와 운영체제를 동일한 의미로 인식하는 경우가 많다.

- **작업 제어 프로그램**(Job Control Program)
  어떤 업무를 처리하고 다른 업무로 자동 이행하기 위한 준비 및 후속 처리를 담당하는 프로그램으로, 작업의 연속 처리를 위해 스케줄 및 시스템 자원 할당 등을 담당한다.

  ① Job Scheduler : 일반적인 컴퓨터는 처리기(CPU)가 하나며, 이런 상황에서 두 개 이상의 작업을 동시에 처리할 수 없다. 따라서 여러 개의 프로그램(작업)을 실행시키는 의미는, 어느 한 작업이 종료된 이후에 다른 작업을 실행하는 것이다. 이와 같이 다수개의 작업을 연속적으로 처리하기 위해 어느 작업이 끝난 후, 다음에 수행할 작업을 준비시켜주는 프로그램이다.

  ② Master Scheduler : 사용자(운영자)와 컴퓨터 시스템 사이의 정보를 주고받을 수 있도록 지원하는 프로그램이다.
  (예: 윈도우즈 운영체제에서의 COMMAND.COM)

- **데이터(자료) 관리 프로그램**(Data Management Program)
  처리할 각종 파일과 데이터를 주기억장치와 보조기억장치 사이로 전송하고, 보조기억장치의 데이터를 갱신하거나 유지보수(Maintenance) 하는 기능을 수행하는 프로그램이다.

처리 프로그램(Processing Program)

제어 프로그램의 감시 하(제어 프로그램으로부터 지시를 받음)에서 사용자가 요청한 작업을 해결하기 위한 프로그램으로, 언어 번역 프로그램, 서비스 프로그램, 문제 프로그램으로 구분된다.

- **언어 번역 프로그램(언어 번역기** Language Translate Program)
  사용자가 작성한 **원시 프로그램**(Source Program)[6]을 기계어(2진수) 형태의 **목적 프로그램**(Object Program)으로 번역해 주는 프로그램이다.
  (예: **어셈블러**(Assembler)[7], **컴파일러**(Compiler)[8], **인터프리터**(Interpreter)[9])

---

6) 프로그래밍 언어(Programming Language)는 컴퓨터 시스템을 작동시키는, 소프트웨어(프로그램)를 작성하기 위한 언어로 저급언어와 고급언어가 있다. 저급언어(Low Level Language)는 하드웨어에 관련된 직접 제어가 가능한 언어며, 고급언어(Hight Level Language)는 하드웨어 관련 지식 없이도 프로그램 작성이 가능한 사람 중심의 언어다.

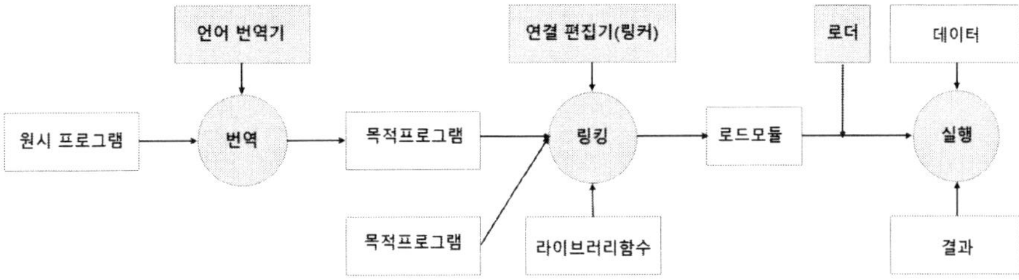

[그림 1-3] 프로그램의 처리 과정

- 서비스 프로그램(Service Program)

  효율적으로 컴퓨터를 사용할 수 있도록 하는 프로그램들로 연결 편집기(Linkage Editor), 링커(Linker), 정렬/합병 프로그램(Sort/Merge Program), 라이브러리안(Librarian), 유틸리티 프로그램(Utility Program) 등이 있다.

  ① **연결 편집기(Linkage Editor), 링커(Linker)** : 사용자가 작성한 고급언어로 작성된 프로그램은, 단순히 2진수로 번역된 기계어 프로그램(목적 프로그램)으로 바꾸었다고 하여도 곧장 실행할 수 없다.

  언어 번역 프로그램이 번역한 목적 프로그램은, 필요에 따라 다른 목적 프로그램이나 라이브러리 함수 등과 연결되어야 실행 가능한 프로그램(**로드 모듈** Loader Module[10])이 된다. 로드 모듈을 만들어 주는 프로그램이 연결 편집기다.

  ② **정렬/압병 프로그램(Sort/Merge Program)** : 데이터를 일정한 기준에 따라 분류(정렬 : Sort)하고, 정렬된 두 개 이상의 파일을 하나로 합치(병합, 합병 : Merge)는 프로그램

  ③ **라이브러리안(Librarian)** : 프로그램의 라이브러리[11]를 유지하고 관리하는 프로그램

---

7) 어셈블러(Assembler)는 어셈블리(Assembly)언어로 작성된 프로그램을 기계어로 번역한다.
8) 컴파일러(Compiler)는 고급언어(High Level Language : JAVA, COBOL 등)로 작성된 프로그램을 기계어로 번역한다.
9) 인터프리터(Interpreter)는 대화식 언어들을 번역하고 실행시킨다.
10) **로드 모듈**은 절대 번지의 할당이 이루어지는 것으로 링키지 에디터에 의하여 작성된다. 실행을 위하여 주기억 장치 내로 로드할 수 있는 컴퓨터 프로그램 단위다.
11) **라이브러리(library)**란 컴퓨터 프로그램의 조직화된 집합으로, 프로그램 설계 또는 개발 단계에서도 최적화가 가능하여 편리하다. 프로그램 라이브러리에 포함되는 것으로는 루틴(routine) 또는 서브루틴이라고 하는 단위나 단위적인 동작을 하는 것이 많다. 자주 요청하는 특별한 응용 루틴

④ **유틸리티 프로그램**(Utility Program) : 컴퓨터의 다양한 처리과정을 보조하고 시스템을 유지시켜 성능을 향상시키거나, 사용자의 편리를 위해 만든 프로그램으로, 일반적으로 파일 크기가 작고 간단하며 운영체제의 일부로서 제공되거나 별도로 제공된다.

유틸리티 프로그램이 없다고 해서 컴퓨터시스템 운영에 영향을 주는 것은 아니며, 사용자에게 편의를 제공하기 위한 텍스트 에디터(Text Editor)[12], 디버거(Debugger)[13] 및 파일 압축과 해제, 프린터 설치와 조작, 하드디스크 백업, 디스크 정리, 마우스 포인터 모양 변경 등 다양한 목적의 프로그램들이 있다.

- **문제 프로그램**(Problem Program)

  문제 프로그램은 사용자가 필요에 따라 작성한 것으로 응용 프로그램이다. 일반적으로 운영체제 영역으로 보지 않는다.

---

12) 단순한 문서 파일을 편집하기 위해 쓰이는 소프트웨어로 문서 편집기라고 한다.

13) 프로그램의 오류를 찾아내기 위한 소프트웨어의 총칭으로 오류 수정기다. 오류를 찾을 프로그램을 1개 명령마다 분할해서 실행시키고, 그때의 레지스터 값이나 프로그램 계수기, 플래그 등 중앙처리장치(CPU)의 내부 상황을 나타내며, **트레이서**(tracer)라고도 한다.

생각의 창

✓ 인류사의 혁명 : 제3의 물결(엘빈 토플러)

① 신석기시대 혁명 : BC 7,000년 경, 농경목축

② 산업혁명 : 18C, 기계

③ 정보혁명 : 20C, 컴퓨터

✓ 4차 산업혁명 : 클라우스 슈밥, 제3차 산업혁명(제르미 리프킨)

① 1차 산업혁명(1784년) : 증기기관을 통한 기계적 혁명

② 2차 산업혁명(1870년) : 전기를 통한 대량생산 체제

③ 3차 산업혁명(1969년) : 컴퓨터를 통한 자동화(인터넷)

④ 4차 산업혁명[14] : 소프트파워를 통한 공장과 제품의 지능화

---

14) 인공지능, 로봇기술, 생명과학이 주도하는 차세대 산업혁명. 로봇이나 인공지능(AI)을 통해 실재와 가상이 통합돼 사물을 자동적, 지능적으로 제어할 수 있는 가상 물리 시스템의 구축이 기대되는 산업상의 변화

5장 프로그래밍 언어

프로그래밍 언어(Programming Language)는 컴퓨터에게 작업을 수행하도록 하는 프로그램을 작성하기 위한 기호 체계(명령어)다.

- **저급 언어**(Low Level Language) : 하드웨어 지향의 기계 중심언어로, 기계어와 어셈블리어가 있다.
- **고급 언어**(High Level Language) : 하드웨어 지식이 없이도 작성 가능하도록, 사람이 이해하고 작성하기 쉬운 사람 중심 언어, Python, COBOL, C, C++, JAVA, 델파이 등이 있다.

프로그램은 위에서부터 아래로 한 문장씩 순서적으로 실행된다. 그러나 조건문이나 반복문을 이용하면 프로그램 실행 순서에 변화를 줄 수 있다.

기계어(Machine Language)는 컴퓨터가 직접 이해할 수 있는 언어로, 2진수 0과 1로 구성되어 사용하기가 불편하나 수행 시간은 빠르다. 특히 CPU에 내장된 명령들을 직접 사용하므로 프로그램 작성은 물론 이해하기가 어렵다. 기계어는 기종에 종속되므로 기종마다 다르고 호환성이 없다.

어셈블리어(Assembly Language)는 기계어와 1:1로 대응하는 기호로 이뤄진 언어로, 상징어(Mnemonic)라고도 한다. 주로 하드웨어 제어용으로 사용되며 호환성이 낮다. 하지만 기계어와는 다르며, 작성된 프로그램을 실행하기 위해서는 **어셈블러**(Assembler)를 이용하여 기계어로 번역해야한다.

고급 언어(High Level Language)는 사람이 사용하는 자연어와 비슷한 형태와 구조를 지닌 언어다. 작성된 프로그램은 **컴파일러**(Compiler)나 **인터프리터**(Interpreter)로 번역하기 때문에 기계어보다 효율성이 낮다.

컴파일 언어는 **소스 코드**(Source Code, **소스 프로그램**)를 미리 기계어로 번역해서 수행하기 때문에, 수행 속도가 빠르고 보안성이 높다. 하지만 소스 코드의 극히 일부분을 수정해도 다시 컴파일을 해야 하기 때문에, 인터프리터 언어보다는 개발이 신속하지 못한 단점이 있다.

컴파일러(Compiler)는 고급 언어로 작성된 프로그램을 기계어인 목적 프로그램으로 번역해 주며, 링킹 작업을 통해 실행 가능한 프로그램을 생성시켜준다. 따라서 번역 과정과 실행 과정을 모두 거친 후에서야 수행할 수 있다. 번역 과정이 번거롭고 시간이 소요되지만, 프로그램을 수정하거나 하는 등에 따른 다시 번역할 필요가 없는 경우에는 번역된 실행 파일을 그대로 이용하여 실행하므로 실행 속도가 빠르다.

인터프리터(Interpreter)는 고급 언어로 작성된 소스 코드를 한 줄씩 읽어서 그때마다 번역하고 실행시킨다. 인터프리터 언어로는 BASIC이나 Python, JavaScript, Ruby, LISP, APL, Lua 등과 같은 것이 있다. 소스 코드를 한 줄씩 읽어서 수행하기 때문에 컴파일 언어보다 성능이 떨어지지만, 소스 코드 수정 후 곧바로 실행이 가능하기 때문에 유연성은 더 높다. 프로그램의 줄 단위(문장 단위)로 번역 및 실행되기 때문에 목적 프로그램을 만들 필요가 없다. 번역 속도는 빠르지만 실행 때마다 매번 번역해야 하여 전체적인 실행 속도는 저하되며, CPU 사용 시간의 낭비도 많아진다.

바이트코드 언어에는 JAVA, C# 등이 있으며, 소스 코드를 컴파일하지만 번역의 결과가 가상 기계용 기계어 코드 즉 바이트코드 형태를 지니고, 이는 다시 가상기계(인터프리터)에서 실제 기계어로 한 줄씩 번역되어 실행된다. 이와 같이 인터프리터 언어적 특징을 지니므로, 컴파일 언어에 비해 동적인 기능을 수행할 수 있다.

저스트 인 타임(JIT : Just In Time) **컴파일 언어**는 인터프리터/바이트코드 언어에서 수행속도를 높이기 위해 사용되는 기술이며, 인터프리터 언어의 소스코드나 바이트코드를 해석하는 가상기계가 현재 실행 중인 장비에 맞추어 컴파일하여 수행한다.

개발단계에서는 개발속도가 빠른 인터프리터 언어나 바이트코드 언어로 진행하지만, 실제 실행단계에서는 기계어 코드로 변환하여 실행시키므로 성능의 향상이 가능하다.

구분	컴파일러	인터프리터
번역 단위	전체	문장(행, 줄) 단위
번역 속도	느림	빠름
목적 프로그램	생성	생성하지 않음
실행 속도	빠름	느림
관련 언어	C, C++, COBOL, JAVA 등	Python, LISP, APL, BASIC, JavaScript, Ruby 등

[그림 1-4] 프로그래밍 언어 비교

생각의 창

✓ Bootstrap

① ROM에 들어 있는 작은 프로그램으로 운영체제의 일부는 아니며, 디스크 등과 같이 대용량 기억장치에 저장된 운영체제를 주기억 장치로 읽어 들이는 프로그램이다. 현재의 대형 컴퓨터에서는 IPL(Initial Program Load) 버튼을 누르면 하드웨어의 도움으로 부트스트랩이 실행되어 운영체제의 초기 설정이 실현된다. 부트스트랩은 중심명령에서 순차로 부츠의 끈을 매는 것처럼 프로그램을 읽어 들어가므로 부트스트랩(부츠의 끈)이라 한다.

② Bootstrap 프로그램을 입력하는 방법의 하나며, 컴퓨터가 기동되면 운영체제를 실행하기 위해 운영체제의 첫 명령이 들어 있는 디스크의 주소로 이동(명령 패치 fetch)하여 순차적으로 진행한 후, 최종적으로 완전한 프로그램이 기억장치 내에 적재되도록 하는 방법으로, 운영체제 중 초기에 실행할 부분을 주기억 장치로 가져와 실행하도록 한다.

③ 단, 루틴일 경우, 부트스트랩 루틴 또는 부트스트랩 입력 루틴이라 부르며, 입력동작을 부트스트랩이라 하고, 주기억장치에 적재한다는 의미다. 셀프 로딩 혹은 셀프 로딩 루틴이라고도 한다.

④ 부트스트랩은 동적인 웹 사이트 및 웹 응용 개발을 위한 프론트 엔드 프레임워크로, 입력 창, 버튼, 내비게이션, 기타 구성물, 각종 레이아웃 등을 HTML[15] 및 CSS[16] 기반의 디자인 템플릿으로 제공하며, 추가적인 자바스크립트 확장들도 포함한다.

15) Hyper Text Markup Language : 웹 문서를 만들기 위하여 사용하는 기본적인 프로그래밍 언어의 한 종류로, 하이퍼텍스트를 작성하기 위해 개발

16) Cascading Style Sheets : 웹 문서의 전반적인 스타일을 미리 저장해 둔 스타일시트로, 문서 전체의 일관성이 유지되고, 세밀한 스타일 지정 등을 쉽게 할 수 있으며, 웹 문서의 형식을 다양하게 지원하지 못하는 HTML의 제약을 극복

6장 링커(Linker)와 로더(Loader)

링커(Linker)는 언어 번역 프로그램이 번역하여 생성한 목적 프로그램과 라이브러리 그리고 실행 프로그램인 로드 모듈 등을 연결하여, 진정한 의미의 실행이 가능한 로드 모듈을 만드는 시스템 소프트웨어로, **연결 편집기**(Linkage Editor)라고도 한다.

링킹(Linking)은 이들에 대하여 연결 기능만 수행하는 로더의 한 형태를 의미한다.

로더(Loader)는 프로그램을 실행하기 위해서 실행 프로그램인 로더 모듈이나 정보를 보조기억장치에서 주기억장치로 가져와 적재하는 시스템 소프트웨어다.

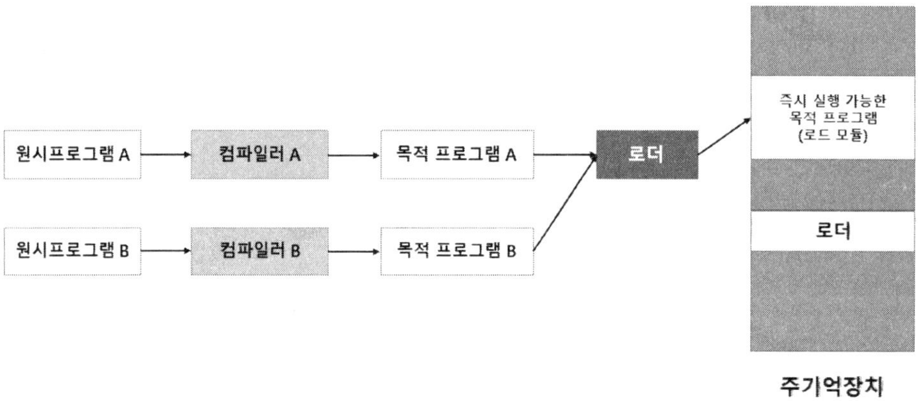

[그림 1-5] 프로그램의 실행과정

로더의 기능	
할당 Allocation	프로그램을 실행시키기 위해 기억장치 내에 옮겨 둘 공간을 확보하는 기능[17]
연결 Linking	서브 프로그램 호출 시 해당 서브 프로그램이 할당된 기억장소의 시작주소를 호출한 부분에 기록하여 연결하는 기능
재배치 Relocation	보조기억장치에 저장된 프로그램을 주기억장소의 실제주소로 재배치시키는 기능
적재 Loading	실행할 프로그램을 할당된 기억장소로 옮겨주는 기능

로더의 종류	
Compile and GO Loader	• 별도의 로더 없이 언어 번역 프로그램이 로더의 기능을 수행하는 방식 • 연결 기능은 수행하지 않고 할당, 재배치, 적재 작업을 모두 언어 번역 프로그램이 수행
절대 로더 Absolute Loader	• 목적 프로그램을 기억장소에 적재시키는 기능만 수행 • 할당 및 연결 기능은 프로그래머가 프로그램 작성 시 수행 • 재배치는 언어 번역 프로그램이 수행
직접 연결 로더 Direct Linking Loader	• 일반적인 기능을 지닌 로더로, 기본 기능을 모두(할당,연결,재배치,적재) 수행하는 로더 • 재배치 로더(Relocation Loader) 또는 상대로더(Relative Loader)라고도 함.
동적 적재 로더 Dynamic loading Loader	• 프로그램을 모두 한 번에 적재하지 않고, 실행 시 필요한 부분만 적재하는 방식으로 Load-On-Call(호출시 적재)라고도 함. • 실행할 프로그램의 크기가 주기억장치보다 클 경우 유리함.

17) 모든 프로그램은 실행하기 위해 주기억장치에 있어야 함. CPU는 주기억장치 내에 있는 것만 처리한다.

7장 운영체제 유형

컴퓨터의 초기에는 운영체제 없이 기계어를 직접 사용하였다. 이때의 프로그래머는 프로그램을 작성한 후 콘솔로부터 직접 프로그램을 수행시켜야 했다.

이 과정은 먼저, 천공카드나 종이테이프에 수록된 프로그램을 수작업으로 주기억장치에 직접 적재하고 프로그램 시작번지와 실행도 직접 지시하였다. 이렇게 프로그래머가 하드웨어를 직접 조작하며 하나의 작업만 수행하므로, 프로그램의 정상 실행을 위한 준비 시간이 많이 필요하였으며, CPU(Central Processing Unit)도 비효율적으로 사용되는 등 시간 낭비가 컸다.

이러한 비효율성을 극복하기 위해 전문 오퍼레이터를 두거나, 유사한 작업들을 묶어서 한 번에 그룹별로 실행하여 작업 준비 시간을 줄이려했다. 작업들 사이의 CPU 유휴시간을 줄이기 위한 자동 작업 순서 개념은, 다음 작업으로 진행하는 과정을 자동으로 이동하게 하는 **상주 모니터**(Resident Monitor)라는 초기의 운영체제 유형을 만들게 되었다.

(1) 일괄 처리 시스템(Batch Processing System)

일괄 처리 시스템은 온라인에서처럼 자료나 정보 단위들이 발생할 때마다 곧장 처리하는 것이 아니라, 입력되는 자료를 일정 기간이나 일정량으로 모아서 한꺼번에 처리하는 방식이다.

이 방식은 프로그램의 오류 수정이 어렵고, **반환시간**(Turn Around Time)이 지연되는 등의 단점이 있으나, CPU의 **유휴 시간**(CPU Idle Time)[18]이 다소 개선되어, 이전의 방식에 비하여 컴퓨터 시스템을 효율적으로 사용할 수 있게 되었다.

일괄 처리를 위해서는 적절한 **작업 제어 언어**(JCL : Job control Language)[19]가 필요하다. 실제에 있어서는 급여계산, 지불계산, 연말정산이나 결산 등과 같은 업무 특성상 일괄처리 시스템이 유리한 경우가 있다.

---

18) CPU의 처리시간과 입출력 장치의 처리시간 차이에 의해 CPU가 입출력 장치의 처리를 기다리며 쉬는 시간
19) 작업의 처리 순서를 운영체제에게 알려주는 특수한 명령으로 이뤄진 일종의 프로그램 언어

(2) 온라인 시스템(대화형 시스템 On-Line System)

온라인 시스템은 CPU와 주변 장치가 온라인으로 연결되어 동작하는 상태에서, 사용자와 컴퓨터 시스템간의 온라인 통신을 제공하여, 사용자가 운영체제나 프로그램에 직접 명령을 주고 응답도 즉시 받을 수 있도록 한 시스템이다. 이러한 시스템은 문서 편집기나 게임과 같은 다양한 종류의 응용 프로그램을 만들 수 있게 하였다.

(3) 다중 프로그래밍 시스템(Multi Programming System)

다중 프로그래밍 시스템은 하나의 처리기(CPU)와 하나의 주기억장치를 이용하여 여러 개의 프로그램을 동시에 처리하는 방식이다[20].

즉, 하나의 주기억장치에 여러 개의 프로그램을 적재시켜 두고, 하나의 CPU를 공유하며 대화하는 방식으로, 마치 여러 개의 프로그램이 동시에 처리되는 것처럼 하므로 CPU의 사용률과 처리량을 증가시킨다.

(4) 시분할 시스템(TSS : Time Sharing System)

시분할 시스템은 다수의 프로그램이 동시에 처리되는 특징적 측면에서는 다중 프로그래밍 시스템과 유사하다.

시분할 시스템 방식은 CPU 시간을 다수의 사용자에게 균등하게 분할하여 번갈아 가며 처리해줌으로써 각 사용자들은 자신만의 독립된 컴퓨터를 지닌 것처럼 느끼게 한다. 이를 **라운드 로빈 방식**(Round Robin)이라고도 하며, 일괄처리 시스템에 비해 사용자의 대기 시간이 감소한다.

그러나 하나의 CPU는 같은 순간 여러 개의 작업을 처리할 수는 없기 때문에, CPU의 전체 사용 시간을 **작은 작업 시간구간**(Time Slice)으로 나누어서 그 시간 동안만 수행하고, 시간구간이 지나면 다른 프로세스가 수행되는 등, 프로세스들은 번갈아가면서 CPU를 할당받는다.

또, 다중 프로그래밍 방식과 결합하여 모든 작업이 동시에 실행하는 것처럼 대화식

20) 현재는 단일 컴퓨터 시스템에서도 다수의 CPU를 구성하는 경우가 많으나, 일반적인 개념으로는 하나의 컴퓨터 시스템은 하나의 CPU와 주기억장치를 지니는 것으로 본다.

처리가 가능하여, 시스템의 전체 효율은 증가하나 개인 사용자 측면에서는 반응 속도가 지연되는듯하게 여겨질 수도 있다. 그러나 전체 작업에 대한 **응답시간**(Response Time)은 줄어든다.

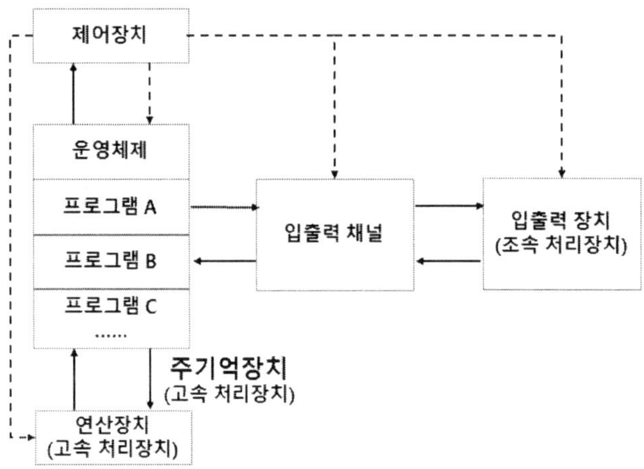

[그림 1-6] 다중 프로그래밍 시스템 개요

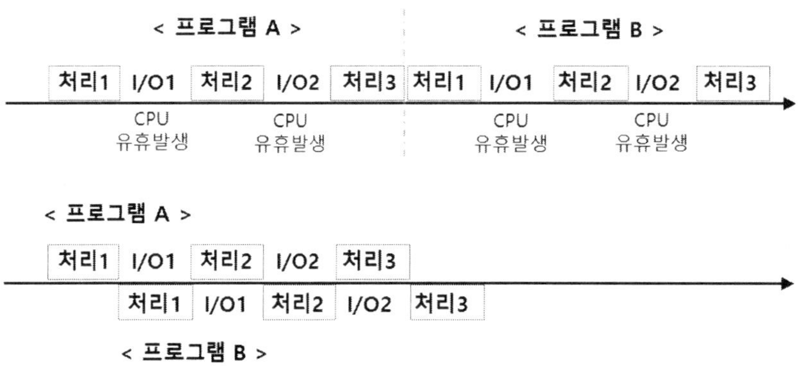

[그림 1-7] 다중 프로그래밍 시스템 처리 구조

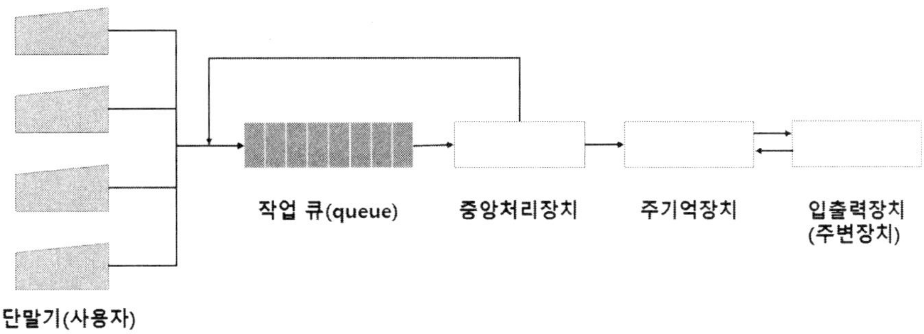

[그림 1-8] 시분할 시스템

(5) 다중 처리 시스템(Multi Processing System)

여러 개의 CPU와 하나의 주기억장치를 지닌 단일 운영체제 시스템으로, 여러 개의 프로그램(작업)을 동시에 처리하는 방식이다. 따라서 전체적으로 프로그램의 처리 속도는 빠르다.

CPU가 여러 개로 구성되므로 하나의 CPU가 고장이 나더라도 다른 CPU를 이용해 작업은 계속 처리될 수 있으며, 이는 시스템의 신뢰성과 안전성을 높인다.

하지만 같은 자원을 요구하는 CPU들 간의 기억장치와 입출력 장치 등의 자원 공유에 대한 문제점을 해결해야하며, 병행 계산과 최적 연결 기법을 고려해야한다.

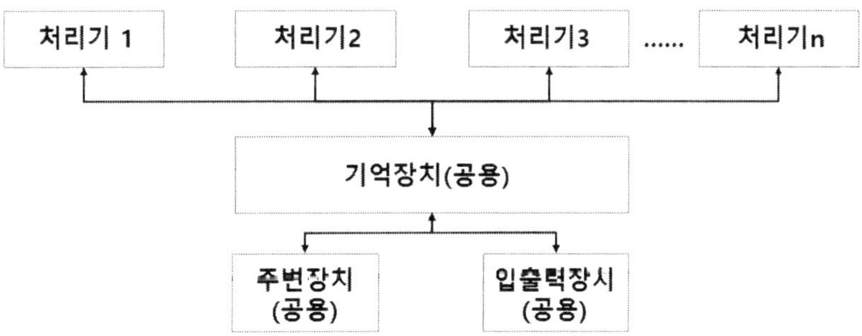

[그림 1-9] 다중 처리 시스템

(6) 실시간 처리 시스템(Real-Time Processing System)

데이터 발생 시 즉시 또는 데이터 처리 요구가 발생하는 즉시 처리하여 결과를 제공하는 방식으로, 처리 시간이 단축되고 처리 비용이 절감된다.

이러한 시스템은 화학공정이나 원자력 발전소, 우주선 운행, 레이더 추적기, 핵물리 실험, 좌석 예약 시스템 및 은행의 온라인 업무 등 시간적 제한이 필요한 경우 사용된다.

여러 사건이 발생할 경우, 실행되어야 할 **제한 시간**(Dead Line)이 매우 엄격하게 정의되어 있는 경우(하드 리얼타임 시스템)와, 다소 수정이 가능한 경우(소프트 리얼타임 시스템) 등이 있어 이를 고려한 융통적인 처리에 따라 구별할 필요가 있다.

(7) 다중 모드 처리(Multi Mode Processing)

다중 모드 처리는 하나의 시스템에서 일괄 처리 시스템, 시분할 시스템, 다중 처리 시스템 및 실시간 처리 시스템 등 여러 시스템을 혼합하여 제공하는 방식으로, Multi User, Multi Accessing, Multi Tasking 등이 있다.

하나의 운영체제 하에서 여러 개의 프로세스가 동시에 실행되는 것을 **멀티 태스킹**(Multi Tasking)이라하고, 하나의 프로세스 내에서 다수의 스레드가 동시에 수행되는 것을 **멀티 스레딩**(Multi Threading)이라고 한다.

(8) 분산 처리 시스템(Distributed Processing System)

분산 처리 시스템은 처리할 작업(주로 큰 작업)을 하나의 대형 컴퓨터에서 처리하던 과거의 중앙집중식 처리 방식에서, 지역적으로 떨어진 곳에서의 여러 개 컴퓨터들을 통신으로 연결하여 작업을 처리하는 방식이다.

이때 각 지역의 컴퓨터 시스템은 자신의 고유한 운영체제와 프로세서(CPU, 사이트, 노드, 컴퓨터 등), 기억장치 등을 지니고 있으며, 각 컴퓨터의 운영체제는 동일하거나 달라도 처리가 가능하다.

작업의 처리는 컴퓨터 네트워크에 의해 연결된 다수의 컴퓨터에서 정보가 전송되며 기능적인 분산 및 상호 협동을 통해 처리된다. 따라서 시스템 전체의 처리속도(연산속도 등)가 향상되고 시스템의 신뢰성과 자원의 가용성이 증가한다.

최근의 **클라이언트서버(Client-Server) 시스템**도 분산 시스템의 한 유형이다. 이 경우, 자원은 일반적으로 서버에 두며, 클라이언트에서는 그 자원을 사용한다.

이와 같이 분산 시스템은 자원 공유를 효율적이고 편리하게 하려는 것이 주요 목표다.

1세대	2세대	3세대	4세대
• 상주 모니터 • 일괄 처리 시스템	• 다중 프로그래밍 시스템 • 시분할 시스템 • 다중 처리 시스템 • 실시간 처리 시스템	• 다중 모드	• 분산 처리 시스템

[그림 1-10] 운영체제의 발달 과정

(9) 클라우드 컴퓨팅(Cloud Computing)

인터넷을 통한 서버를 이용하여 데이터 저장, 네트워크, 콘텐츠 사용 등 IT(Information Technology) 관련 서비스를 한 번에 사용할 수 있는 컴퓨팅 환경이다.

정보가 인터넷 상의 서버에 영구적으로 저장되고, 데스크톱, 태블릿컴퓨터, 노트북, 넷북 및 스마트폰 등과 같은 클라이언트에는 일시적으로 보관되며, 각종 IT 기기를 통하여 언제 어디서나 이용할 수 있다.

이렇게 이용하는 하드웨어와 소프트웨어 등 컴퓨팅 자원은, 필요한 만큼 빌려 쓰고 사용요금을 지급하는 방식으로, 서로 다른 물리적인 위치에 존재하는 컴퓨팅 자원을 가상화 기술로 통합해 제공 받게 된다.

핵심 기술은 가상화(Virtualization)와 분산처리(Distributed Processing)로, **가상화 기술**은 실제 정보를 처리하는 한 대의 서버를 여러 개의 작은 서버로 분할해 동시에 여러 작업을 가능하게 하는 서버 효용을 높이는 기술이다. **분산처리**는 여러 대의 컴퓨터에 작업을 나누어 처리하고 그 결과를 통신망을 통해 다시 모으는 방식이다. **분산 시스**

템은 다수의 컴퓨터로 구성되어 있는 시스템을 마치 한 대의 컴퓨터 시스템인 것처럼 작동시켜 규모가 큰 작업도 빠르게 처리할 수 있고 시스템의 신뢰성을 향상시킨다.

생각의 창

✓ 기억장치, 처리장치 및 입출력장치 등의 하드웨어와, 시스템 소프트웨어, 운영체제, 응용 프로그램 등으로 구성되는 소프트웨어를 지닌 컴퓨터 시스템은, 인체 시스템과 어떤 공통점과 차이점이 있을까? 그리고 이 생각을 따라 인공지능(AI : Artificial Intelligence)[21]이란 것에 도달하면, 우리의 자연스러운 상상은 어디로 이어질까?

21) 인간의 학습능력과 추론능력, 지각능력, 자연언어 이해능력 등을 컴퓨터 프로그램으로 실현한 기술로, 인간 지능으로 할 수 있는 사고, 학습, 자기계발 등을 컴퓨터가 할 수 있도록 하는 방법을 연구하는 컴퓨터 공학 및 정보기술의 한 분야. 제5세대 컴퓨터

8장 매크로와 매크로 프로세서

(1) 매크로(Macro) 개요

매크로는 프로그램 작성 시, 하나의 프로그램 내부에서 동일한 내용을 자주 사용하는 명령어를 여러 개씩 묶어서 한 번만 작성하고, 특정 이름으로 정의하여 필요할 때마다 정의된 이름을 호출해 사용한다.

여러 번 반복하는 것을 간단하게 수행하기 위하여 사용하기도 하지만, 문서 안의 동일한 문자열을 한꺼번에 변경할 때도 사용되는 개념으로 편리한 기능을 제공한다.

이와는 달리, **마이크로 명령어**(Micro Instruction)[22]는 매크로 명령어로 만들기 전의 개별적인 기계어를 의미한다.

컴퓨터의 사용자 편의성이 중요해지면서 대부분의 프로그래밍 언어에는 매크로 기능을 지니고 있다. 이를 이용하면 반복되는 일련의 작업을 수행하기 위해, 사용자가 매번 명령을 입력하지 않고 특정 매크로 기능을 지닌 키를 눌러줌으로써 작업을 자동적으로 수행시킬 수 있다. 이런 의미에서 보면 매크로는 일종의 **서브 프로그램**(Sub-Program)으로 이해할 수 있으며, 이를 **개방 서브루틴**(Open Sub-Routine)[23]이라고 한다.

매크로는 그 정의 내에 다른 매크로를 정의할 수 있고, 사용자의 반복적인 코드 입력을 줄여준다.

(2) 매크로 프로세서(Macro Processor)

매크로 명령을 사용한 프로그램을 일련의 기계어 명령으로 변환하는 프로세서로, 일반적으로 어셈블러에 포함되어 있다. 매크로 프로세서는 원시 프로그램에 존재하는 매크로 호출 부분에, 매크로 프로그램을 삽입하여 확장된 원시 프로그램을 생성하는 시스템 소프트웨어다.

---

22) 컴퓨터의 기계어 명령을 실행하기 위해서 수행되는 프로그램의 명령어 보다 더욱 낮은 수준의 명령어. 마이크로 명령어는 CPU 내의 각종 게이트를 구동하는 비트 신호로 이루어지며, CPU 내의 제어 기억 장치에 저장되어 있다. 하나의 기계어 명령을 수행하기 위해서는 여러 개의 마이크로 명령이 수행되어야 하며, CPU 내의 제어부가 마이크로 명령을 꺼내어 각 게이트에 신호를 준다.

23) 개방 서브루틴이라는 의미는 프로그램 내에서 매크로 코드를 확인할 수 있기 때문이다.

① **매크로 정의의 인식** : 원시 프로그램 내의 매크로 시작을 알리는 'Macro' 명령을 인식하는 단계

② **매크로 정의의 저장** : 매크로를 확장시키기 위해 매크로 이름과 매크로 내용을 **매크로 테이블**에 저장하는 단계

③ **매크로 호출의 인식** : 주 프로그램의 명령부(OP-code)에서 매크로 이름으로 매크로 호출을 인식하는 단계

④ **매크로 확장과 인수(매개 변수)의 치환** : 주 프로그램의 매크로 이름 위치에 매크로 내용과 치환하여 확장된 원시 프로그램을 만드는 과정

구분	매크로	서브 프로그램
다른 명칭	개방 서브루틴	폐쇄 서브루틴
처리 방식	주 프로그램의 매크로 호출 위치마다 매크로 내용을 삽입하고, 연속 실행함.	서브 프로그램이 호출될 때마다 제어가 서브프로그램으로 넘어가 실행하고, 다시 주 프로그램으로 복귀함.
특징	둘 다 코딩(coding)이 간편하며, 서브 프로그램은 매크로에 비해 크기가 작고, 기억장소가 절약되나 실행시간은 다소 느려짐.	

9장 운영체제 구조

운영체제는 매우 복잡한 구조를 지닌다.

운영체제를 크게 나누어 보면 **커널**(Kernel)과 **사용자 인터페이스**(User Interface)로 나눌 수 있으며, UNIX의 경우 사용자 인터페이스를 **셸**(Shell)이라고 한다.

셸은 사용자의 명령을 해석하여 커널에게 전달하고, 그 결과를 사용자에게 제시해 주기 위한 특별한 응용 프로그램이다. 셸은 **텍스트 기반 방식**과 **그래픽 기반 방식**으로 나눠지고, 그래픽 기반의 셸을 GUI(Graphical User Interface)[24]라고 한다.

커널은 운영체제의 핵심들을 모아둔 것으로 셸과 대비될 수 있고, 셸이 운영체계의 가장 바깥부분에 위치하면서 사용자 명령어에 대한 처리를 담당한다. 이에 반해, 커널은 종료된 입출력연산 등 커널의 서비스를 경쟁적으로 요구하는 모든 요청들을 처리하는 인터럽트 처리기와, 어떤 프로그램들이 어떤 순서로 커널의 처리시간을 공유할 것인지를 결정하는 스케줄러, 그리고 스케줄이 끝나면 실제로 각 프로세스들에게 컴퓨터의 사용권을 부여하는 **슈퍼바이저**(Supervisor)[25] 등이 포함된다.

또한 커널은 메모리나 저장장치 내에서 운영체제의 주소공간을 관리하고, 이들을 모든 주변장치들과 커널의 서비스들을 사용하는 다른 사용자들에게 고루 나누어주는 메모리관리자를 가지고 있다. 커널의 서비스는 운영체제의 다른 부분이나, 흔히 시스템 호출이라고 알려진 일련의 프로그램 인터페이스들을 통해 요청된다.

---

24) GUI : 사용자가 컴퓨터와 정보를 교환할 때, 그래픽을 통해 작업할 수 있는 환경을 의미하며, 마우스 등을 이용하여 화면에 있는 메뉴를 선택하는 것으로 작업을 할 수 있다.

25) 제어 프로그램에서 처리 프로그램의 실행을 감독하는 기능을 가진 프로그램으로 운영체제의 핵심이다. 주기억장치의 할당, 멀티태스킹, 입출력 제어, 시스템 자원의 배분 등의 기능을 하며 커널(kernel)과 동일시하기도 한다.

<table>
<tr><td colspan="3">사용자</td></tr>
<tr><td colspan="3">Shell과 명령
컴파일러와 인터프리터
시스템 라이브러리</td></tr>
<tr><td colspan="3">Kernel 에 대한 시스템 호출 인터페이스</td></tr>
<tr><td>신호
단말기 처리
문자 입출력 시스템
단말기 구동기</td><td>파일 시스템
스와핑
블록 입출력 시스템
디스크와 테이프 구동기</td><td>CPU 스케줄링
페이지 교체
요구 페이징
가상기억장치</td></tr>
<tr><td colspan="3">하드웨어에 대한 kernel 인터페이스</td></tr>
<tr><td>단말기 제어기</td><td>장치 제어기
디스크와 테이프</td><td>메모리 제어기
실제 메모리</td></tr>
</table>

[그림 1-11] UNIX 시스템의 계층구조

[그림 1-12] 운영체계의 일반적 계층 구조

10장 중앙처리장치(CPU : Central Processing Unit)

중앙처리장치는 인간의 두뇌와 같은 기능을 하며, 컴퓨터 시스템의 모든 장치들의 동작을 제어하고 명령을 실행하는 장치다.

중앙처리장치는 **제어장치**(Control Unit), **연산장치**(Arithmetic Logic Unit), **일시적 기억장치**(**레지스터** Register) 그리고 이들 간의 연결 **버스**(Bus)[26]로 구성된다.

(1) 제어장치(Control Unit)

제어장치는 컴퓨터에 있는 모든 장치들의 동작을 지시하고 제어하는 장치로, 명령 레지스터(IR : Instruction Register)에서 읽은 명령어를 해독하여 해당 장치에 제어신호를 보내어 정확하게 명령이 수행되도록 한다. 이때 제어장치에 입력되는 값은 명령어 레지스터, 플래그, 클록 등이다.

(2) 제어장치의 구성요소

- **명령 레지스터**(IR) : 현재 실행 중인 명령어의 내용을 지니고 있다.
- **명령 해독기**(Decoder) : 명령 레지스터에 있는 명령어를 해독하는 회로
- **부호기**(Encoder **제어신호 발생기**) : 해독한 명령에 따라 각 장치로 보낼 제어 신호를 생성하는 회로
- **제어 주소 레지스터**(CAR : Control Address Register) : 다음에 실행할 마이크로 명령어의 주소를 지니고 있는 레지스터로, Mapping의 결과값, 주소필드, 서브루틴 레지스터의 내용들이 적재되어 있다.
- **제어 버퍼 레지스터**(CBR : Control Buffer Register) : 제어 기억장치로부터 읽혀진 마이크로 명령어 비트들을 일시적으로 저장하는 레지스터
- **제어 기억장치** : 마이크로 명령어들로 이뤄진 마이크로 프로그램을 저장하는 내부 기억장치

26) CPU, 메모리, I/O 장치와 상호 필요한 정보를 교환하기 위해 연결하는 공동 전송선으로 결선의 수를 줄이기 위한 방식

- **순서 제어 모듈** : 마이크로 명령어의 실행 순서를 결정하는 회로들의 집합
- **순차 카운터**(Sequence Counter) : 디코더(Decoder 해독기)[27]에 의해 선택된 번호에 해당하는 타이밍 신호[28]를 생성시킴.

(3) 연산장치(ALU : Arithmetic & Logic Unit)[29]

제어장치의 명령에 의해 실제로 연산을 수행하는 장치다. 연산장치가 수행하는 연산은 산술연산, 논리연산, 관계연산, 이동(Shift) 등이 있다.

연산장치는 **가산기**(Adder)[30], **누산기**(AC : Accumulator)[31], **보수기**(Complementer)[32], **데이터 레지스터**[33], **오버플로 검출기**[34], **시프트 레지스터**(Shift Register)[35] 등으로 구성된다.

(4) 레지스터(Register)

레지스터는 CPU 내부에서 처리할 명령어나 연산의 중간 결과값 등을 일시적으로 기억하는 기억장소다.

레지스터는 **플립플롭**(Flip-Flop)[36]이나 **래치**(Latch)[37]들을 병렬로 연결하여 구성하므

27) 부호기(encoder)의 반대 용어로 사용되며, 데이터를 어떤 부호화된 형으로부터 다른 형으로 바꾸기 위한 회로와 장치를 가리킨다. 입력 신호(input signal)의 조합에 따라 하나 또는 그 이상이 출력을 선택할 수 있는 매트릭스(matrix)로 되어 있는 경우가 많다.

28) 마이크로 오퍼레이션이 순서적으로 실행될 수 있도록 보내는 신호로, ADD 연산은 3번의 타이밍 신호가 발생하고, 3개의 마이크로 오퍼레이션이 순서대로 실행된다.
MAR ← MBR[AD], MBR ← M[MAR], AC ← AC + MBR

29) 산술 연산과 두 수의 크기를 비교하고 판단하는 논리 연산을 담당하는 장치다. 산술연산엔 10진수 계산과 고정소수점 연산 및 부동 소수 점 연산 등이 있으며, 논리 연산에는 로드, 스토어, 시프트, 비교 및 분기, 편집, 변환 등이 있다.

30) 2진수 덧셈을 수행하는 회로로, 2개의 수를 더할 수 있는 전가산기를 필요로 하며 전가산기의 수는 직렬일 때는 1개가 필요하지만, 병렬 연산방식에는 데이터를 구성하는 비트의 수만큼 필요하다.

31) 연산의 결과를 임시로 저장

32) 뺄셈에서 빼는 수를 보수로 바꾸어 가산기에 입력한 후, 덧셈으로 처리한다. 이 때 빼는 수를 보수로 바꾸어 주는 회로가 보수기다.

33) 연산에 필요한 자료를 저장하는 곳

34) 여러 연산을 실행할 때 연산결과를 모두 레지스터에 저장할 수 없는 경우가 생긴다. 이것을 **오버 플로우**라 하며, 연산의 각 단계마다 검출기를 두어 에러 발생체크를 통해 사용자에게 알려준다. 이와는 달리 연산의 결과값이 컴퓨터가 표현할 수 있는 값보다 작아 표현이 불가한 것을 **언더 플로우**라고 한다.

35) 저장된 값을 옆으로 1비트씩 이동시킴

로, 메모리 중에서 처리 속도가 가장 빠르다. 레지스터의 크기는 워드를 구성하는 비트 수만큼의 플립플롭으로 구성하게 되며, 만약 워드의 크기가 16비트라면 레지스터는 16개의 플립플롭이나 래치로 구성된다.

여러 개로 구성된 플립플롭은 공통 클록의 입력에 의해 동시에 여러 비트의 자료가 저장된다.

레지스터간의 자료 전송 방법	
직렬 전송	병렬 전송에 비해 전송 속도가 늦다.
병렬 전송	워드가 동시에 전송되는 방식으로 전송 속도가 빠르다.
버스 전송	모든 레지스터들이 공통으로 이용하는 경로로, 병렬 전송에 비해 결선의 수를 줄일 수 있다.

프로그램 카운터 프로그램 계수기 (PC : Program Counter)	다음에 실행할 명령어의 번지를 저장하고 있는 레지스터로, 분기 명령이 실행될 경우 그 목적지 주소로 갱신된다.
명령 레지스터 (IR : Instruction Register)	현재 실행 중인 명령의 내용을 기억하고 있는 레지스터
누산기 (AC : Accumulator)	연산된 결과를 일시적으로 저장하고 있는 레지스터로 연산의 중심이 됨.
상태 레지스터 (Status Register)	시스템 내부의 상태를 저장하고 있는 레지스터
PSWR (Program Status Word Register)	오버 플로우, 언더 플로우[38], 자리 올림, 계산상태(음수, 0, 양수), 인터럽트 등의 PSW를 저장하고 있는 레지스터

36) 1개의 플립플롭은 0 또는 1을 기억하는 1비트의 기억 용량을 갖는다. 8개 사용하면 8비트, 16개 사용하면 16비트의 기억 용량을 갖는 레지스터를 만들 수 있으며, 레지스터 하나의 기억 용량을 레지스터 길이라고도 한다.

37) 하나 이상의 비트들을 저장하기 위한 디지털 논리회로로, 하나의 데이터 입력, 하나의 클록 입력과 하나의 출력을 갖는다.

플래그 레지스터 (Flag Register)	프로그램 제어와 밀접한 관계를 가짐.
메모리 주소 레지스터 (MAR : Memory Address Register)	기억장치를 출입하는 데이터의 번지를 저장하고 있는 레지스터
메모리 버퍼 레지스터 (MBR : Memory Buffer Register)	기억장치를 출입하는 데이터를 보관하고 있는 레지스터로 CPU가 처리하기 위해선 반드시 이곳에 저장되어 있어야 함.
베이스 레지스터 (Base Register)	명령이 시작되는 시작번지를 지니고 있는 레지스터
인덱스 레지스터 (Index Register)	주소 변경, 서브루틴 연결, 프로그램에서의 반복 연산의 횟수를 카운터하는 레지스터로 프로그래머에 의해 변경될 수 있음.
데이터 레지스터 (Data Register)	연산에 사용할 데이터를 저장하고 있는 레지스터
시프트 레지스터 (Shift Register)	저장된 값을 왼쪽 또는 오른쪽으로 1비트씩 이동시키는 레지스터
메이저 스테이터스 레지스터 (Major Status Register)	CPU의 메이저 상태[39]를 저장하고 있는 레지스터
주소 레지스터 (Address Register)	기억장소 주소나 장치의 주소를 저장하는 레지스터. 명령 주소를 나타내는 레지스터를 **명령 계수기**(Instruction Counter)라 하며, 이는 현재 수행 중인 명령 주소를 저장하고, 기억장치 **주소 레지스터**(MAR)의 입력 자료로 사용된다.
산술 레지스터 (Arithmetic Register)	산술 연산(arithmetic operation)이나 논리 연산(logical arithmetic), 자리 이동(shift) 등에서 연산의 대상이 되는 데이터나 연산 결과를 저장하기 위한 레지스터로, CPU의 연산 장치 중 하나다.
경계 레지스터 (Boundary Register)	다중 프로그래밍 시스템에서 각 사용자가 차지한 프로그램 블록의 메모리 상한 주소 또는 하한 주소를 나타내는 레지스터
버퍼 입력 레지스터 (Buffer Input Register)	자기 테이프, 디스크 등과 같은 입력 장치나 매체로부터 데이터를 받아 내부 기억 장치에 전달하는 레지스터

버퍼 출력 레지스터 (Buffer Output Register)	내부 기억 장소에서 데이터를 받아서 자기 테이프와 같은 출력 매체에 전송하는 버퍼 역할을 하는 레지스터
검사 레지스터 (Check Register)	입력 데이터를 일시적으로 기억하기 위한 레지스터. 입력 데이터를 기억시키는 이유는 다른 시간이나 다른 버스에서 입력되는 데이터와 비교하기 위함.
순환 레지스터 (Circulating Register)	저장된 정보가 오른쪽 또는 왼쪽으로 이동되고, 한쪽 끝 부분의 정보가 다른 쪽 끝으로 다시 삽입되는 레지스터
제어 레지스터 (Control Register)	CPU의 제어장치 일부로, 기억장치에서 판독한 명령을 일시 기억하고 제어장치에 명령을 전송하는 레지스터(재배치, 우선개입 프로그램 사상 기록, 오류 회복, 태스크 조작 등의 제어용으로 사용됨)
E 레지스터 (E Register)	누산기와 같은 레지스터의 확장으로 쓰이는 레지스터로, 2배 길이 연산 등에 사용
부동 소수점 레지스터 (Floating Point Register)	부동 소수점의 연산에 사용되는 레지스터
범용 레지스터 (General Register)	다양한 목적으로 사용될 수 있는 레지스터로, 필요에 따라 누산기, 기억 레지스터, 주소 레지스터, 색인 레지스터 등의 기능을 수행하는 레지스터
프로그램 레지스터 (Program Register)	프로그램의 현재 명령을 저장하고 프로그램이 실행되는 동안 컴퓨터의 동작을 제어하는 제어 장치 속의 레지스터

(5) 버스(Bus)

버스는 각 장치(CPU, 메모리, I/O 장치 등)에 데이터를 실어 나르는 공동의 전송선로다. 이에는 **제어 버스**, **주소 버스**, **데이터 버스**가 있으며, 제어 버스와 데이터 버스는 양방향 버스다.

---

38) 여러 연산을 시행할 때 연산결과를 모두 레지스터에 저장할 수 없는 경우가 생긴다. 이것을 **오버 플로우**라 하며 연산의 각 단계마다 검출기를 두어 에러 발생체크를 통해 사용자에게 알려준다. 이와는 달리 연산의 결과값이 컴퓨터가 표현할 수 있는 값보다 작아 표현이 불가한 것을 **언더 플로우라고** 한다.

39) 현재의 CPU의 상태로 인출, 간접, 실행, 인터럽트 상태가 있다.

제어 버스 (Control Bus)	CPU의 현재 상태나 상태 변경을 메모리 또는 I/O 장치에 알리는 제어 신호를 전송하는 데 사용하는 양방향 전송선
주소 버스 (Address Bus)	CPU가 메모리나 I/O 장치의 번지를 지정할 때 사용하는 단방향 전송선
데이터 버스 (Data Bus)	CPU와 메모리 또는 I/O 장치 사이에서 데이터를 전송하는 양방향 전송선

컴퓨터 내부에서 버스를 사용하는 것은 결선의 수를 줄이기 위한 것이다. 메모리나 입출력 장치가 제대로 동작하려면 버스를 통해 전달되는 제어 신호, 주소 신호 및 데이터 신호의 상호 시간적 관계가 잘 유지되어야 한다.

내부 버스	CPU 및 메모리 내에 구성된 버스
외부 버스	주변 입출력 장치에 구성된 버스

생각의 창

✓ 운영체제의 인터페이스 대상과 상대적 위치

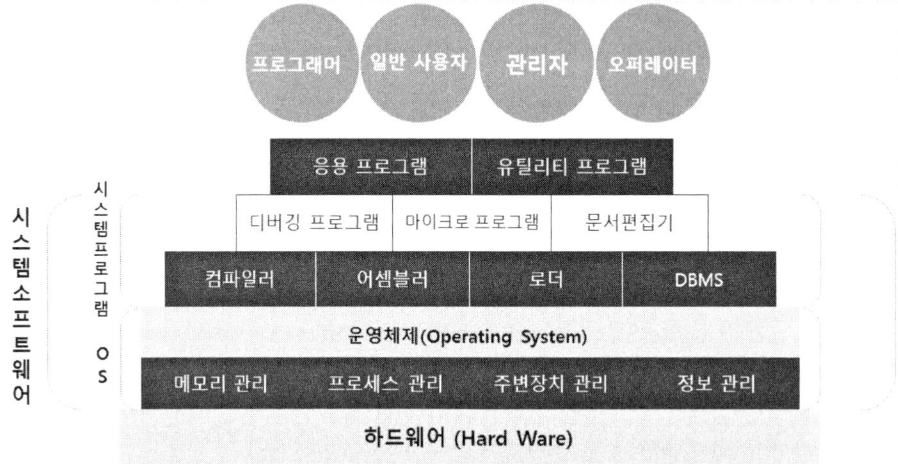

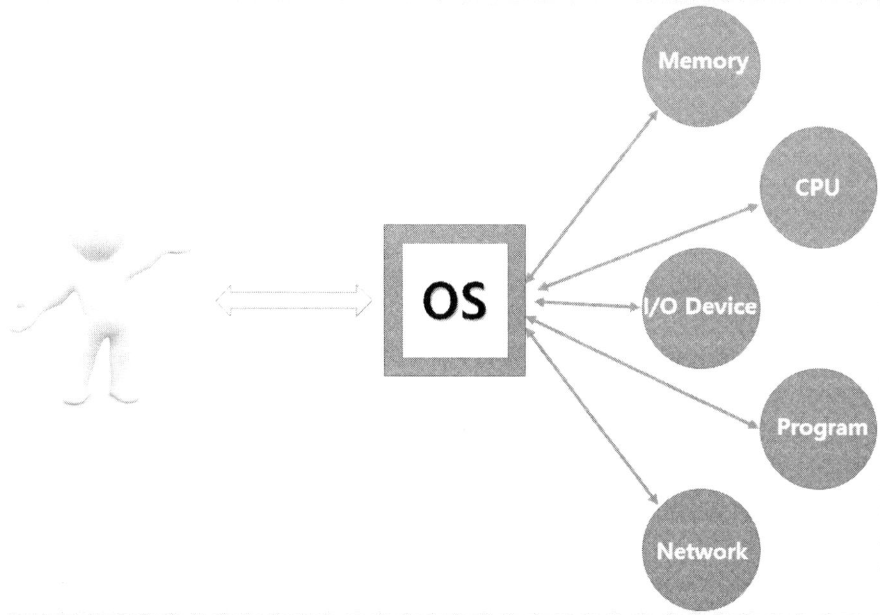

연습문제

1. 운영체제의 기능에 해당하는 것은?

   ① 고급 언어를 기계어로 변환한다.
   ② 사용자에게 시스템 자원을 쉽고 효율적으로 사용할 수 있도록 한다.
   ③ 데이터 구조의 정의, 데이터 조작, 데이터 제어 기능을 갖추고 비절차적 질의의 역할을 담당한다.
   ④ 사용자와 데이터베이스 사이에서 사용자의 요구에 따라 정보를 생성해 주고, 데이터베이스를 관리한다.

2. 운영체제에 대한 설명으로 옳지 않은 것은?

   ① 사용자에게 편리성을 제공하는 역할을 한다.
   ② 사용자와 컴퓨터 간의 인터페이스 역할을 한다.
   ③ 여러 사용자 간의 자원 스케줄링을 효율적으로 한다.
   ④ 사용자가 작성한 원시프로그램을 기계어로 번역한다.

3. 운영체제 성능 평가 기준 중 시스템을 사용할 필요가 있을 때 즉시 사용 가능한 정도를 의미하는 것은?

   ① Turn Around Time ② Availability ③ Reliability ④ Throughput

4. 운영체제의 설계 목표가 아닌 것은?

   ① 빠른 응답시간 ② 처리량 향상 ③ 경과 시간 증가 ④ 폭 넓은 이식성

5. 운영체제의 역할로 거리가 먼 것은?

   ① 사용자와의 인터페이스 구현
   ② 프로세서, 메모리 등의 자원 스케줄링
   ③ 목적 프로그램과 로드 모듈의 연결
   ④ 입·출력을 위한 편의 제공

6. 운영체제의 목적으로 옳지 않은 것은?

① 신뢰성 향상
② 사용자 인터페이스 제공
③ 처리량의 향상
④ 응답시간 증가

7. 운영체제의 역할로서 거리가 먼 것은?

① 기억 장치 관리 ② 처리기 관리 ③ 입출력 장치 관리 ④ 원시 프로그램의 번역

8. 모니터에 대한 설명으로 옳지 않은 것은?

① 한순간에 여러 프로세스가 모니터에 동시에 진입하여 자원을 공유할 수 있다.
② 공유 데이터와 이 데이터를 처리하는 프로시저로 구성된다.
③ 모니터 외부의 프로세스는 모니터 내부의 데이터를 직접 액세스 할 수 없다.
④ 모니터에서는 Wait 와 Signal 연산이 사용된다.

1② 2④ 3② 4③ 5③ 6④ 7④ 8①

II부

프로세스 관리

11장 프로세스 개요
12장 PCB(Process Control Block)
13장 프로세스 상태
14장 스레드
15장 CPU 스케줄링 개요
16장 CPU 스케줄링 3단계
17장 비선점 스케줄링
18장 선점 스케줄링

11장 프로세스 개요

일반적으로 컴퓨터에서 실행의 대상이 되는 것은 프로그램과 자료다.

프로그램은 컴퓨터를 구성하는 것을 하드웨어(Hardware)와 소프트웨어(Software)로 구별할 때, 소프트웨어에 속한다.

소프트웨어는 구분하면 시스템소프트웨어(System Software)와 응용프로그램(Application Program)으로 나눠진다.

프로그램은 평소에는 보조기억장치에 저장되고 관리되나, 실행하려면 **로더**(Loader)에 의해 주기억장치로 옮겨져 CPU에 의해 처리된다. 소프트웨어에 속하는 데이터(정보 또는 자료)도 처리되기 위해서는 주기억장치로 옮겨져야 하며, 컴퓨터가 처리하는 대상 즉, CPU가 처리하려는 것은 모두 주기억장치까지 옮겨져 있어야 한다.

따라서 프로그램을 실행하려면 보조기억장치에서부터 주기억장치로 옮겨져야 하며, 이는 운영체제 중 **로더**에 의해서 진행된다. 주기억장치로 옮겨진 프로그램은 주기억장치의 작은 용량과 다중 프로그래밍 또는 다중 모드 방식의 처리를 위해 일반적으로 일부만 옮겨진다. 이렇게 주기억장치에 옮겨진 실행할 프로그램의 일부분은 그곳에서 CPU를 할당받기 위해 기다린다.

프로세스 : 실행 중인 프로그램

이와 같이 프로그램 중 실행하는 부분, 즉 실행하고 있는 프로그램을 프로세스라 한다. 그리고 **프로세스**(Process)를 처리하는 것을 **프로세서**(Processor)라고 한다.

프로세스(Process)는 처리기(프로세서, CPU)에 의해 처리되는 사용자 프로그램과 시스템 소프트웨어(시스템 프로그램)로, 실행 중인 프로그램을 의미하며, 운영체제 입장에서는 관리의 최소단위로서 **작업**(Job) 또는 **태스크**(Task)[40]에 해당한다.

---

40) 운영체제에 대하여 외부에서 주어지는 일의 단위를 **작업**(Job)이라 하고, **태스크**(Task)는 운영체제가 자원을 할당하여 처리하는 일의 단위다.

결국 컴퓨터 시스템은 시스템 프로세스와 사용자 프로세스의 집합체로 구성되며, **운영체제 프로세스**는 시스템 코드를 실행하고, **사용자 프로세스**는 사용자 코드를 실행한다. 이러한 모든 프로세스는 **병행 수행**이 가능하다.

일괄 처리 시스템에서는 작업(Job) 단위로 실행되므로 작업이 프로세스가 되고, **시분할 시스템**에서는 사용자 프로세스인 태스크(Task)를 실행 대상으로 한다.

프로세스의 정의

- CPU에 의해서 현재 실행되고 있는 프로그램
- CPU가 할당되는 실체
- 운영체제가 관리하는 최소단위의 작업(프로그램)
- PCB(Process Control Block)[41]를 지닌 프로그램
- 실기억장치(주기억장치/가상기억장치)에 저장된 프로그램
- 프로세서가 할당되는 실체적 개체로서 **디스패치**(Dispatch)[42]가 가능한 단위가 됨.
- 프로시저(Procedure)[43]가 활동 중인 상태
- 실행 중인 프로시저의 제어 단위
- 비동기적 행위를 일으키는 주체

41) 운영체제가 프로세스를 관리하기 위해 프로세스 정보를 지니고 있는 테이블로, 임의의 프로세스가 생성되면 이 프로세스의 정보를 저장하는 새로운 프로세스 제어 블록이 생성되고, 프로세스가 종료될 때 같이 사라진다.

42) 준비된 프로세스가 CPU를 배정받아 실행상태로 전이하는 것

43) 어떤 행동을 수행하기 위한 일련의 작업순서. 프로그램에서는 루틴이나 서브루틴 및 함수와 같은 의미다. 하나의 프로시저는 특정 작업을 수행하기 위한 프로그램의 일부다.

12장 PCB(Process Control Block)

프로세스 제어 블록(PCB)은 운영체제가 프로세스를 관리하기 위해, 프로세스에 대한 정보를 지니고 있는 테이블로서, 하나의 프로세스가 생성되면 해당하는 정보를 저장하기 위해 이 프로세스의 PCB가 만들어지고, 해당 프로세스가 종료되면 함께 사라진다. PCB는 운영체제가 프로세스를 표현한 것으로, 운영체제의 커널부분에 있다.

의미적으로 TCB(Task Control Block) 또는 JCB(Job Control Block), **프로세스 기술자**(Process Descriptor)로도 불리며, PCB의 내용은 프로세스의 상태 변화가 있는 경우 **트래픽 제어기**(Traffic Controller)[44]에 의해 변경된다.

포인터(Pointer)	프로세스 상태
프로세스 식별자 (PID : Processor Identifier)	
프로그램 카운터 (PC : Program Counter)	
프로세스 우선순위 및 스케줄링 정보	
각종 CPU 레지스터 정보	
기억장치관리 정보	
할당된 자원(입출력 상태 등) 정보	
계정(Account) 정보	
부모 PID와 자식 PID	
기타 정보	

[그림 2-1] 프로세스 제어 블록(PCB) 구조

44) 모든 프로세스에 대한 상태의 추적과 관리를 하는 운영체제의 일부

포인터(Pointer)	프로세스가 위치한 메모리에 대한 포인터 (현재 프로세스가 위치한 주소)
프로세스 상태[45)]	보류, 준비, 실행, 대기, 정지 등 프로세스의 상태
프로세스 식별자 (PID:Processor Identifier)	프로세스를 구별하기 위해 부여된 고유 번호로 주로 정수값으로 나타냄.
프로그램 카운터 (PC : Program Counter)	다음에 실행할 명령어(프로세스)에 대한 주기억장치 상의 주소
프로세스 우선순위 및 스케줄링 정보	프로세스 스케줄링 시 실행될 우선순위 등 스케줄링에 관한 정보
각종 CPU 레지스터 정보	누산기(Accumulator), Index Register, 범용 레지스터, 스택 레지스터, 기타 상태 코드
기억장치관리 정보	해당 프로세스가 주기억장치의 어느 영역에 위치해 있는지를 저장. Base Register[46)], Bounder Register(경계 레지스터)[47)]나 페이지 테이블(Page Table)[48)] 등
할당된 자원(입출력 상태 등) 정보[49)]	프로세스 실행을 위해 사용하고 있는 입출력 요구사항이나 입출력 장치, 개방된 파일(Open File) 목록 등
계정(Account) 정보	계정번호, CPU 실제 사용시간(할당시간), 한정된 시간 등
부모 PID와 자식 PID[50)]	부모 프로세스에 대한 포인터(부모 프로세스 주소), 자식 프로세스에 대한 포인터(자식 프로세스 주소)
기타 정보	……

45) 프로세스 상태(Process State)는 **생성**(create), **준비**(ready), **실행**(running), **대기**(waiting), **완료**(terminated) 등이 있고, 유예준비상태(suspended ready), 유예대기상태(suspended wait)는 스택이 아닌 디스크에 저장되어 있다.
46) 기준레지스터 : 기준 주소(base address)를 기억하고 있는 레지스터로, CPU의 제어 장치 중에 있는 레지스터의 하나다. 기준 레지스터의 값(기준 주소)과 주소부의 변위(displacement)를 더함으로써 모든 기억 위치의 주소를 지정한다.
47) 다중 프로그래밍 시스템에서 각 사용자 프로그램이 차지한 메모리의 프로그램 블록의 상한 주소 또는 하한 주소를 지니고 있다.
48) 페이징 기법에서 주소변환을 위해 페이지가 있는 주기억장치의 위치정보를 지닌 테이블
49) 보관 파일이나 음악 출력을 사용하는 경우, 하드디스크나 사운드 카드에 관련한 정보
50) 하나의 프로세스는 다른 프로세스를 생성할 수 있으며, 이때 생성된 프로세스는 **자식 프로세스**라 하고, 이를 생성한 프로세스를 **부모 프로세스**라 한다.

13장 프로세스 상태

프로세스는 시스템 내에 존재하며 처리되기 위해 여러 가지의 사건을 통하며 상태를 변화시킨 후 종료된다.

하나의 프로세스는 프로그램으로부터 만들어져(생성) 주기억장치로 들어오고, CPU에 할당되기 위해 준비한다. 이후 CPU에 할당되어 필요한 모든 실행을 마치면 종료된다. 이러한 과정을 **프로세스의 상태 전이**라 한다.

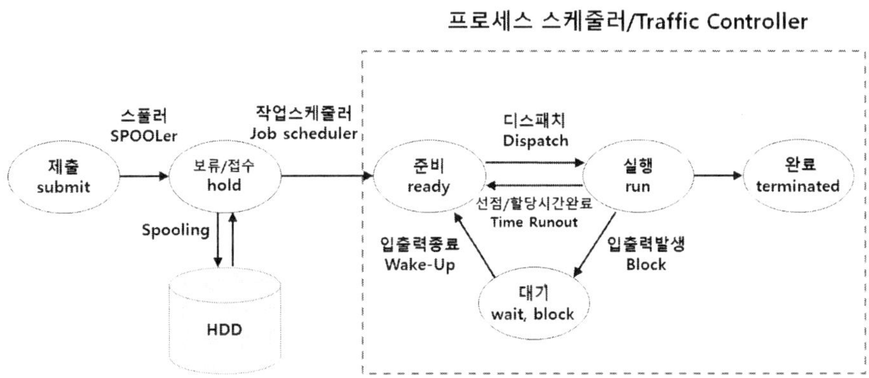

[그림 2-2] 프로세스 상태 전이

하나의 처리기(CPU)를 지닌 컴퓨터 시스템의 경우는, 오직 1개의 프로세스만 실행 상태에 있을 수 있다. 그러나 준비 상태나 대기 상태에는 다수 개의 프로세스가 있을 수 있고, 운영체제는 이들을 **준비 리스트**(ready list)와 **대기 리스트**(block list)를 작성해 관리한다.

준비 상태에 있는 프로세스들은 자신의 우선순위를 지니고 있으며 가장 높은 우선순위의 프로세스가 가장 먼저 CPU를 할당받는다.

대기 상태에 있는 프로세스들은 우선순위가 없이, 프로세스가 기다리고 있는 조건이 이뤄지면 준비 상태로 전환된다. 단, 여러 개의 프로세스가 대기 상태에 있다면 대기 큐를 통해 순차적인 순서가 결정된다.

프로세스 상태와 전이과정	
제출 submit	• 사용자가 작업을 처리하기 위해 시스템에게 작업을 제출한 상태
보류/접수 hold	• 제출된 작업이 스풀러에 의해 스풀 공간(디스크)에 할당되어 있는 상태(프로세스가 만들어짐) • 접수된 프로세스 중에서 Job 스케줄러에 의해 준비상태로 이동
준비 ready	• 프로세스가 프로세서(처리기)를 할당받기 위해 기다리고 있는 상태 • 프로세스는 준비상태 큐(스케줄링 큐)[51]에서 실행을 준비함. • 준비 리스트에 있는 프로세스는 각각의 우선순위가 있음. • 프로세스 스케줄러(CPU 스케줄러)에 의해 실행할 프로세스가 선택됨.
실행 run	• 준비상태 큐에 있는 프로세스가 프로세서를 할당받아 실행되는 상태 : 디스패치(Dispatch) • 프로세스가 완료되기 전 주어진 프로세서 할당시간이 종료(Time Run Out)하면 프로세스는 다시 준비상태로 이동 • 실행 중인 프로세스가 입출력(I/O) 처리가 발생하면 대기상태로 이동 • 프로세스는 보통 타임 슬라이스 동안 처리기를 할당 받으며, 프로세스 사이의 문맥교환(Context Switching)이 발생
대기 Wait/block	• 프로세스가 실행 중에 I/O 처리가 발생한 경우, 실행 중인 프로세스는 대기상태로 전환되고 I/O처리를 전담하고 있는 다른 장치에게 처리를 넘김. • 대기 리스트에서는 우선순위가 주어지지 않고, I/O처리가 완료되는 것부터 준비상태로 이동
완료 terminated	• 프로세스의 실행이 종료되어 처리기 할당이 해제되는 상태 • 해당 PCB가 삭제됨.

운영체제는 각각의 프로세스에게 일정한 시간(**타임 슬라이스 : Time Slice**)동안 CPU를 차지하게 하고, 이 시간 동안에 프로세스가 종료되지 못하면 시분할 및 다중 프로그래밍 정책에 따라 시스템 클록(Clock)에 의한 **인터럽트(Interrupt)**[52]를 발생시켜 해당

51) 여러 개의 프로세스가 실행(처리기 할당)을 기다리는 장소

52) **인터럽트**가 발생하면 운영체제의 제어프로그램에 있는 인터럽트 처리 루틴이 실행되어 응급사태를 해결한 후, 인터럽트가 생기기 이전의 상태로 복귀시킨다.

프로세스에게서 CPU 사용을 중지시키고, 준비 상태의 준비 리스트의 가장 뒤로 되돌려 보낸다.

이어 준비 리스트의 가장 앞에 있는 프로세스에게 CPU를 할당하고 처리를 계속한다. 이런 과정으로 CPU에게 할당되는 프로세스가 교체되는 것을 **문맥 교환**(Context Switching)[53]이라 한다.

모든 프로세스의 상태 관리는 운영체제 중, **트래픽 제어기**(Traffic controller)가 담당한다.

프로세스 상태 전환 모듈

스풀러 (SPOOLer)[54]	• Simultaneous Peripheral Operation On-Line • 제출된 작업들을 스풀 공간이 있는 디스크에 수록하여 보류/접수 상태로 전이 • **제출 ⇒ 보류**
작업 스케줄러 (Job Scheduler)	• 보류 상태의 작업들 중에서 실행될 작업을 선정하여 해당 프로세스의 상태를 전이 • **보류 ⇒ 준비**
프로세스 스케줄러 (Process Scheduler)	• 프로세스들 중에서 실행할 프로세스를 선정하여 CPU를 할당(Dispatch) • **준비 ⇒ 실행**
트래픽 제어기 (Traffic Controller)	• 모든 프로세스의 상태를 관리(조사와 통보)하여 적절한 상태로 전이 시키고, 프로세스간의 통신과 동기화를 조정

53) 프로세스 상태를 바꾸는 작업. 실행에 이용한 프로그램 카운터, 포인터, 레지스터 등의 내용과 지금까지의 실행에 필요한 정보를 보존시킨 후, 다음 시작할 실행 프로세스의 정보를 이용할 수 있도록 교체한다. 잦은 문맥 교환은 **오버헤드**(Overhead)가 되어 성능을 저하시키는 원인이 된다.

54) 고속장치(처리기)와 저속장치(I/O장치)간의 처리를 효율적이게 하는 것으로, 고속장치가 저속장치를 직접 관여하지 않고 **작업 큐**에 넣어 저속장치가 별도로 실행하고 처리가 종료되면, 이를 고속장치에게 알린다. 작업의 스케줄링 효율을 위해 입력한 작업을 일단 디스크 상의 데이터 세트에 저장하고, 그 후 스케줄링하여 실행한다. 또, 출력의 경우 결과를 디스크 상의 데이터 세트에 저장하고, CPU의 의존 없이 인쇄하는 등의 작업 제어 방법을 스풀 제어라 하며, 이를 수행하는 프로그램 및 장치를 **스풀러**(SPOOLer)라 한다.

스풀링은 디스크(가상의 I/O장치)를 사용하고, **버퍼링**은 주기억장치를 사용한다.

프로세스 상태 전이 정의	
Dispatch	준비 상태 ⇒ 실행 상태
Time Runout	실행 상태 ⇒ 준비 상태
Block	실행 상태 ⇒ 대기 상태
Wake-Up	대기 상태 ⇒ 준비 상태

14장 스레드(Thread)

스레드는 CPU에서 독립적인 실행이 가능한 것으로, 프로세스 내에서의(프로세스보다 작은) 작업 단위며, 독립적으로 스케줄링이 된다. 이는 프로세스 단위로 운영되는 것보다 발전된 운영체제 개념이다.

예를 들어, 워드프로세서(문서편집기)를 이용하여 리포트, 회의록, 기획서 등을 동시에 작성하려할 때, 각 작성마다 동일한 워드프로세서를 사용하게 되어 해당 프로세스를 복사해서 사용한다. 그러나 이 방식은 동일한 자원을 모두가 요구하는 것으로 자원의 낭비가 초래된다. 공동으로 사용할 수 있는 부분을 공유하고 실제 작성부분만 달리한다면 자원낭비를 줄일 수 있다. 즉, 3개의 서로 다른 문서를 수기로 작성한다고 하여 검정 볼펜을 3개 지니고 있어야 하는 건 아니다. 이것은 자원을 낭비하는 경우다. 결국 1개의 검정 볼펜으로 각 문서들을 수시로 작성하면 된다.

이와 같이 프로세스의 일부를 공유할 수 있는 작은 프로세스로 만들어 공유하는데, 이 작은 프로세스(Process)를 **스레드**(Thread)라고 한다.

컴퓨터 프로그램 수행 시 프로세스 내부에 존재하는 작업 수행 경로로서, 일련의 실행 코드인 스레드는 실제 작업을 담당한다. 이런 의미로 보면 프로세스는 빈 껍질에 불과하고 작업의 실체는 스레드로 볼 수 있다.

프로세스는 크게

① **제어 흐름부분**(실행 주체, 명령부)과

② **실행 환경부분**(실행객체, 데이터부)으로 나눌 수 있다.

스레드는 제어의 흐름을 의미하는 것으로, 프로세스에서 실행 부분만을 분리한 것이다. **스레드는 프로세스 실행의 기본 단위**가 된다.

하나의 프로세스 내에서 다수의 스레드가 동시에 수행되는 것을 **멀티 스레딩**(Multi Threading)이라고 한다.

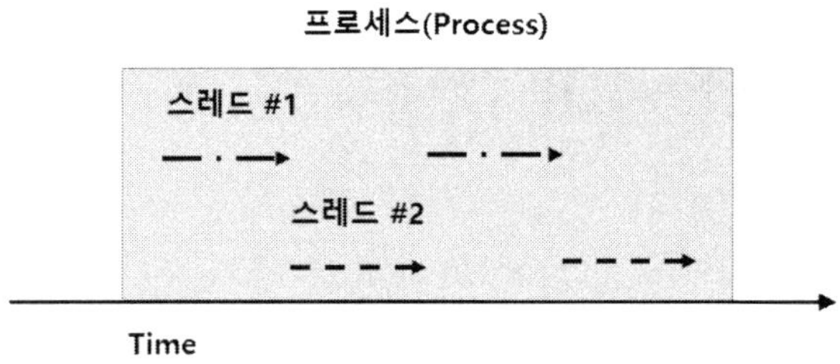

[그림 2-3] 두 개의 스레드를 지닌 프로세스 실행의 예

프로세스와 스레드의 비교

프로세스(Process)	스레드(Thread)
• CPU가 하나인 시스템에서는 한순간 하나의 프로세스만 실행	• CPU가 하나인 경우, 실행 중인 프로세스에 여러 개의 스레드가 있을 수 있어 스레드 측면에선 여러 스레드가 동시에 실행
• CPU가 하나인 경우, 프로세스는 순차적으로 실행(우선순위 등 고려)	• CPU가 하나인 경우라도 스레드는 병행이 가능(사실은 스레드의 빠른 교환)

스레드 특징

- **단일 스레드(Single Thread)** : 하나의 프로세스에 하나의 스레드가 존재하는 경우
- **다중 스레드(Multi Thread)** : 하나의 프로세스에 둘 이상의 스레드가 있는 경우
- **경량(Light Weight) 프로세스**[55] : 스레드는 프로세스의 일부 특성을 지니고 있다.
- 자신만의 스택(Stack)과 레지스터(Register)를 지니며 독립된 제어흐름(독립적 스케줄링이 가능)을 갖는다(각 스레드는 독립적이다).
- 실행 환경을 공유시켜 기억장소 낭비가 줄어든다.
- 스레드의 실행과 종료 순서는 예측할 수 없다.
- 스레드는 프로그램의 외부에선 알 수 없다.
- 프로세스가 종료되면 해당 스레드들도 모두 종료된다.

스레드 분류

- 사용자(User) 수준의 스레드
  - 사용자가 만든 라이브러리를 사용하여 스레드를 운용
  - 속도는 빠르지만 구현이 어렵다.
- 커널(Kernel) 수준의 스레드
  - 운영체제의 커널에 의해 스레드를 운용
  - 구현이 쉬우나 속도가 느리다.

스레드 장점

- 응용 프로그램의 응답 시간(Response Time)을 단축시킨다. **(응답성 향상)**
- 하나의 프로세스에 스레드를 만들면 이들 스레드는 프로세스가 지닌 자원을 모두 공유한다. **(자원의 공유)**
- 여러 개의 CPU를 지닌 시스템에서 다중 스레드를 사용하면, 다중 CPU가 다중 스레드를 동시에 처리하여 CPU 사용량이 증가하고 프로세스가 신속히 처리된다. **(다중 CPU 지원)**
- 여러 개의 프로세스를 생성하는 것보다, 다중 스레드의 경우 불필요한 자원 중복을 방지해 시스템 효율이 향상된다. **(효율성 향상)**
- 하나의 프로세스를 여러 개의 스레드로 생성하여 병행성을 증가시킬 수 있다. **(병행성)**
- 하드웨어, 운영체제의 성능 및 응용 프로그램의 처리율을 향상시킨다. **(처리율 향상)**
- 실행 환경을 공유하여 기억장소의 낭비를 줄인다. **(기억장소 낭비절감)**
- 프로세스간 통신이 향상된다. **(프로세스간 통신 향상)**
- 스레드는 공통적으로 접근 가능한 기억장치를 통해 효율적으로 통신한다. **(효율적 통신)**

멀티 프로세스(Multi Process)의 각 프로세스는 독립적으로 실행되며 각각 별개의 메모리를 차지한다. 그러나 **멀티 스레드**(Multi Thread)는 프로세스 내의 메모리를 공유해 사용할 수 있고, 프로세스간의 전환 속도보다 스레드간의 전환 속도가 더 빠르다.

55) 중량 프로세스(HWP : Heavy Weight Process) : 하나의 스레드만 가진 프로세스
경량 프로세스(LWP : Light Weight Process) : 두 개 이상의 스레드를 가진 프로세스

멀티 스레드의 장점은 CPU가 여러 개일 경우, 각 CPU가 스레드 하나씩을 담당하므로 여러 스레드가 동시에 처리되어 처리 속도가 향상된다. 멀티 스레드의 단점은 여러 스레드 중 어떤 것이 먼저 실행될지 그 순서를 알 수 없다는 것이다.

15장 CPU 스케줄링 개요

프로세스가 생성되어 실행하려면 필요한 자원을 모두 확보해야한다.

CPU **스케줄링**(Scheduling)이란, CPU 스케줄러에 의해 처리기(프로세서 Processor, CPU)를 할당받을 프로세스를 결정하는 과정이다. 프로세스는 생성되어 완료될 때까지 여러 번의 스케줄링 과정을 거치게 된다.

CPU 스케줄링은 **프로세스 스케줄링**을 의미하며, 준비 상태에 있는 프로세스 중에서 어떤 프로세스에게 CPU를 할당할 것인지를 결정하는 작업으로 시스템의 효율은 달라진다.

스케줄링 목적

- 모든 프로세스에게 공정하게 할당한다. **(공정성)**
- 단위 시간당 처리하는 프로세스 양을 증가시킨다. **(처리율의 극대화)**
- CPU 낭비시간을 줄이고, CPU가 순수하게 프로세스를 처리하는 시간을 증가시킨다. **(CPU 이용률 증가)**
- **응답시간(Response Time, 반응시간)**[56]을 최소화 시킨다.
- **반환시간(Turn Around Time)**[57]을 최소화 시킨다.
- **대기시간(Waiting Time)**[58]을 최소화시킨다.
- 우선순위가 높은 프로세스를 먼저 실행한다. (우선순위 적용)
- 오버헤드[59]를 최소화한다.
- 자원의 유휴상태가 발생하지 않도록 메모리, I/O장치 등의 자원 활용을 균형 있게 사용한나.
- **무한연기**[60]를 배제시킨다. **(에이징 기법 적용)**

---

56) 어떤 요구를 의뢰한 때부터 반응이 시작되기까지(완료가 아님)의 시간
57) 하나의 일을 마무리하는 데 걸리는 시간(작업이 제출되어 주기억장치, 준비 큐, 실행, 입출력 등을 모두 마치고 완료한 후 시스템을 나오는 시간 = 수행시간)
58) 프로세스가 준비상태에서 처리되기를 기다리고 있는 시간(준비 큐에 있는 시간)
59) 특정 목표를 달성하기 위해 추가적으로 요구되는 시간이나 노력
60) 자원의 할당을 무한정 기다리는 현상

스케줄링 성능 평가 기준

- CPU 이용률
  - 단위 시간당 CPU가 사용되는 시간(가능한 CPU를 최대로 사용한다.)
- 처리율
  - 단위 시간당 완료된 프로세스의 개수
- 응답시간(Response Time, 반응시간)
  - 어떤 요구를 의뢰한 때부터 반응이 시작되기까지(완료가 아님)의 시간
- 반환시간(Turn Around Time)
  - 하나의 일을 마무리하는 데 걸리는 시간
  - 작업이 제출되어 주기억장치, 준비 큐, 실행, 입출력 등을 모두 마치고 완료한 후 시스템을 나올 때까지의 시간(전체 수행시간)
- 대기시간(Waiting Time)
  - 프로세스가 준비상태에서 처리되기를 기다리고 있는 시간
  - 준비 큐에 있는 시간

CPU 스케줄링의 목적은 CPU 등 자원을 효율적으로 사용하기 위한 정책으로, CPU 이용률, 처리율, 응답시간, 반환시간, 대기시간 등으로 여러 스케줄링의 성능은 평가된다.

CPU 스케줄링의 단계별 분류 : 3단계

- **장기 스케줄링(Long Term Scheduling)**
  상위단계 스케줄링(High Level Scheduling) - Job Scheduling

- **중기 스케줄링(Medium Term Scheduling)**
  중간단계 스케줄링(Intermediate Level Scheduling)

- **단기 스케줄링(Short Term Scheduling)**
  하위단계 스케줄링(Low Level Scheduling) - CPU Scheduling

프로세서 스케줄링 기법

- 비선점 스케줄링(Non-Preemptive Scheduling)
  - FCFS(선입선출, FIFO) 스케줄링
  - SJF(단기 작업 우선) 스케줄링
  - HRN 스케줄링
  - Deadline(기한부) 스케줄링
  - Priority(우선순위) 스케줄링
    * Aging(에이징) 기법[61]

- 선점 스케줄링(Preemptive Scheduling)
  - RR(라운드로빈) 스케줄링
  - SRT 스케줄링
  - 선점 우선순위 스케줄링
  - 다단계 큐(MQ : Multi-level Queue) 스케줄링
  - 다단계 피드백 큐(MFQ : Multi-level Feedback Queue) 스케줄링

스케줄링 기법의 비교

비선점 스케줄링	FCFS	SJF	우선순위	HRN	기한부
선점 스케줄링	RR	SRT	선짐 우신순위	다난계 큐	다단계피드백 큐

61) 에이징 기법은 특정 프로세스의 우선순위가 낮아서 무한정 기다리는 경우, 한번 양보하거나 기다린 시간에 비례하여 일정 시간이 지나면 우선순위를 한 단계씩 높여 주는 방식으로, 적절한 시간 내에 자원을 할당받도록 하는 기법. SJF 스케줄링이나 우선순위 스케줄링 기법에서 발생할 수 있는 **무한연기**나 **기아상태**를 방지시켜준다.

비선점 스케줄링(Non-Preemptive Scheduling)

- CPU를 차지하고 실행 중인 프로세스는 자신의 실행이 종료될 때까지 CPU를 빼앗기지 않고 독점하며 사용하는 방식이다.
- 즉, 어떤 프로세스가 CPU를 할당받으면 종료될 때까지 처리기를 독점하는 방식으로, 이미 할당된 CPU를 다른 프로세스가 강제로 빼앗을 수 없다.

선점 스케줄링(Preemptive Scheduling)

- 어떤 프로세스가 CPU를 차지하고 실행 중, 다른 프로세스에게 CPU 할당에 대한 요구를 받으면 CPU 사용권을 돌려주는 방식이다.
- 높은 우선순위를 가진 프로세스들이 빠른 처리를 요구 등 대화형 시분할 시스템 등의 빠른 처리를 요구하는 시스템에 적합하다.
- 문맥 교환을 위한 **오버헤드**(Over Head)가 발생한다.

16장 CPU 스케줄링 3단계

장기 스케줄링(Long Term Scheduling)

장기 스케줄링은 제출되어 실행을 기다리고 있는 프로세스 중에서, 어떤 프로세스가 시스템의 자원을 차지할 지를 결정하여, **준비 상태** 큐로 보내는 작업을 하는 것을 의미한다. 이러한 단계는 스케줄링 초반에 일어나기 때문에 **상위단계 스케줄링**(High Level Scheduling)이라하며, 다른 스케줄링에 비하여 비교적 장기적 시간에 가끔씩 발생하여 **장기 스케줄링**(Long Term Scheduling) 이라고도 한다.

그리고 의미적으로는 Job Scheduling이 되며, 이는 **작업 스케줄러**(Job Scheduler)에 의해 수행된다.

중기 스케줄링(Medium Term Scheduling)

중기 스케줄링은 준비 상태에 있는 프로세스 중에서, 어떤 프로세스가 CPU를 할당받을 것인지 결정한다. 즉, 준비 상태 큐에 있는 준비 상태에서 실행 상태로의 전이 과정에 대한 스케줄링이다. 이때, CPU를 할당받기 위해 기다리고 있는 프로세스가 많은 경우 프로세스를 일시 보류시킨 후 활성화한다. 따라서 일시적인 부하를 조절하는 버퍼 역할을 한다. 일시 보류된 프로세스는 교체 공간인 디스크에 저장되며 이후에 다시 주기억장치에 적재된다[58]. 이 과정을 스와핑(Swapping)이라고 한다.

대부분의 시스템은 장기 스케줄링과 단기 스케줄링만을 통해 CPU 스케줄링을 하며, 단기 스케줄링 과정(준비 상태 - CPU 실행 상태)에 추가로 **중간 단계 스케줄링**(Intermediate Level Scheduling)을 두어 Swap Out/Swap In[62]을 이용하여 부분적으로 실행되다가 교체되어 나간 프로세스를 관리한다.

---

62) 프로세스의 정보들이 주기억장치에서 보조기억장치에 위치한 Swap 영역으로 옮겨지는 것을 **Swap Out**이라고 하고, 다시 이 정보가 보조기억장치의 Swap 영역에서 주기억장치로 옮겨가는 것을 **Swap In** 이라함(**Swapping**).

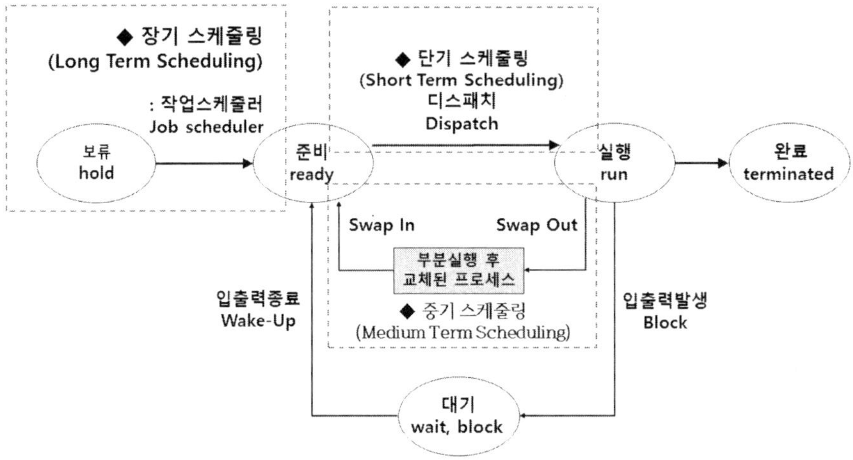

[그림 2-4] 프로세스의 단계별 스케줄러

단기 스케줄링(Short Term Scheduling)

프로세스를 실행하기 위해 CPU를 할당받는 시기를 지정하는 과정으로, 하위단계 스케줄링(Low Level Scheduling), **프로세서 스케줄링**(Processor Scheduling), CPU Scheduling이라고도 한다. 이를 위한 프로세서 스케줄링 및 **문맥 교환**[63]은 프로세서 스케줄러에 의해 수행된다.

디스패처(Dispatcher)에 의해 실행되며, 다중 프로그래밍과 시분할 시스템에서는 자주 수행되며 수행속도는 매우 빠르다.

---

63) Context Switching : 현재 CPU에 할당되어 처리되고 있는 프로세스의 상태 정보를 저장한 후, 새로운 프로세스의 상태 정보를 설정하여 실행 프로세스를 교체하는 과정

17장 비선점 스케줄링

비선점 스케줄링 방식은 처리기를 할당 받은 후에는 종료되기 전까지 어떤 프로세스에 의해서도 처리기를 넘겨주지 않고 독점하는 방식이다.

여기서는 비선점 스케줄링의 각 기법에 대한 특징과 성능을 비교하기 위하여, 다음과 같은 작업 발생을 기준으로 분석한다.

작업	도착시간	처리시간(실행시간 burst time)
P1	0 초	20 초
P2	2 초	10 초
P3	5 초	5 초

17-1 FCFS(First Come First Service 선입선출)

- FIFO(First In First Out)로도 불린다.
- 프로세스들이 준비상태 큐(내기 큐, 준비완료 리스트, 작업준비 큐, 스케줄링 큐)에 도착한 순서에 따라 차례로 CPU를 할당하는 기법이며, **가장 간단한 방법**이다.
- **선입선출**[64] 방식은 공평성은 유지되나, 짧은 작업이나 중요한 작업이 지연되는 단점이 발생한다.
- 비선점 방식으로 일단 CPU를 차지하면 완료될 때까지 독점한다.
- 작업 완료시간을 예측하기 쉽다.
- 대화식 방식으로는 적합하지 않다.

64) 먼저 들어 온 것이 먼저 나간다.

작업	도착시간	실행시간	처리순서	시작시간	완료시간	대기시간	반환시간
P1	0 초	20 초	1	0	20	0	20
P2	2 초	10 초	2	20	30	18	28
P3	5 초	5 초	3	30	35	25	30

- 평균 대기시간 : 약 14.33 초 (대기시간=시작시간-도착시간)
- 평균 반환시간 : 26 초 (반환시간=완료시간-도착시간)

17-2 SJF(Shortest Jot First 단기작업우선)

- 준비 상태 큐에서 기다리고 있는 프로세스 중에서, 실행시간이 가장 짧은 것부터 먼저 실행하는 방식이다.
- **평균 대기시간이 가장 짧다.**
- 실행시간이 긴 프로세스는 실행 시간이 짧은 프로세스에게 CPU 할당 순위가 계속 밀리는 **무한연기** 상태가 발생할 수 있다.
- 짧은 실행 시간들의 작업에 유리하다.

작업	도착시간	실행시간	처리순서	시작시간	완료시간	대기시간	반환시간
P1	0 초	20 초	1	0	20	0	20
P2	2 초	10 초	3	25	35	23	33
P3	5 초	5 초	2	20	25	15	20

- 평균 대기시간 : 약 12.67 초 (대기시간=시작시간-도착시간)
- 평균 반환시간 : 약 24.33 초 (반환시간=완료시간-도착시간)

17-3 HRN(Highest Response-ratio Next)

- 우선순위 공식을 이용하여 실행시간이 짧은 프로세스나 대기시간이 긴 프로세스에게 우선순위를 높여 주는 방식으로, 일단 CPU를 차지하면 끝날 때까지 점유하는 비선점 방식이다.
- 우선순위 계산에서는 큰 값을 지니는 프로세스가 먼저 실행한다.

$$우선순위 = \frac{대기시간 + 실행시간(서비스시간)}{실행시간(서비스시간)}$$

- 긴 실행시간을 지닌 프로세스에게 불리한 SJF 방식의 단점을 보완하기 위한 방식이다.

작업	실행시간	대기시간	처리순서
P1	20 초	20 초	1
P2	10 초	5 초	2
P3	5 초	1 초	3

- P1의 우선순위 : (20+20)/20 =2
- P2의 우선순위 : (10+5)/10 =1.5
- P3의 우선순위 : (5+1)/5 =1.2
- 작업은 길지만 오랫동안 기다린 작업(프로세스)에게 힐딩의 우선순위를 높여줌.

17-4 Deadline(기한부) 스케줄링

- 각 프로세스는 **실행 종료(완료) 시간(데드라인** Deadline)을 가지고 제출된다.
- 만약, 주어진 기한 내에 수행하면 그 실행은 유용하게 되나, 기한 내에 수행을 완료하지 못하면 제거되거나, 처음부터 다시 실행되어야한다.

- 따라서 사용자는 사전에 작업이 요구하는 자원에 대한 정확한 정보를 시스템에게 제공해야한다.
- 많은 기한부 프로세스들이 동시에 제출되면 스케줄링이 복잡해진다.
- 프로세스 실행 시 집중적으로 요구되는 자원관리로 인한 오버헤드[65]가 발생한다.

17-5 Priority(우선순위) 스케줄링

- 프로세스의 중요도에 따라 우선순위를 결정하고, 이에 따라 CPU를 할당하는 방식
- 즉, 준비상태 큐에서 기다리고 있는 프로세스들마다 우선순위를 부여하고, 가장 높은 우선순위부터 먼저 CPU를 할당하는 방법
- 우선순위가 동일한 경우에는 FCFS 방식으로 CPU를 할당한다.
- 우선순위는 시스템에 의해 결정(시간제한, 기억장치 요구, 개방된 파일 수, 평균 I/O 실행시간 등을 고려)되거나, 사용자에 의한 외부의 사항(업무별, 작업 실행 정책 등)에 따라 결정되기도 한다.
- 가장 낮은 우선순위를 부여받은 프로세스는 **무한연기**에 빠지거나, 무한연기에 들어 결국 실행하지 못하는 **기아상태**(Starvation)[66]에 빠질 수 있다.

---

65) 특정한 목표를 달성하기 위해 간접적 혹은 추가적으로 요구되는 노력이나 자원(시간, 메모리, 대역폭 혹은 다른 컴퓨터 자원 등)

66) 기아상태는 스케줄링 정책적 잘못이나 단순한 스케줄링 알고리즘에 의해 발생하는 것이 보통이며, 프로세스가 자신이 필요한 자원을 확보 받지 못해 실행이 중단된 상태로, **Aging(에이징)**에 의해 우선순위를 한 단계씩 높여주는 것으로 벗어날 수 있다.

18장 선점 스케줄링

선점 스케줄링 방식은 어떤 프로세스가 처리기를 점유하고 실행 중, 처리기의 사용을 요청받으면 비켜주는 방식이다.

여기서는 선점 스케줄링의 각 기법에 대한 특징과 성능을 비교하기 위하여, 다음과 같은 작업 발생을 기준으로 분석한다.

작업	도착시간	처리시간(실행시간 burst time)
P1	0 초	20 초
P2	2 초	10 초
P3	5 초	5 초

18-1 RR(Round Robin 라운드 로빈) 스케줄링

- FCFS처럼 준비상태 큐에 먼저 들어온 프로세스가 먼저 CPU를 할당받는데, 주어신 시간(Time Slice, Quantum) 동안만 할당받는다. 이 동안에 완료되지 못하면 다음 프로세스에게 CPU 할당을 넘기고, 자신은 준비상태 큐의 가장 뒤로 가서 실행의 기회를 기다린다.
- **시분할 시스템**(Time Sharing System)을 위해 만들어진 방식으로, 비선점 방식인 FCFS(FIFO) 방식을 **선점**(Preemptive)방식으로 바꾼 것이다.
- 할당시간이 커지면 FCFS와 같아지고, 할당시간이 짧을 경우 문백교환 및 오버헤드 발생이 증가한다.

* Time Slice : 5 초인 경우

작업	도착시간	실행시간	처리순서	시작시간	완료시간	대기시간	반환시간
P1	0 초	20 초	1,4,6,7	0,15,25,30	35	5+5+5	35
P2	2 초	10 초	2,5	5,20	25	3+5+5	23
P3	5 초	5 초	3	10	15	5	10

- 평균 대기시간 : 11 초
  (대기시간 : 프로세스가 다수 실행 시, 실행 없이 기다린 총 시간)
- 평균 반환시간 : 약 22.67 초 (반환시간=완료시간-도착시간)

18-2 SRT(Shortest Remaining Time) 스케줄링

- 새로운 프로세스가 준비상태 큐에 도착하면, 현재 실행 중인 프로세스의 남은 실행시간과 비교하여 가장 짧은 실행시간의 프로세스를 CPU에 할당하는 방법으로, **시분할 시스템**에 적합하다.
- 비선점 방식의 SJF 기법을 선점방식으로 변환한 기법으로 **선점 SJF기법**이라고도 한다.
- 수행 중인 준비상태 큐의 각 프로세스들에 대한 실행시간을 관리하며, 선점방식을 지원하기 위한 오버헤드가 발생한다.
- 긴 작업들의 경우는 SJF 기법보다 대기시간이 길어진다.

작업	도착시간	실행시간	처리순서	시작시간	완료시간	대기시간	반환시간
P1	0 초	20 초	1,5	0,17	35	15	35
P2	2 초	10 초	2,4	2,10	17	5	15
P3	5 초	5 초	3	5	10	0	5

- 평균 대기시간 : 약 6.67 초
  (대기시간 : 프로세스가 다수 실행 시, 실행 없이 기다린 총 시간)
- 평균 반환시간 : 약 18.33 초 (반환시간=완료시간-도착시간)

18-3 선점 우선순위 스케줄링

- 준비상태 큐의 프로세스들 중에서 가장 우선순위가 높은 프로세스에게 CPU를 할당하는 방법
- 비선점 우선순위 기법을 선점 방식으로 변화시킨 것으로, 새로 제출되어 준비상태 큐에 도착한 프로세스와 현재 CPU를 할당받고 실행 중인 프로세스의 우선순위를 비교하여, 우선순위기 높은 프로세스에게 CPU를 할당하는 방식

18-4 다단계 큐(Multi-Level Queue) 스케줄링

- 작업들을 여러 개의 특징적 그룹으로 나누어, 유형별로 그룹별의 큐를 두어 스케줄링하는 기법
- 다단계 큐 스케줄링은 기억장치 요구량, 프로세스 유형별 우선순위 등을 구분하여 관리하기 위한 다단계 큐를 지니고 있으며, 큐들은 각각 자체적인 스케줄링 정책을 지니고 있다. 따라서 큐별로 스케줄링된다.
- 다단계 큐는 우선순위가 다르므로, 낮은 우선순위의 큐에 있는 프로세스가 실행되고 있어도 높은 우선순위의 큐에 프로세스가 도착하면, 우선순위가 높은 신규 프로세스가 선점하여 먼서 실행한다.
- 일반적으로 프로세스들은 **대화식 프로세스**(Foreground Job)와 편집 프로세스 및 일괄처리 프로세스(Background Job) 등으로 나누고, 대화식 작업들이 높은 우선순위를 갖게 한다.
- 어떤 프로세스가 다단계 준비상태 큐에 들어간 후엔 다른 준비상태 큐로 이동할 수 없다.

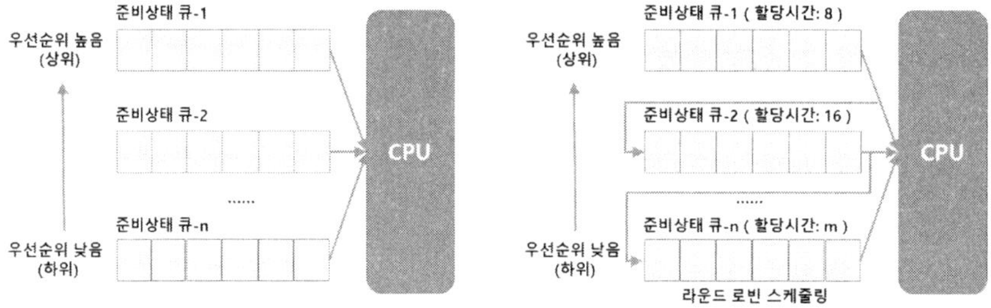

[그림 2-5] 다단계 큐 방식과 다단계 피드백 큐 방식의 비교

18-5 다단계 피드백 큐(MFQ) 스케줄링

- 다단계 피드백 큐(Multi-Level Feedback Queue) 방식은 다단계 큐(MQ) 방식의 제한인, 어느 프로세스가 준비상태 큐에 한번 지정되면 다른 준비상태 큐로 이동할 수 없는 것을 개선하여, 준비상태 큐 사이의 이동이 가능하도록 한 방법이다.
- 각 준비상태 큐 마다 시간 할당량(Time Slice)을 부여하고, 그 시간 동안 완료하지 못한 프로세스는 낮은 우선순위를 갖는 다음 단계의 준비상태 큐로 보내진다.
- 낮은 레벨의 준비상태 큐는 우선순위가 낮아도 시간 할당량은 크며, 상위의 우선순위를 갖는 준비상태 큐는 시간 할당량이 적다.
- 예를 들어, 요구 시간이 적은 프로세스, I/O 중심의 프로세스, 낮은 우선순위에서 너무 오래 기다린 프로세스 등을 기준으로 높은 우선순위를 할당한다.
- 하위 단계(우선순위가 낮은 준비상태 큐)에 있는 프로세스가 CPU에서 실행하고 있을 때, 상위 단계의 준비상태 큐에서 높은 우선순위를 지닌 프로세스가 들어오면, 하위 단계의 프로세스는 CPU 사용권한을 넘긴다(**선점 방식**).
- 마지막 단계의 준비상태 큐에서는 작업이 완료될 때까지 RR(Round Robin) **스케줄링 기법**으로 진행된다.

연습문제

1. 프로세스의 정의와 거리가 먼 것은?

① 디스크 상에 저장된 파일 형태의 내용
② 실행 중인 프로그램
③ 프로시저가 활동 중인 것
④ 운영체제가 관리하는 실행 단위

2. Round-Robin Scheduling 방식에 대한 설명으로 가장 적합하지 않은 것은?

① 시간 할당량이 작아질수록 문맥교환의 과부하는 상대적으로 낮아진다.
② 할당된 시간(Time Slice) 내에 작업이 끝나지 않으면 대기 큐의 맨 뒤로 그 작업을 배치한다.
③ 시간 할당량이 충분히 크면 FIFO 방식과 비슷하다.
④ 적절한 응답시간이 보장되므로 시분할 시스템에 유용하다.

3. SJF(Shortest Job First) 스케줄링에서 작업도착 시간과 CPU 사용 시간은 다음 표와 같다. 모든 작업들의 평균대기시간은 얼마인가?

작업	도착시간	CPU 사용시간
1	0	20
2	3	32
3	8	7

① 15　② 12　③ 9　④ 6

4. 프로세스에 대한 설명으로 틀린 것은?

① 지정된 결과를 얻기 위한 일련의 계통적 동작을 말한다.
② 목적 또는 결과에 따라 발생되는 사건들의 과정을 말한 다.
③ 프로세스는 프로그램 자체만으로 이루어져 있다.
④ CPU에 의해 수행되는 사용자 및 시스템 프로그램을 말한다.

5. 데드라인 스케줄링에 대한 설명 중 옳지 않은 것은?

① 프로세스들이 특정 시간 안에 마치도록 스케줄링
② 데드라인을 놓치면 프로세스 가치가 낮아짐
③ 정확한 자원 요구량을 미리 제시하는 것이 필요
④ 오버헤드 측면에서 안정적임

6. 다음 프로세스에 대하여 HRN 기법으로 스케줄링 할 경우 우선순위로 옳은 것은?

프로세스	실행(서비스)시간	대기시간
A	10	30
B	6	12
C	12	12

① A → B → C　② B → C → A
③ A → C → B　④ B → A → C

7. SJF(Shortest Job First) 스케줄링에서 작업 도착 시간과 CPU 사용시간은 다음 표와 같다. 모든 작업들의 평균 대기시간은?

작업	도착시간	CPU 사용시간
1	0	20
2	3	32
3	8	4

① 6　② 11　③ 12　④ 15

8. 프로세스 스케줄러의 스케줄링 정책에 해당하지 않는 것은?

① FIFO　② Round Robin
③ Semaphore　④ SJF

9. Process Control Block(PCB)의 내용이 아닌 것은?

① 프로세스의 현재 상태
② 프로세스 식별자
③ 프로세스의 우선순위
④ 페이지 부재(page fault) 발생 횟수

10. 다음의 a, b, c, d 작업에 대하여 운영체제가 CPU 스케줄링 기법으로 HRN 방식을 구현했을 때 우선순위가 가장 높은 작업은?

작업 / 시간	a	b	c	d
대기시간	10초	5초	4초	3초
서비스시간	5초	10초	12초	8초

① a ② b ③ c ④ d

11. 프로세스 정의로 적당하지 않은 것은?

① 하드웨어에 의해 사용되는 입출력 장치
② 실행중인 프로그램
③ 운영체제 내에 프로세스 제어 블록의 존재로서 명시되는 것
④ 프로세서가 할당되는 개체

12. 다음 표와 같이 작업이 제출되었을 때, SJF 정책을 사용하여 스케줄링하면 평균 대기시간은?

작업	제출시간	실행시간
JOB 1	0	4
JOB 2	1	8
JOB 3	2	7

① 2 ② 3 ③ 4 ④ 5

13. HRN(Highest Response-ratio Next) 스케줄링 기법에서 가변적 우선순위는 다음 식으로 계산된다. (ㄱ)에 알맞은 내용은?

우선 순위 계산식 = (대기 시간 + 서비스 시간) / ㉠

① 대기 시간
② (대기 시간 - 서비스 시간)
③ 서비스 시간
④ (서비스 시간 - 대기 시간)

14. RR(Round Robin) 방식에 관한 설명으로 옳지 않은 것은?

① 사분할 시스템을 위해 고안된 방식이다.
② 시간 할당량이 클 경우 FCFS 기법과 같아지고, 시간 할당량이 작을 경우 문맥 교환 및 오버헤드가 자주 발생될 수 있다.
③ 시스템이 사용자에게 적합한 응답시간을 제공해주는 대화식 시스템에 유용하다.
④ 프로세스에게 이미 할당된 프로세서를 강제로 빼앗을 수 없고, 그 프로세스의 사용이 종료된 후에 스케줄링 해야 하는 방법을 택하고 있다.

15. SJF(Shortest Job First) 스케줄링에서 작업 도착 시간과 CPU 사용시간은 다음 표와 같다. 모든 작업들의 평균 대기 시간은 얼마인가?

작업	도착시간	CPU 사용시간
1	0	23
2	3	35
3	8	10

① 15 ② 17 ③ 24 ④ 25

16. 프로세스의 정의로 거리가 먼 것은?

① 동기적 행위를 일으키는 주체
② 실행 중인 프로그램
③ 프로시저가 활동 중인 것
④ 프로세스 제어 블록의 존재로서 명시되는 것

17. 다음 설명이 의미하는 것은?

- 실행중인 프로그램 - 비동기적 행위 - 프로시저가 활동 중인 것 - 프로세서가 할당되는 개체

① WORKING SET ② MONITOR ③ LOCKING ④ PROCESS

1① 2① 3② 4③ 5④ 6① 7② 8③ 9④ 10① 11① 12③ 13③ 14④ 15① 16① 17④

생각의 창

✓ 윈도우즈 환경의 PC에서 스레드 개수 등 상황을 확인하는 방법 : 'CPU 사용 현황'

① Ctrl + Shift + Esc 버튼을 누르거나

② 작업 표시줄에서 마우스 오른쪽 버튼을 눌러 "작업 관리자"를 선택

Ⅲ부

병행 프로세스와 교착상태

19장 병행 프로세스

20장 임계구역

21장 상호배제

22장 동기화 기법

23장 교착상태

24장 입출력 프로그래밍

19장 병행 프로세스

병행성(Concurrency) 이란, 여러 개의 프로세스가 하나의 프로세서를 공유하거나, 메모리 및 I/O장치를 공유한다는 의미다

병행 프로세스(Concurrent Process) 또는 **병행처리**는 두 개 이상의 관련 프로세스들이 동시에 실행 상태에 있는 것이다. 병행 프로세스들은 서로 관련 없이 독립적으로 수행될 수 있거나, 아니면 다른 프로세스들과 상호 협력하며 동시에 수행(비동기적 수행)하기도 한다.

프로그램의 실행은 하나의 명령(instruction)이 실행된 후, 다음 명령이 실행되는 것과 같이 차례를 따라 수행된다. 한편, 입출력 동작도 순차적인 동작의 반복으로 진행된다. 이러한 서로 다른 두 개의 동작(명령도 다르고 실행하는 작업 내용도 다름)은 동시에 실행되어도 서로 영향을 미치지 않는다. 이와 같이 일반명령과 입출력동작과 같이 성격이 다른 두 프로세스는 병행처리가 가능하다. 프로세스를 병행처리한다면 순차적으로 수행한 것에 비해 처리 시간이 절약되고 시스템 이용률은 높아진다.

병행처리의 예 : 1×2+3×4

(1) 일반적 처리과정(3 단계)
- ① 1×2의 계산
- ② 3×4의 계산
- ③ ①결과 + ②결과

(2) 병행처리과정(2 단계)
- ① 1×2의 계산과 3×4의 계산을 동시 처리(병행처리)
- ② ①의 과정에서의 두 결과의 덧셈

비동기적(Asynchronous) **수행**은 작업들이 서로 협력하며 수행하는 것으로, 어떤 작업이 요청되면 다른 작업이 종료될 때까지 기다리지 않고 수행하고, 다른 작업이 종료된 후 이 결과를 필요로 하면 곧장 사용할 수 있도록 제공하므로 전체적인 처리속도를 향상시킨다.

동기적(Synchronous) **수행**은 어떤 작업이 요청되었을 때, 수행 중인 앞작업이 종료될 때까지 기다린 후 작업을 수행하는 방식이다.

병행 프로세스의 개념

- 한정된 컴퓨터 하드웨어와 자원을 공유하고, 동시에 작업을 수행할 수 있다.
- 여러 프로세스들이 동시에 수행 상태에 있는 것이다.
  - **독립적 병행 프로세스** : 여러 프로세스들이 서로 독립적으로 실행하는 것
  - **상호 협동적 병행 프로세스** : 여러 프로세스가 서로 협력하며 동시에 실행하는 것
- 병행 프로세스는 **다중 처리 시스템**과 **분산 처리 시스템**에서 매우 중요한 개념으로 사용된다.

여러 개의 프로세스가 협력하여 실행하기 위해서는 프로세스들 간에 데이터를 주고받는 통신이 필요하다. 뿐만 아니고 여러 프로세스가 동일한 데이터를 가지고 작업하는 경우, 어느 프로세스가 먼저 실행할지 그리고 언제 끝날지도 알려 주어야한다.

작업을 진행하기 위한 프로세스들 사이의 통신을 **동기화**(Synchronization)라 하고, 일관된 작업 결과를 유지하기 위한 **임계구역**(Critical Section) **문제**는 매우 중요하다.

컴퓨터 시스템의 자원은 어느 시점에 하나의 프로세스에 할당되어 수행되는데, 동시에 두 개 이상의 프로세스를 병행처리하려면 여러 가지 프로세스의 비동기성으로 인한 문제점이 발생한다.

즉, **병행성**은 프로세스간의 통신, 자원의 할당 및 경쟁, 다수 프로세스 활동 간의 동기화 문제 등 다양한 문제가 남겨진다. 이런 문제들은 다중 프로세스나 분산 처리 시스템뿐만 아니라, 단일 프로세스를 갖는 다중 프로그래밍 환경에서 다수의 프로세스들이 서로 상호 관계를 지니고 동시 병행처리 되어야하기 때문에 발생한다.

병행 프로세스의 비동기성으로 인한 문제점

① 공유자원의 **상호배제**(Mutual Exclusion) 문제
② 하나의 기능을 함께 수행하는 프로세스간의 **동기화**(Synchronization) 문제
③ 프로세스들이 실행 순서와 무관하게 항상 같은 결과를 얻을 수 있어야 하는 **결정성**(Determinacy) 문제
④ 프로세스 사이의 자료교환을 위한 메시지 전달방식의 **통신**(Communication) 문제
⑤ 프로세스의 **교착상태**(Deadlock) 문제
⑥ 병행처리 문제(Concurrent Programming)를 해결하는 **프로그래밍 언어의 병행성 처리 능력**
⑦ 올바른 실행을 **검증하는 문제**(Verification)

20장 임계구역(Critical Section)

임계구역(Critical Section)이란, 다중 프로그래밍 시스템에서 여러 개의 프로세스가 공유하는 자원이나 데이터에 대하여, 어느 한 시점에 하나의 프로세스만이 자원이나 데이터를 사용하도록 지정된 공유 자원 또는 영역이다.

공유 자원은 처리기(CPU), 메모리(주기억장치), 보조기억장치(디스크), I/O(입출력) 장치 및 버퍼(Buffer) 등을 의미한다.

임계구역 특성

- 임계구역에는 하나의 프로세스만 접근해야 한다.
- 임계구역을 차지하고 있던 프로세스가 종료된 후에는, 다른 프로세스가 자원이나 데이터를 사용할 수 있다. **(상호배제)**
- 임계구역은 특정 프로세스가 계속 독점할 수 없다.
- 임계구역의 자원이나 데이터는 여러 프로세스가 공유해 사용해야하므로, 임계구역 내에서의 처리는 신속하게 진행되어야한다.
- 프로세스가 임계구역의 접근을 요청하면, 일정 시간 내에 사용을 허락해야한다.
- 임계구역을 사용하는 프로세스가 없으면 이를 기다리는 프로세스에게 신속히 사용을 허락하고, 사용이 끝날 때까지 나머지 다른 프로세스의 접근을 차단한다.

21장 상호배제(Mutual Exclusion)

상호배제(Mutual Exclusion)는 어떤 프로세스가 공유 메모리 또는 공유 파일을 사용하고 있는 경우, 다른 프로세스가 이 공유 자원을 사용할 수 없도록 배제시키는 기법이다.

또, 여러 프로세스가 동시에 공유 자원을 사용하려할 때, 각 프로세스가 번갈아가며 공유 자원을 사용하도록 하는 것으로 임계구역을 유지하는 기법이다.

- **상호배제 조건** : 두 개 이상의 프로세스가 동시에 임계구역에 있어서는 안 된다.
- **진행 조건(Progress)** : 임계구역 바깥에 있는 프로세스가 다른 프로세스의 임계구역 접근을 막으면 안 되고, 여러 개의 프로세스 중 하나만 임계구역을 차지한다.
- **한계대기 조건(Bounded Waiting)** : 어떤 프로세스도 임계구역으로의 접근이 무한연기 되어서는 안 된다. (**기아(Starvation) 상태 방지**)

임계구역 해결(상호배제) 방법

- 소프트웨어적 방법
  - 두 개이 프로세스를 기준으로 하는 방법 :
    데커(Dekker) 알고리즘[67], **피터슨(Peterson) 알고리즘**[68]
  - 여러 개의 프로세스를 기준으로 하는 방법 :
    Lamport의 빵집 알고리즘[69]

- 하드웨어적 방법
  - Test And Set 기법
  - Swap 명령어 기법

---

67) 공유 메모리(3개 변수이용)를 사용하여 두 프로세스가 하나의 자원을 혼란 없이 공유하도록, 상호 배제 문제를 하드웨어의 도움 없이 소프트웨어로 해결한 알고리즘
68) 공유 메모리(2개 변수이용)를 사용하여 두 프로세스가 하나의 자원을 혼란 없이 공유
69) 빵집에서 고객들이 기다릴 때, 번호표의 번호가 낮은 사람부터 서비스를 받는 개념

(1) 데커(Dekker) 알고리즘

[정의]

- Theodorus J. Dekker가 병렬 프로그래밍의 동기화 문제 해결을 위해 만든 것으로, 상호배제(임계구역 : Critical Section) 문제를 **소프트웨어적**으로 푸는 방법 중 하나다.
- 공유 메모리 연산만을 이용하는 소프트웨어 방식이다.
- 데커 알고리즘은 **두 개의 프로세스**(혹은 스레드)를 위한 최초의 상보배제 방법이다.
  - 알고리즘에서는 Pi → **프로세스** 0, Pj → **프로세스** 1 로 나타낸다.
- 두 개의 **공유변수** 사용(Bit 변수(Bool) **flag**와 정수값을 갖는 **turn** 사용)
  - **flag 변수** : 어느 프로세스가 **임계구역에 진입**하려는지 나타내는 변수
  - **turn 변수** : 어느 프로세스가 **임계영역에 들어갈 것**인지를 나타내는 변수
  - 초기값은 **flag[0] = flag[1] = false** 이고, **turn = 0 또는** 1을 가짐.
- 어떤 프로세스가 자원 사용하고 있으면 flag를 true로 세팅해 둔다. 그러면 나머지 상대 프로세스는 busy-waiting 하다가, 상대 프로세스의 flag가 clear 되면(작업 끝나면), 자신의 flag를 true로 바꾸고, 자원(임계구역)에 접근하는 방식이다.
- 만약 3개 이상 프로세스에 적용한다면, 상황에 따라 특정 프로세스는 자원을 획득하지 못하는 기아현상 발생할 수 있다.

[알고리즘 절차]

- 프로세스 Pi가 임계구역에 들어가려면 flag[i] = true로 설정한 후, Pj가 임계구역에 들어가려 하거나 이미 임계구역에 있는지를 확인한다.
- 만약, Pj가 임계구역에 있지 않고, flag[j]=false로 되어있다면(들어가려고도 하지 않는 경우), Pi가 임계구역으로 진입한다.
- Pi가 임계구역을 나오면 flag[i]=false로 이를 알리고, turn은 기회를 양보하기 위해 j로 바꾼다.

[변수값 의미]

- flag[0]=1이고 flag[1]=0인 경우, 프로세스 0(i)가 임계구역을 사용하는 상황이다.
- 경쟁은 flag[0]=1이고, flag[1]=1인 상황이며, 이때에는 flag[turn]에 해당하는 프로세스가 임계구역을 얻게 된다.

[알고리즘]

```
flag[0] ← false        // 프로세스 0(P0=Pi)는 임계구역에 들어가 있지 않다.
flag[1] ← false        // 프로세스 1(P1=Pj)은 임계구역에 들어가 있지 않다.
turn ← 0               // 프로세스 0(P0=Pi)가 임계구역에 들어가려한다.

p0:
  flag[0] ← true              // P0이 임계구역에 들어가려 함
  while flag[1] {             // 만약 P1가 임계구역 안에 있으면 대기
    if turn ≠ 0 {
      flag[0] ← false      // 자신의 차례가 아니라서
                            // 임계구역 안에 있지 않음을 표시
      while turn ≠ 0 {          // P1의 차례이므로 대기
             }
             flag[0] ← true    // P0의 차례가 왔으므로 임계구역에 들어감
         }
     }

    // 임계 구역
......
......
    // 나머지 구역
turn ← 1                    // 임계구역을 나왔으므로 P0에게 차례를 넘김
flag[0] ← false            //  임계구역을 나왔으므로 나왔음을 표시
```

```
p1:
flag[1] ← true            // P1이 임계구역에 들어가려 함
while flag[0] {           // 만약 P0가 임계구역 안에 있으면 대기
  if turn ≠ 1 {
    flag[1] ← false        //자신의 차례가 아니어서
                          // 임계구역 안에 있지 않음을 표시
  while turn ≠ 1 {         // P0의 차례이므로 대기
         }
         flag[1] ← true  // P1의 차례가 왔으므로 임계구역에 들어감
      }
}
    // 임계 구역
......
......
    // 나머지 구역
turn ← 0                  // 임계구역을 나왔으므로 P0에게 차례를 넘김
flag[1] ← false          // 임계구역을 나왔으므로 나왔음을 표시
```

(2) 피터슨 알고리즘

[정의]

- 피터슨 알고리즘은 데커 알고리즘과 상당히 유사하다. 그러나 상대방(다른 프로세스 혹은 스레드)에게 진입기회를 양보한다는 차이가 있다.
- 프로세스들은 데커 알고리즘과 같이 공유변수 bool **flag[2]**, int **turn**로 구현된다.

- **flag 변수** : 프로세스 중, **임계구역에 진입**하려는 것을 나타내는 변수
- **turn 변수** : 어느 프로세스가 **임계영역에 들어갈 것**인지를 나타내는 변수
- 초기값은 flag[0] = flag[1] = false 이고, turn = 0 **또는** 1을 가짐.

[알고리즘 절차]

- 임계구역에 진입하려면 flag[i]=true로 하여 임계구역 진입의사를 표시한다.
- true=j로 설정한 후, flag[j]=false로, 프로세스j가 임계구역에 들어가기를 요청하지 않으면 프로세스i는 임계구역에 들어갈 수 있다.
- 만약, 두 개의 프로세스i, j가 동시에 임계구역에 들어가려하면, turn변수가 늦게 수행된 프로세스가 기회를 양보한다.
- 만약, flag[0] = true , turn = 0 이라면 0번째 있는 프로세스가 임계구역에 진입한다.
- 임계구역에서 나오는 프로세스는 flag[i]를 false로 함으로써, 다른 프로세스가 임계구역에 들어가도록 허락한다.

[알고리즘]

```
bool flag[2]            // 불 배열(Boolean array) 변수 선업
int turn                // 정수형 변수

flag[0] = false         // false은 임계 구역 사용을 원하지 않음을 뜻함
flag[1] = true          // P1 이 사용 준비가 되었다는 것을 알려줌
turn = 0                // 0 은 0번 프로세스의 차례라는 것을 알려줌

P0: flag[0] = true                     // 임계 구역 사용을 원함
    turn = 1                           // 1번 프로세스에게 차례가 감
    while( flag[1] && turn == 1 ) // 만약 P1이 준비가 되었고,
                                  // P1의 턴일 경우
    {                                  // flag[1]이 turn[1]을 가지고 있으므로
                                  // 현재는 P1이 임계구역을 사용 중임.
    }
    // 임계 구역
......
......
    // 임계 구역의 끝
   flag[0] = false
```

```
P1: flag[1] = true
    turn = 0
    while( flag[0] && turn == 0 ) // 만약 P0이 준비가 되었고
                                  // P0이 턴일 경우
    {                                  // 임계 구역이 사용 가능한지 계속 확인
    }
         // 임계 구역
......
......
         // 임계 구역의 끝
flag[1] = false
```

(3) Lamport의 제과점 알고리즘(Bakery Algorithm)

[정의]

- 분산처리 환경에 유용하다.
- 여러 개(**3개 이상**)의 프로세스(또는 스레드)에 대한 처리가 가능하다.
- 빵집에서 번호표를 받고, 낮은 번호가 먼저 서비스 받는 원리를 이용
- 이 알고리즘은 상호배제, 한계 대기, 진행 조건을 모두 만족한다.

[알고리즘 처리과정]

- 가장 작은 수의 번호표를 가지고 있는 프로세스가 임계영역에 진입한다.
- 프로세스들은 한계 대기 조건을 만족하면 되지, 반드시 들어온 순서대로 수행되어야 하는 건 아니다.
- bool **choosing[n]**과 int **number[n]** 변수를 사용한다.
  - choosing[n] 변수 : 초기값은 false로 설정하고, 번호표를 받기 전에는 true, 받으면 false로 바꾼다.
  - number[n] 변수 : 초기값은 0으로 해둔다.
  - n : 프로세스 NO.

- 프로세스 Pi의 임계구역 진입조건은, 모든 프로세스 j(0<=j<n)에 대한 검사를 한 후에 가능하다. 즉, 어떤 프로세스도 Pi의 번호표보다 작은 번호표를 갖고 있지 않는 것이 확인되어야 진입이 가능해 진다.

[알고리즘]

```
while(1) {
......
 choosing[i] = true;              // 번호표를 받을 준비
// 번호를 생성하여 할당
 number[i] = max(number[0], number[1]......number[n-1]) +1;
                                  // 현재 실행 중인 프로세스 중에서
                                  //  가장 큰 번호(+1)로 배정
choosing[i] = false;          // 번호표 수령 완료

  for( j =0; j < n; j++ ) {       // 모든 프로세스에 대해 번호표를 반복 비교한다
    while(choosing[j]);         // 비교할 프로세스가 번호표를 가지고 있는 동안
    while(number[j] && (number[j] < number[i]) && (j<i));
        // 프로세스 j가 번호표를 가지고 있고,
        // 프로세스 j의 번호표가 프로세스i의 번호표보다 작거나 같을 경우
        // j가 i보다 작다면(프로세스 j가 i보다 먼저 온 프로세스이면)
        // 프로세스 j의 종료(number[j]=0)까지 대기
}


                        // 임계구역 시작 //
......
number[i] = 0;              // 임계영역 사용 완료
......
}
```

22장 동기화 기법(Synchronization)

동기화 기법(Synchronization)은 상호배제의 한 형태로, 두 개 이상의 프로세스를 한 순간에 동시 처리할 수 없기 때문에 각 프로세스에 대한 처리순서를 결정하는 것이다.

동기화를 구현하기 위한 방법

- 세마포(Semaphore) 방법
  - 세마포는 각 프로세스에 제어 신호를 전달하여 순서대로 작업을 수행하는 기법이다.
  - **다익스크라**(E.J.Dijkstra)가 제안하였으며, P와 V라는 두 개의 연산에 의해 동기화를 유지시키고, 상호배제를 지원한다.
  - S는 P와 V 연산으로만 접근 가능한 세마포 변수로, 공유 자원의 개수를 나타내며 0과 1 혹은 0과 양의 값을 가질 수 있다.
  - 여러 개의 프로세스가 동시에 S 값을 수정하지 못한다.
  - 하나의 프로세스가 S 값을 변경하면, 동시에 다른 프로세스가 S 값을 변경할 수 없다.
  - 세마포에 대한 연산은 처리 도중에 인터럽트 되어서는 안 된다.

- 모니터(Monitor) 방법
  - 모니터는 동기화를 구현하기 위한 특수 프로그램 기법으로, 특정 공유자원을 프로세스에게 할당하는 데 필요한 데이터와 데이터를 처리하는 프로시저로 구성된다.
  - 모니터 내부의 프로시저와 데이터의 정보를 은폐시켜 다른 외부 프로시저가 접근하거나 변경하지 못하도록 하는 기법이다.
  - 자료 추상화와 정보 은폐 개념을 기초로 하며 공유자원을 할당하기 위한 병행성 구조로 이뤄진다.
  - 모니터 내 공유자원을 사용하려면, 프로세스는 반드시 모니터 진입부를 호출해야 한다.
  - 외부의 프로시저는 직접 액세스할 수 없다.
  - 모니터의 경계에서 **상호배제**가 시행된다.
  - 모니터에는 한순간에 하나의 프로세스만 진입하여 자원을 사용할 수 있다.
  - 모니터에서는 Wait와 Signal 연산이 사용된다.

생각의 창

✓ 식사하는 철학자 문제

N명의 철학자들이 원형 테이블에 둘러앉아있다. 테이블의 가운데에는 스파게티가 담긴 접시가 하나 있다. N명의 철학자의 양 옆에는 포크가 하나씩 있다. 식사를 할 때에는 양 옆의 2개의 포크 모두를 사용하여야한다.

이 문제는 전형적인 **동기화** 문제다.

여기서 고려해야 하는 상황은 ① 기아상태에 빠지면 안 된다(다들 한 번 이상씩은 식사를 해야 한다. 계속 굶는 철학자가 있으면 안 된다). ② 교착상태에 빠지면 안 된다(즉, 한번에 한 명은 반드시 식사를 해야 한다). ③ 임계영역은 반드시 지켜져야 한다(즉, 두 명의 철학자가 동시에 같은 포크를 사용할 수 없다).

Deadlock(**교착상태**)을 제거(Prevention 방법)할 수 있는 방법에는 3가지 방법이 있다.

① Hold & Wait를 제거하는 것이다. 즉, 철학자는 2개의 포크가 모두 사용 가능할 때에만 포크를 집는 방식으로 교착상태를 예방한다.

② Non-preemptive 방식에서 가장 오래 기다린 철학자에게 우선순위를 두어 preemptive방식으로 바꾼다.

③ Circular Wait를 제거하기 위해, 포크에 Increase Ordering을 한다. 즉, 자기보다 큰 번호의 포크만 쥘 수 있도록 함으로써 교착상태를 예방한다.

이 문제를 사용하기 위하여 세마포와 다중 쓰레드를 사용한다.

세마포를 사용하는 이유는 병행적으로 진행되는 다중 프로세스에서 공통된 자원을 사용하려 할 때, 배타적 사용권이 필요하기 때문이다. 세마포 s는 정수값을 가지는 변수며, wait()와 signal()을 통해서만 접근할 수 있다. wait()는 임계 영역에 들어가기 전에 수행되고, signal()은 임계 영역에서 나올 때 수행된다. 한 프로세스에서 세마포 값을 변경하는 동안 다른 프로세스가 동시에 값을 변경해서는 안 된다.

세마포 방식은 busy waiting 방법, sleep 방법이 있다.

① **busy waiting** : wait()안에 들어온 순간부터 세마포 변수 s가 사용가능해 질 때 까지 while문 안에서 아무 것도 안하고 기다리는 방법이다.

② **sleep 방식** : wait()안에 들어온 순간에 sleep queue에 들어가게 되어 들어온 순서에 따라 세마포 변수 s가 사용가능해 질 때 우선권을 획득하게 된다.

23장 교착상태(Deadlock)

교착상태는 둘 이상의 프로세스가 자신이 확보하고 있는 자원(처리기, 메모리, 파일, I/O장치 등)을 지니고 있는 상태에서, 서로 다른 프로세스가 가진 자원을 요구하면서, 양쪽 모두 작업 수행을 할 수 없이 무한정 기다리는(대기 상태 Blocking) 현상이다.

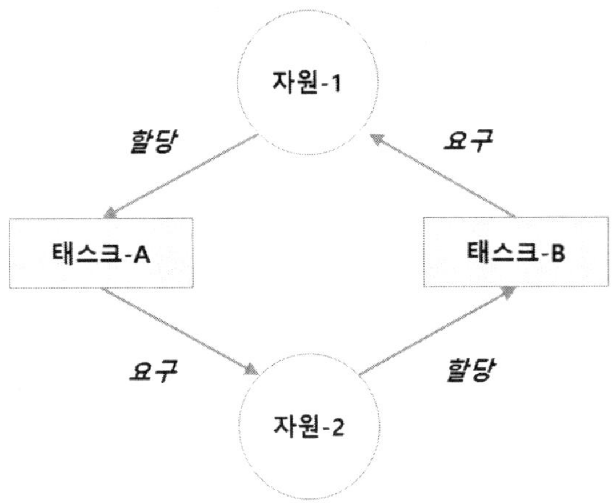

[그림 3-1] Deadlock 현상

교착상태는 다중 프로그래밍 시스템에서 일어나는 현상으로, **[태스크 또는 프로세스-A]**가 **[자원-1]**을 지니고 있으면서, **[태스크-B]**가 지니고 있는 **[자원-2]**를 요구하며 종료하기를 기다리는 동안, [태스크-B]도 [자원-2]를 지니고 있으면서 [태스크-A]가 지니고 있는 [자원-1]을 기다린다면, [태스크-A]와 [태스크-B]는 서로의 종료만을 기다리며 대기 상태가 된 채, 언제까지나 실행이 시작할 수 없어 마치 컴퓨터가 정지된 것 같은 현상에 빠진다. 이런 상황은 어느 태스크 하나를 강제로 종료시키지 않으면 처리가 진행될 수 없다.

무한연기(Infinite Postponement)는 교착상태와 비슷하게 자원을 사용하기 위하여 무한정 기다리는 대기상태가 지속되는 것으로, 하나 이상의 프로세스를 포함하고 있다.

교착상태는 다른 프로세스가 이미 자원을 지니고 있기 때문에 결코 해제하지 않을 자원을 기다리는 것이지만, **무한연기**는 자원을 할당하는 스케줄링 정책으로 인해 특정 프로세스에게 결코 자원이 할당되지 않는 경우에 발생한다.

무한연기는 운영체제의 편중된 자원 할당 정책으로 인해 발생하며, 낮은 우선순위를 지닌 프로세스가 계속 높은 우선순위의 프로세스들이 발생하므로 인해 처리되지 못하고 자원을 계속 기다리는 상태다. 이를 해결하기 위해서 오랫동안 실행되지 못하고 대기상태에 있는 프로세스의 우선순위를 높여 주어 실행의 기회를 제공하는 **에이징(Aging) 기법**을 사용한다.

기아현상(Starvation 기근현상)은 스케줄링 정책이나 오류 등으로 인해 특정 프로세스만 자원이 할당되지 않아 작업을 종료할 수 없는 상태로, 이 또한 에이징 기법으로 해결할 수 있다.

교착상태 발생 조건

[교착상태는 다음 4가지 조건이 모두 충족될 때만 발생한다]

- **상호배제(Mutual Exclusion) 조건**
  프로세스가 자원을 배타적으로 점유하고 있어서 다른 프로세스들이 해당 자원을 동시에 사용할 수 없음. (임계구역 Critical Section)
- **비선점(Non-Preemption) 조건**
  프로세스가 자원을 점유하고 있는 동안에 다른 프로세스가 그 자원을 뺏을 수 없음.
- **점유와 대기(Hold and Wait) 조건**
  프로세스가 어떤 자원을 점유하고 있는 상태에서 다른 자원을 기다림.
- **환형대기(Circular Wait) 조건**
  점유와 대기를 하는 프로세스들의 관계가 원형을 이루고 있음.

교착상태 예방(Deadlock Prevention) 기법

[교착상태가 발생하지 않도록 사전에 시스템을 제어하는 방법으로, 교착상태 발생 필요조건 중에서 어느 하나를 제거(부정)한다]

- 상호배제(Mutual Exclusion) 부정
  한 번에 여러 개의 프로세스가 공유 자원을 동시에 사용할 수 있도록 한다. 그러나 공유자원 중 어느 한 시점에 하나의 프로세스만 사용해야하는 것(프린터 등)이 있으므로 **상호배제 부정(제거)은 현실적으로 적용할 수 없다.**

- 비선점(Non-preemption) 부정
  자원을 점유하고 있는 프로세스가, 다른 프로세스가 점유하고 있는 자원을 요구할 때, 자신이 점유하고 있는 자원을 반납하고 기다리게 한다.
  <문제점>
  - 자원 사용 내역을 보관하거나 이를 복구하는 비용이 증가한다.
  - 현재까지 실행한 작업내용을 버려야 하는 경우, 지금까지의 비용이 낭비다.
  - 자원을 선점 당하면 현재까지 작업내용을 포기해야 한다.

- 점유와 대기(Hold and Wait) 부정
  프로세스가 실행되기 전에 필요한 모든 자원을 할당하여 프로세스의 대기를 없애거나, 모든 자원을 사용할 수 있을 때만 자원을 요구하게 한다. 즉, 자원의 일부만 할당하지 않고 한꺼번에 할당할 수 있을 때만 할당시킨다.
  <문제점>
  - 자원 공유가 어렵고, 자원 낭비와 비용이 증가한다.
  - 자원이 부족한 상황에서 필요한 자원을 모두 확보하는 것은 불가능하다.
  - 끝내 프로세스 자신이 필요한 자원을 모두 할당 받지 못하는 문제가 발생한다.

- 환형대기(Circular Wait) 부정
  자원을 선형으로 나열하고 고유번호를 부여한 후, 각 프로세스가 현재 점유한 고유번호보다 앞이나 뒤쪽의 어느 한 방향으로만 자원을 요구하도록 한다.
  <문제점>
  - 프로세스의 자원할당 순서를 예상하는 방식이므로, 예상을 벗어나는 자원요구가 발생하면 실행이 어렵다.
  - 새로운 자원이 추가되면 자원의 순서번호를 재구성해야 하여, 프로그램 수정이 필요하다.
  - 긴급한 작업처리는 자원할당에 어려움이 발생한다.

교착상태 회피(Deadlock Avoidance) 기법

[교착상태는 미리 예방하기 어렵다.
교착상태 회피 방법으로는 은행원 알고리즘이 대표적이다.]

- 은행원 알고리즘(Banker's Algorithm)

  - E. W. Dijkstra가 제안
  - 자본을 대여해주고 상환금을 받는 은행업무의 원리를 이용
  - 각 프로세스에게 자원을 할당하여 교착상태가 발생하지 않는 상태를 **안전상태**라 하고, 이때는 모든 작업이 정상적으로 완료된다. 이에 반해 교착상태가 발생할 수 있는 상태를 **불안전상태**라 한다.
  - 은행원 알고리즘을 적용하려면 자원의 양과 프로세스(사용자) 수가 일정해야 하지만, 현실적으로는 고장 등으로 자원수를 일정하게 유지하기 어렵다.
  - 은행원 알고리즘은 프로세스의 모든 요구를 일정한 시간 내에 할당하는 것을 보장한다. 실제 시스템에서는 더 강력한 보장이 필요하다.
  - 은행원 알고리즘은 사전에 자신이 필요한 자원의 최대량을 제시하여야 한다. 하지만, 현재의 운영체제는 자원을 동적으로 처리하기 때문에 최대 요구량을 파악하기 어렵다.
  - 은행원 알고리즘은 **대화식 시스템**(Interactive System)에 적용할 수 없다.

- 은행원 알고리즘의 처리 순서
  - 새로운 프로세스가 시스템에 들어가면 프로세스가 요구하는 자원의 최대수를 파악한다. 시스템에 존재하는 자원수를 초과할 수는 없다.
  - 프로세스가 자원을 요구하면, 시스템은 이 자원을 할당한 후에도 시스템을 안전상태로 할 것인가를 판단하고, 그렇지 못하면 필요한 자원이 반납될 때까지 기다리도록 한다.

교착상태 탐지(Deadlock Detection) 기법

[교착상태 탐지기법은 시스템에 교착상태가 발생하였는지를 탐지하여 교착상태에 빠진 프로세스와 자원을 발견한다]

- 타임아웃(Time Out) 방식
  - Windows 운영체제 방식이다.
  - 가장 간단한 방법이다.
  - 이 방식은 교착상태가 자주 발생하지 않을 것이라는 가정 하에서, 작업이 일정 시간동안 진행되지 않는 프로세스를 교착상태가 발생한 것으로 간주한다.
  - 문제점은 프로세스가 진행되지 않는 이유가 교착상태만은 아니라는 것이다(네트워크 문제 등).

- 자원 할당 그래프 이용(Resource Allocation Graph) 방식
  - 자원(원형)을 중심으로 프로세스(사각형)와의 관계를 **그래프 형식**으로 작성한다.
  - 자원을 나타내는 원형 내에는 사용 가능한 자원의 개수를 관리한다.
  - 자원 할당 그래프를 완성하였을 때, 사이클이 발생하면 교착상태가 발생한 것이다.

- **교착상태의 예방**(Deadlock Prevention)은 실제로 구현하기가 어렵고, **교착상태 회피**(Deadlock Avoidance)는 구현이 가능하지만 자원 낭비의 단점이 있다. 따라서 교착상태의 해결방식 중 가장 현실적인 것은 **교착상태 탐지**(Deadlock Detection)를 통한 발견이다.

교착상태 회복(Deadlock Recovery) 방식

[교착상태가 발생한 것을 탐지하여, 교착상태를 발생시킨 프로세스를 강제로 종료시킨다]

- 프로세스 종료 방식
  - 교착상태를 발생시킨 모든 프로세스를 종료시키는 방식으로
  - 교착상태를 발생시킨 프로세스 중 하나를 종료하고 나머지 프로세스의 진행을 확인하는 방식이다.

- 자원 선점 방식
  - 교착상태에 있는 프로세스가 지니고 있는 자원을 선점하여 다른 프로세스에게 할당하고, 해당 프로세스를 일시적으로 정지시키는 방식이다.
  - 우선순위가 낮은 프로세스, 실행한 정도가 적은 프로세스, 사용 자원이 적은 프로세스 등의 자원을 선점한다.

  * 자원 선점 시 고려사항
  - 최소의 피해를 줄 프로세스의 자원을 선점한다.
  - 자원을 선점한 프로세스의 복귀는 자원이 부족한 상태이므로, 대부분 일시중지시키고 다시 시작하는 방법을 적용한다.
  - 특정 프로세스가 계속하여 자원 선점의 대상이 되지 못하도록 한다(기아현상 억제).

교착상태 예방(Deadlock Prevention) 개념

- 각 프로세스는 한 번에 자신에게 필요한 모든 자원을 요구해야 하며, 이 요구가 만족되지 않으면 작업을 진행할 수 없도록 한다.
- 어떤 자원을 갖고 있는 프로세스가 더 이상 요구가 수용되지 않으면 원래 갖고 있던 자원을 일단 반납하고, 필요할 때 다시 그 자원이나 다른 자원을 요구하도록 한다.
- 모든 프로세스에 각 자원 유형별로 할당 순서를 부여한다. 즉, 한 프로세스가 주어진 유형의 자원만을 요구할 수 있게 한다.

생각의 창

ANDROID 4.0
ICE CREAM SANDWICH
iOS 6
The world's most advanced mobile operating system.
Mac OS X
UNIX
Windows 10
LINUX
Freedom. Choices. Beautiful.
ubuntu

24장 입출력 프로그래밍

중앙처리장치(CPU : Central Processing Unit) 내에서의 모든 연산은 제어장치에 의해 **동기화**되어 작동한다. 이에 반해 입출력장치에 대한 입출력 작업은 처리속도의 차이를 극복시키기 위해 중앙처리장치와는 **비동기적으로 수행**하므로 시스템의 효율을 높인다.

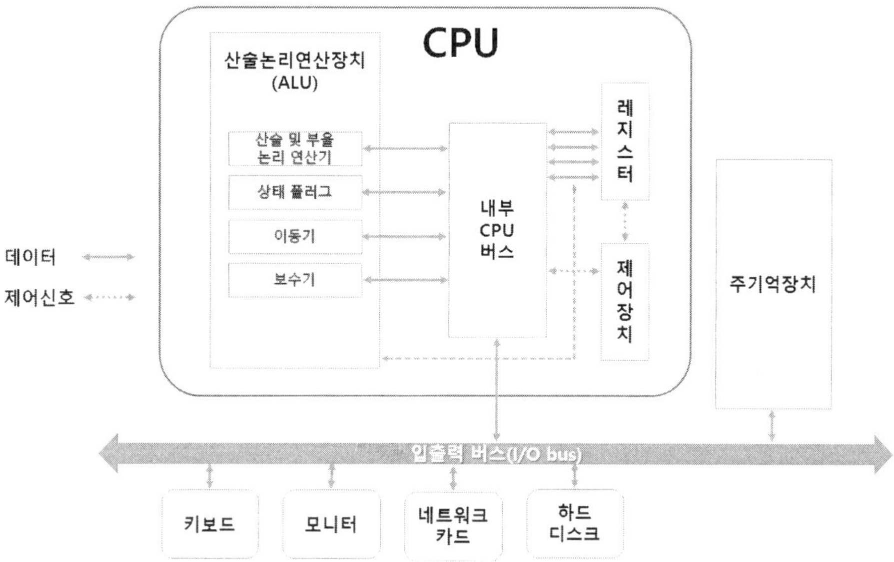

[그림 3-3] CPU 내·외부 처리과정

비동기적 수행이란, 중앙처리장치와 입출력장치의 수행이 서로 독립적으로 수행하는 것으로, 병행적 수행을 한다는 의미다. 즉, 중앙처리장치는 처리속도가 느린 입출력장치를 직접 제어하지 않고 독자적으로 실행하도록 하고, 자신 스스로는 고유의 연산처리를 수행하므로 전체 시스템의 효율을 높인다.

(1) BIOS(Basic Input Output System)

BIOS는 컴퓨터를 사용하기 위하여 전원을 ON 시키면, 가장 먼저 컴퓨터의 제어를 맡아 기본적인 기능을 처리해 주는 프로그램이다.

컴퓨터 시스템의 모든 소프트웨어는 BIOS를 기반으로 실행된다.

이러한 BIOS는 ROM에 저장되어 있어 **롬 바이어스**(ROM BIOS : IBM-PC 호환기종의 경우)라고도 하며, 컴퓨터 칩에 저장된 명령어들이라는 의미로 보면 **펌웨어**(Firmware)가 된다.

BIOS의 구성 루틴으로는 **스타트업**(Start-Up) **루틴**과 **서비스 처리 루틴**, **하드웨어 인터럽트 처리 루틴** 등이 있다.

- **스타트업 루틴**은 컴퓨터를 시동할 때 자동으로 실행되어 컴퓨터의 상태를 검사하고(POST : Power-On Self-Test), 시스템을 초기화(initialize)하는 작업을 하며 주변장치들의 연결을 확인한다.

- **서비스 처리 루틴**은 사용자 프로그램이나 운영체제가 요구하는 일을 처리해 주는 것으로, 화면 내용을 지우거나 화면을 텍스트 모드에서 그래픽 모드로 바꾸는 일, 디스크 데이터를 읽거나 프린터로 출력하는 등의 일을 수행한다.

- **하드웨어 인터럽트 처리 루틴**은 특정 사건의 발생에 의해 실행 중인 프로그램을 중단하고, 해당 사건에 대응하는 프로그램을 수행한 후, 다시 이전의 프로그램을 계속 실행하는 기능을 제공한다.

(2) 부팅순서(Windows System)

① 컴퓨터 전원 공급

컴퓨터를 ON 시키면 **롬**(ROM : Read Only Memory)에 들어있는 BIOS가 기동되며 컴퓨터의 처리가 시작된다. BIOS는 ROM에 저장되어 있기 때문에 **주기억장치**(RAM : Random Access Memory)에 저장된 정보와 달리 컴퓨터를 OFF 하여도 그 내용이 지워지지 않는다.

② BIOS 구동

CPU 이상 유무에 대한 테스트를 한 후, ROM BIOS에 저장된 값과 동일하면 다음 단계로 진행한다(CPU의 모든 내용이 초기화로 삭제된다).

③ ROM BIOS에서 **부트스트랩 로더**(Bootstrap Loader)**가 있는지를 검사**

ROM에 저장된 부트스트랩 로더 루틴과 POST 부분을 RAM으로 이동시킨다.

④ POST(Power-On Self-Test) 실행

BIOS는 자체 진단 프로그램인 포스트(POST)라는 테스트 과정을 수행하며, 이 테스트의 대상은 사용자 메모리, CPU 종류와 클록, 그래픽 카드(VIDEO 카드), 모니터, 하드디스크 등의 주변장치 등이다. 오류가 발생하면 모니터에 그 내용을 출력시킨다.

⑤ 운영체제의 커널부분 적재

부트스트랩 로더에 의해 보조기억장치에 저장된 운영체제의 시스템 파일(운영체제의 핵심부분 : 커널)을 RAM으로 이동시킨다.

⑥ 시스템 파일 중 IO.SYS(**실질적인 I/O담당**)와 MSDOS.SYS(I/O **제어**) **실행**

⑦ CONFIG.SYS(**HW환경설정**), COMMAND.COM(**사용자 명령해석**) 및 AUTOEXEC. BAT(**일괄배치 파일**)를 차례로 실행한다.

⑧ SYSTEM.INI와 WIN.INI 및 **레지스트리 파일 로딩**을 실행한다.

⑨ 부팅이 완료된 후, 바탕화면이 나타나고 **운영체제가 컴퓨터 시스템의 전체적인 운영권**을 갖는다.

(3) 입출력 방식

직접제어방식

CPU가 기억장치와 I/O장치간의 데이터 이동에 직접 개입하는 방식으로, 이동되는 데이터들은 반드시 CPU를 경유한다.

- Polling 방식에 의한 입출력 방식
  - CPU가 I/O 동작에 계속 관여하기 때문에 CPU시간이 낭비된다.
  - CPU가 I/O 동작을 수행하는 동안에 다른 작업을 할 수 없다.

- **인터럽트에 의한 입출력방식**
  - CPU가 I/O 동작을 I/O장치 제어기와 I/O장치 사이에서 진행하도록 하는 방식으로, I/O 동안에도 CPU가 다른 일을 할 수 있다.

간접제어방식

CPU와는 독립적으로 전용 입출력 제어기를 이용하여 입출력 장치를 제어하는 방식이다.

- **DMA(Direct Memory Access) 제어기(직접메모리 제어방식)**
  - 메모리와 주변장치간의 데이터 교환 시, CPU를 통하지 않고 메모리와 주변장치가 직접 접속하여 고속으로 데이터를 전송하는 방식으로, 데이터가 전송되는 동안 CPU는 다른 작업을 계속 수행할 수 있어 시스템의 효율성이 높아진다.
  - DMA 제어기는 CPU를 사용하지 않으므로 I/O장치의 주소와 연산내용(읽기/쓰기), 주기억 장치 영역의 시작주소, 전송될 데이터양을 알 수 있도록 구성되어야 한다.
  - CPU가 주기억 장치를 액세스하지 않는 동안에, 시스템의 버스를 사용하는 **사이클 스틸링**(Cycle Stealing)[70] 기능을 이용한다.
  - **사이클 스틸링**은 CPU의 상태 보존이 필요 없으나, **인터럽트**는 CPU상태 보존이 필요하다.

---

70) DMA방식에서 사용하는 개념. 어떤 순간에 주기억 장치에 접근할 수 있는 것은 오직 하나만 가능하다. 따라서 채널(channel)과 프로세서(processor)가 동시에 주기억 장치에 접근하려는 경우 문제가 발생한다. 이 경우, 일반적으로 채널에 우선순위를 높게 주는데, 이렇게 하면 채널이 주기억 장치에 접근하는 동안에 프로세서는 주기억 장치를 사용하지 못하고 잠시 쉬게 된다.
사이클 스틸링은 인터럽트와 달리 CPU의 사이클 중 일부를 훔쳐 I/O를 대신 수행할 DMA나 채널이 필요로 하는 I/O 명령을 수행시키고, 이후에는 CPU의 개입 없이 DMA나 채널이 I/O를 수행한다.
채널은 적은 양의 사이클을 필요로 하므로 이런 방식으로 채널의 우선순위를 높게 해주면 입출력 장치의 효율이 높아진다. 일반적으로 운영체제 스케줄링은 프로세스를 주로 사용하는 프로그램보다 입출력을 주로 사용하는 프로그램에게 높은 우선순위를 준다.

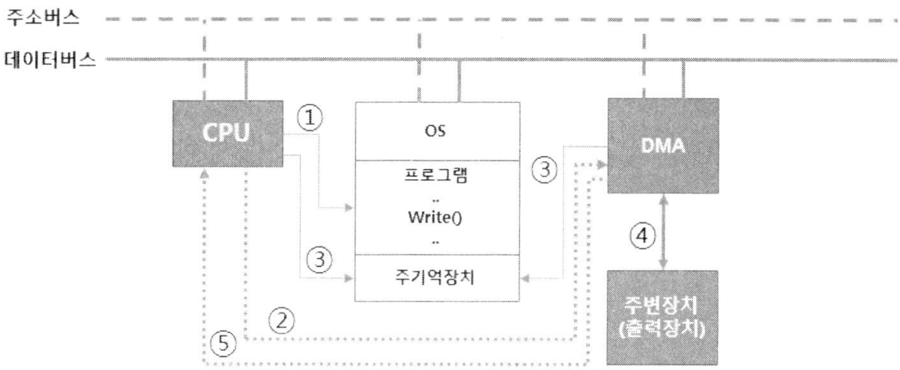

① CPU에서 입출력(출력)이 필요한 부분을 처리할 때 기억장치로 접근
② CPU는 DMA에게 입출력(출력)준비를 명령으로 알린다.
③ CPU는 출력할 처리를 한 후, 주기억장치에 보관시킨다.
DMA는 데이터가 있는 위치를 CPU로부터 받고, 그곳의 데이터를 가져온다.
④ DMA는 주기억장치에 보관된 데이터를 입출력(출력)장치에 출력 또는 하드디스크에 저장한다.
⑤ DMA의 처리가 종료되면 CPU에게 그 사실을 알린다.

[그림 3-4] DMA처리과정

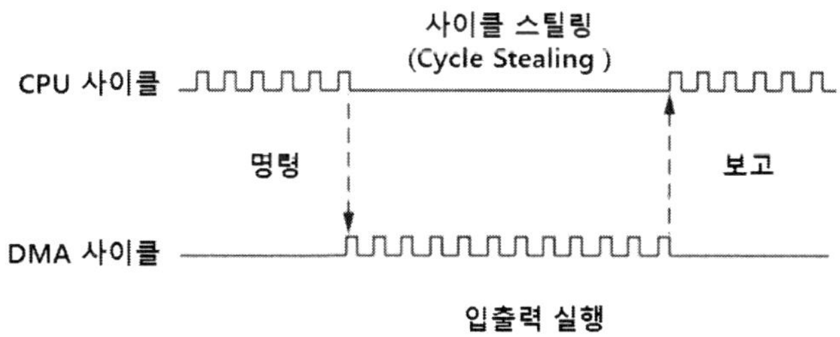

[그림 3-5] 사이클 스틸링 개요

- **채널(Channel) 제어기에 의한 입출력**
  - 채널은 신속한 데이터를 처리하기 위해, CPU의 계속된 개입 없이 직접 입출력장치와 기억장치 사이에서 자료를 주고받을 수 있도록 하는 **입출력 전용 제어장치**를 의미한다.
  - 입출력 방식 중, 가장 효율적인 방식으로 채널 제어기는 자신의 채널 프로그램이 있어 여러 개의 블록을 입출력할 수 있다.
  - 채널은 주기억장치와 입출력장치의 중간에 위치한다.
  - 채널의 경우 중간단계에서 CPU가 중단 중인 프로세스를 저장할 필요가 없다.

(4) 입출력 버퍼링(Buffering)

CPU는 입출력장치보다 속도가 빠르기 때문에 프로그램의 실행속도는 CPU의 속도에 의해서가 아니라, 입출력장치의 속도에 의해 제한된다. 이 속도 차이를 보완하는 방식으로 **버퍼링**(Buffering)[71]을 사용한다.

버퍼링은 CPU에서의 처리와 입출력을 동시에 수행하기 위한 기법으로, 입출력 버퍼를 사용하는 이유는 CPU와 처리속도가 늦은 I/O 장치의 속도를 보완하여 둘 다 항상 분주하게 뭔가를 수행하려는 것이다.

즉, 버퍼링이란 데이터를 보내는 속도를 입출력장치와 같은 느린 속도에 맞출 수는 없으므로, 신속히 처리된 데이터를 임시 **기억공간(버퍼** Buffer)에 저장해 놓고, 그 저장해놓은 기억공간에서 입출력장치로 데이터를 보내주는 방식으로 이는 **채널**이 수행한다.

물론, CPU나 입출력 장치가 버퍼공간을 채우는 동안 CPU나 입출력 장치는 다른 일을 할 수 없다.

보통 데이터는 키보드와 같은 입력 장치로부터 받거나 프린터와 같은 출력 장치로 내보낼 때 버퍼 안에 저장된다. 버퍼 공간은 주기억 장치에 만들어진다. 단, 대표적인 출력장치인 인쇄기(프린터)의 경우, 자체 RAM이 있는 경우는 그곳에 버퍼링을 만든다.

즉, 출력할 내용을 프린터의 RAM으로 보내고, 프린터는 자신의 RAM에 들어 있는 데이터를 스스로 출력하도록 한다.

---

71) 데이터를 한 곳에서 다른 한 곳으로 전송하는 동안 일시적으로 그 데이터를 보관하는 메모리 영역이다. **버퍼링**(buffering)이란 버퍼를 활용하는 방식 또는 버퍼를 채우는 동작을 말한다. 다른 말로 **큐**(Queue)라고도 한다. 정보의 송수신을 원활하게하기 위해서 정보를 일시적으로 저장하여 처리 속도 차이를 흡수하는 방법도 이 개념에 속한다.

주기억장치에 있는 데이터는 프린터의 인쇄 속도에 맞춰서 프린터 내장 RAM에게 데이터를 보내준다.

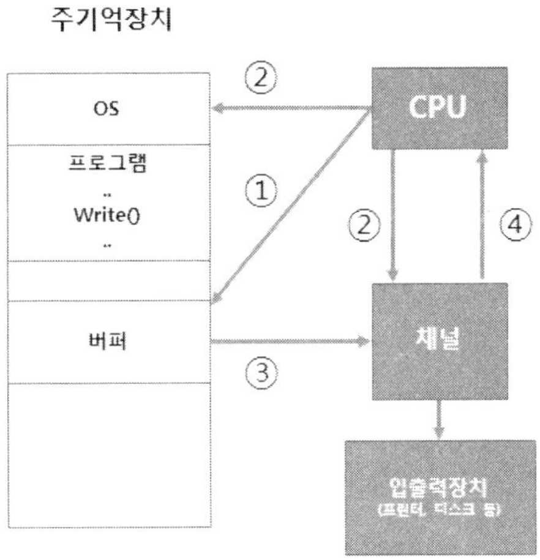

① CPU는 출력할 것을 모두 버퍼에 저장한다.
② CPU가 입출력에 대한 명령을 채널에게 지시한다.
   이후 CPU는 프로그램 중 다른 부분(또는 다른 프로그램)을 처리한다.
③ 채널은 버퍼에 들어 있는 내용을 처리하며 버퍼를 비운다.
④ 출력을 완료하면 채널은 CPU에게 알린다.

[그림 3-6] 채널과 버퍼의 처리 구조

(5) 스풀링(SPOOLing)

스풀링(Simultaneous Peripheral Operation On-Line)은 디스크의 일부를 스풀 공간으로 하여 매우 큰 버퍼처럼 사용하는 것이다. 디스크를 스풀 공간으로 사용하는 이유는 입출력장치와 CPU의 속도 차이를 극복하려는 것이다.

버퍼링	스풀링
하드웨어적으로 구현	소프트웨어로 구현
한 작업의 입출력과 연산의 중복 가능	여러 작업의 입출력과 연산의 중복 가능
스택[72] 또는 큐[73] 방식의 입출력 수행	큐 방식 입출력 수행
단일 사용자	다중 사용자
주기억장치에 만듦	하드디스크를 사용

스풀을 적용하는 가장 대표적인 경우는 프린터를 통한 출력작업이다. 이때, CPU가 프린터 출력을 직접 제어한다면 프린터의 인쇄 작업이 끝날 때까지 CPU는 다른 일을 하지 못하게 된다. 이는 CPU가 매우 느린 프린터의 처리속도로 인해 다음 요구를 기다려야 하는 시간이 길기 때문이다. 따라서 CPU의 효율은 매우 낮아진다.

이런 문제를 해결하기 위해 프린터로 전송될 데이터를 하드디스크에 일시적으로 저장(**스풀 공간 : 가상 출력장치**)하고, CPU는 다른 일을 처리하면서 필요할 때마다 조금씩 프린터로 보내주는 방식으로 처리하므로 CPU 효율을 향상시킨다.

(6) 인터럽트(Interrupt) 방식

인터럽트란 컴퓨터 시스템에 예기치 않은 일이 발생하면 이를 CPU에게 알려 주는 것으로서, 실행되는 프로그램에 의해서가 아니라 다른 방식으로 제어흐름을 변경하는 것이다.

인터럽트는 현재 실행하고 있는 프로그램을 일시 중단하고, 발생한 사건에 적합한 처리과정(인터럽트 처리루틴)을 실행한 후, 다시 원래의 프로그램을 계속 처리하는 과정으로 진행된다.

---

72) **스택**(stack)은 주기억장치에서 연속적인 공간을 배정하여 데이터를 저장하고 필요시 검색할 수 있도록 한 순서 리스트와 같은 자료구조로, **후입선출**(LIFO)이라고도 한다. 즉, 스택에 마지막으로 삽입된 데이터가 먼저 삭제된다.

73) **큐**(queue)는 리스트의 한쪽 끝에서만 삽입과 삭제가 일어나는 스택과 달리, 리스트의 한쪽 끝에서는 삭제되고 반대쪽 끝에서는 삽입만 가능한 순서화된 리스트다.

인터럽트 종류

- **재시작(Restart 전원) 인터럽트** : 전원 공급 이상, 재시작 키
- **기계착오 인터럽트** : CPU 등 자체 내의 기계적 오류
- **외부(신호) 인터럽트** : 스케줄러 타임 인터럽트,
외부장치로부터 인터럽트
- **입출력 인터럽트** : 입출력 전송요청 및 전송완료, 전송 오류
- **프로그램 검사(에러) 인터럽트** : 명령의 잘못된 사용,
보호된 기억장소 접근, Overflow,
Underflow, Divide Zero 등
소프트웨어 인터럽트
- **슈퍼바이저 콜(SVC)** : 사용자에 의한 SVC 명령호출,
소프트웨어 인터럽트
복잡한 입출력처리, 기억장치 할당 및
오퍼레이터 개입요구 등

인터럽트 처리 과정

① 인터럽트 요청 신호 발생
② 프로그램 실행 중단
(현재 수행중인 명령은 완료함)
③ 현재의 프로그램 상태(PSW) 보관
④ 어느 장치가 인터럽트를 요청하였는지 확인을 위한 인터럽트 처리 루틴 실행
④ 인터럽트 서비스 루틴 실행
(인터럽트 실질적 처리 실행)
⑤ 보존한 프로그램 상태로 복귀
⑥ 중단된 프로그램 실행 재개

인터럽트 발생 시 CPU 확인 사항

① 프로그램 카운터(PC) 내용
② 상태 조건의 내용(PSW)
③ 레지스터의 내용

인터럽트 요소
① 인터럽트 요청 신호 ② 인터럽트 처리 ③ 인터럽트 서비스 루틴

인터럽트 우선순위(Priority)
① 전원 인터럽트 ② 기계착오 인터럽트 ③ 외부신호 인터럽트 ④ 입출력 인터럽트 ⑤ 프로그램 검사 인터럽트 ⑥ 슈퍼바이저 콜(SVC)

(7) 인터럽트 우선순위 방식

① 소프트웨어 방식

■ 폴링(Polling) 방식

- 우선순위가 가장 높은 인터럽트 자원부터 인터럽트 요청 플래그를 차례로 검사하여 인터럽트 요청장치를 발견하면 처리 루틴을 수행한다.
- 소프트웨어적인 방식이다.
- 우선순위 변경이 쉽다.
- 별도의 하드웨어가 필요 없으므로 경제적이다.
- 반응시간이 느린 단점이 있다.

② 하드웨어 방식

- 응답 속도가 빠르지만 융통성이 없다.
- 추가적인 하드웨어가 요구되어 비경제적이다.

데이지 체인(Daisy Chain) 방식

- 하드웨어적 방법이다.
- 인터럽트가 발생하는 모든 장치를 우선순위에 따라 1개의 회선에 직렬로 연결한다.
- 데이지 체인에서는 각 주변 장치로부터 CPU에 대하여 동시에 인터럽트가 발생한 경우보다, CPU에 가까운 쪽의 인터럽트를 우선적으로 실행한다.
- CPU로부터 먼 곳의 주변 장치는 CPU에서 가까운 주변 장치에 인터럽트가 발생해 있지 않을 때 인터럽트가 실행된다.
- 병렬 우선순위 방식에 비해 지연이 발생하며, 우선적인 인터럽트를 사용할 수 없다.
- SCSI 인터페이스는 최대 7개의 장치까지 데이지 체인형식을 지원한다.

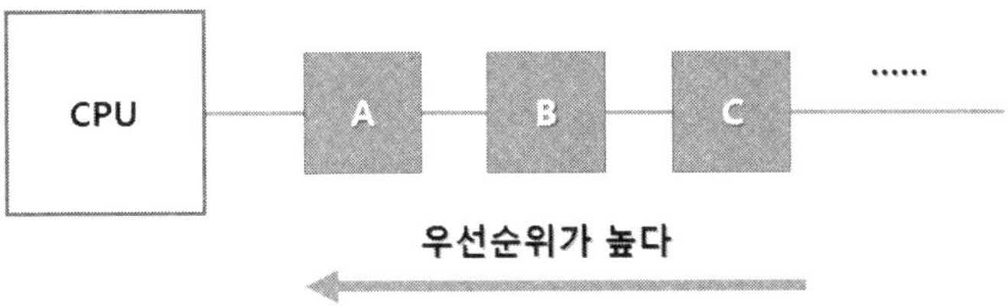

[그림 3-7] 데이지 체인 방식

병렬(Parallel) 방식

- 하드웨어적 방법이다.
- 인터럽트가 발생하였는지 확인하는 회로가 각 장치마다 개별적인 회선으로 연결된다.
- 마스크(Mask) 레지스터의 Bit 위치에 따라 우선순위가 결정된다.
- 마스크 레지스터는 우선순위를 제어할 수 있다.

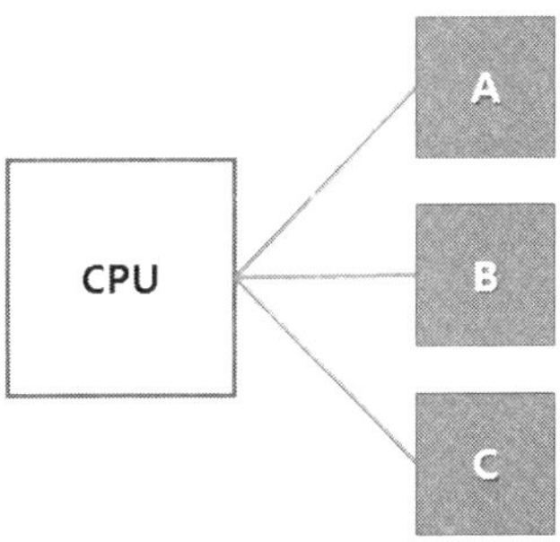

[그림 3-8] 병렬 방식

항 목	하드웨어 방식	소프트웨어 방식
반응속도	고속	저속
회로 복잡도	복잡	간단
경제성	비경제적	경제적
융통성	없음	있음

생각의 창

✓ 컴퓨터 구조

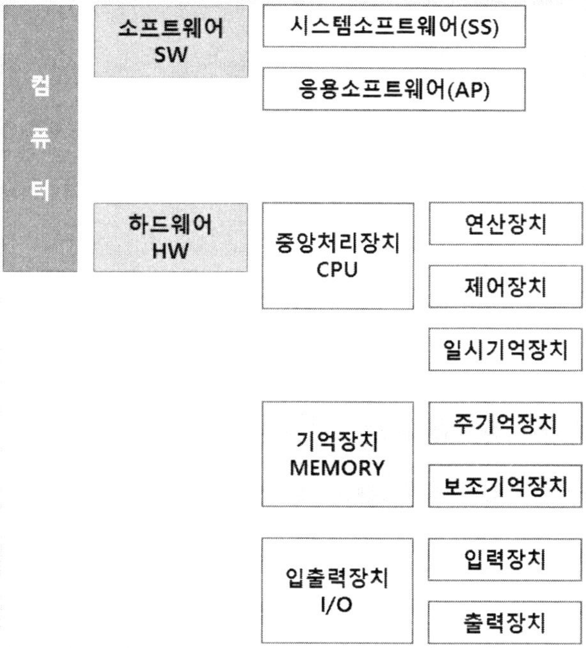
컴퓨터
소프트웨어 SW
시스템소프트웨어(SS)
응용소프트웨어(AP)
하드웨어 HW
중앙처리장치 CPU
연산장치
제어장치
일시기억장치
기억장치 MEMORY
주기억장치
보조기억장치
입출력장치 I/O
입력장치
출력장치

연습문제

1. 교착 상태의 해결 방법 중 Banker's Algorithm과 관계되는 것은?

① Avoidance ② Prevention
③ Detection ④ Recovery

2. 연산 P, V와 정수 변수를 이용하여 동기화 문제를 해결하는 것은?

① Semaphore ② Critical Section
③ Mutual Exclusion ④ Monitor

3. 명령어 수행 파이프라인의 네 단계를 순서적으로 올바르게 나열한 것은? (단, ID : Instruction Decode, IF : Instruction Fetch, OF : Operand Fetch, EX : Execution이다.)

① ID→IF→OF→EX ② IF→ID→OF→EX
③ IF→OF→ID→EX ④ ID→OF→IF→EX

4. 교착상태(deadlock)에 관한 설명으로 가장 적합한 것은?

① 두 개 이상의 프로세스가 자원의 사용을 위해 서로 경쟁하는 현상
② 이미 다른 프로세스가 사용하고 있는 자원을 사용하려고 시도하는 현상
③ 두 개 이상의 프로세스가 서로 상대방이 사용하고 있는 자원의 사용을 위해 기다리는 현상
④ 두 개 이상의 프로세스가 어느 자원을 동시에 사용하려 할 경우, 시스템에 의해 하나의 프로세스만이 사용하도록 선택되는 현상

5. 교착 상태 발생의 4가지 필요충분조건이 아닌 것은?

① 상호 배제
② 점유와 대기
③ 비선점
④ 내부 시스템 자원 순서화

6. 모니터에 대한 설명으로 틀린 것은?

① 자료 추상화와 정보 은폐 개념을 기초로 한다.
② 병행 다중 프로그래밍에서 상호 배제를 구현하기 위한 특수 프로그램 기법이다.
③ 구조적인 면에서 공유 데이터와 이 데이터를 처리하는 프로시저의 집합이라 할 수 있다.
④ 모니터 외부의 프로세스도 모니터 내부 데이터를 직접 액세스 할 수 있다.

7. 교착 상태 발생의 필요충분조건의 아닌 것은?

① Traffic Controller ② Circular Wait
③ Hold And Wait ④ Mutual Exclusion

8. 교착 상태 발생의 필요충분조건 4가지에 대한 설명으로 옳지 않은 것은?

① 상호배제 : 최소한 하나의 자원이 공유 방식으로 점유되어야 한다.
② 점유 및 대기 : 최소한 하나의 자원을 점유하고 있는 프로세스가 있어야 하며, 이 프로세스가 다른 프로세스에 의하여 점유된 자원을 추가로 얻기 위해 대기하고 있어야 한다.
③ 비선점 : 자원들을 선점하지 못한다.
④ 순환(환형)대기 : 대기하고 있는 프로세스의 집합 {P_0,P1,......Pn}에서 P_0은 P1이 점유한 자원을 대기하고, P1은 P2를 대기하며, Pn은 P_0가 점유한 자원을 요청하기 위해 대기한다.

9. 교착상태(Deadlock)의 필요조건에 해당하지 않는 것은?

① mutual exclusion ② circular wait
③ preemption ④ hold and wait

1① 2① 3② 4③ 5④ 6④ 7① 8① 9③

IV부

기억장치 관리

25장 기억장치 개요
26장 주기억장치 할당 기법
27장 단일 분할 할당 기법
28장 다중 분할 할당 기법
29장 단편화
30장 기억장치 배치 전략
31장 가상기억장치
32장 페이징 기법
33장 세그먼테이션 기법
34장 세그먼테이션-페이징 기법
35장 페이지 교체 알고리즘
36장 페이지의 크기와 성능
37장 메모리의 구역성
38장 워킹 셋
39장 스래싱

25장 기억장치 개요

기억장치는 주기억장치, 보조기억장치, 캐시기억장치, 가상기억장치 등이다. 이외에도 CPU내부에 있는 일시적인 기억장치인 **레지스터**가 있으며 컴퓨터 시스템에서 중요한 기능을 한다.

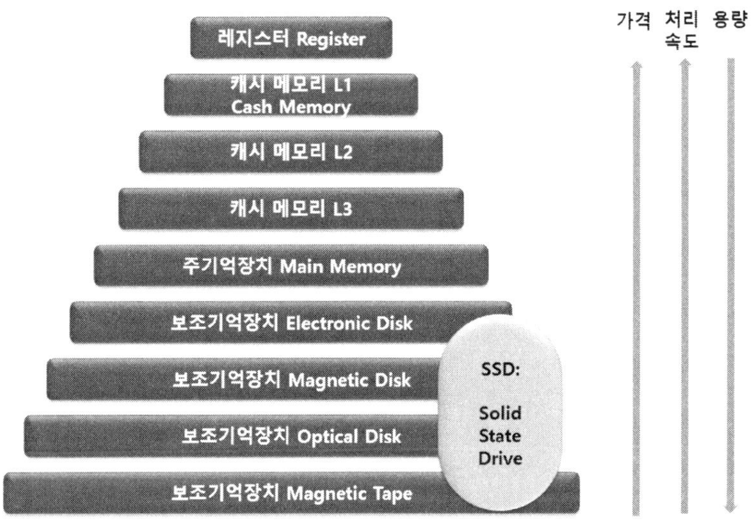

[그림 4-1] 메모리 계층구조

CPU에서 처리하는 대상(프로그램, 데이터 등)은 모두 주기억장치에 있어야 하며, 처리된 결과도 주기억장치에 보관한다. 따라서 주기억장치의 용량과 저장 방식은 처리속도에 큰 영향을 끼친다.

CPU에서 일반적으로 수행되는 **명령어 처리 과정**은, 주기억장치로부터 하나의 명령어를 불러와 그 명령어를 해독하고, 명령어를 처리하기 위해 필요한 피연산자를 다시 주기억장치로부터 가져온 후, 연산 명령어를 수행한 후 계산의 결과를 주기억장치에 기억시킨다.

주기억장치는 저장 공간에 대하여 연속적인 주소를 할당하고 있으며, CPU에서 처리하는 것은 반드시 주기억장치 내에 모두 있어야 한다.

가상기억장치(Virtual Memory)는 특정한 프로그램이나 데이터의 전체가 한꺼번에 주기억장치에 할당되어 들어 갈수 없을 때, 그들의 일부만 주기억장치에 유지하고, 나머지는 보조기억장치에 두면서도 처리가 정상적으로 진행될 수 있도록 하는 기법이다.

즉, 한정된 주기억장치에 대하여 방대한 기억공간을 제공하므로, 매우 큰 프로그램이나 데이터도 부족한 주기억장치 공간을 통해 처리될 수 있도록 제공하는 기법이다.

26장 주기억장치 할당 기법

주기억장치 할당 기법은 프로그램이나 데이터를 실행시키기 위해, 주기억장치에 저장할 위치와 블록의 할당을 어떻게 할 것인지를 결정하는 것으로, 연속 할당 기법과 분산 할당 기법 등이 있다.

주기억장치 할당 기법	
연속 할당 기법	- 프로그램이나 데이터를 주기억장치에 연속적으로 할당하는 기법 - **단일 분할 할당 기법**과 **다중 분할 할당 기법**이 있다.
분산 할당 기법	- 프로그램을 특정한 단위로 나누어 주기억장치 내에 분산시켜 할당하는 기법 - **페이징 기법**과 **세그먼테이션 기법**이 있다. - **가상기억장치** 시스템에서 사용한다.

27장 단일 분할 할당 기법

단일 분할 할당 기법은 **단일 사용자 시스템**(Single User System)으로 주기억장치를 운영체제 영역과 사용자 영역으로 나누어, 한 순간에는 오직 한 사람의 사용자만 주기억장치를 사용할 수 있도록 한 기법이다.

단일 분할 할당 기법 특징

- 가장 단순한 기법
- 초기의 운영체제에서 주로 사용
- 운영체제 부분과 사용자 프로그램 부분을 명확히 구분하기 위해 **경계 레지스터**(Boundary Register)[74]를 사용
- 운영체제는 필요 시 사용자 프로그램 영역을 침범할 수 있으나, 사용자는 운영체제가 있는 영역을 침범할 수 없다.
- 프로그램의 크기가 작을 경우 사용자 영역이 낭비된다.
- **오버레이 기법**을 통해 주기억장치에 정의된 사용자 영역보다 큰 사용자 프로그램을 실행할 수 있다.

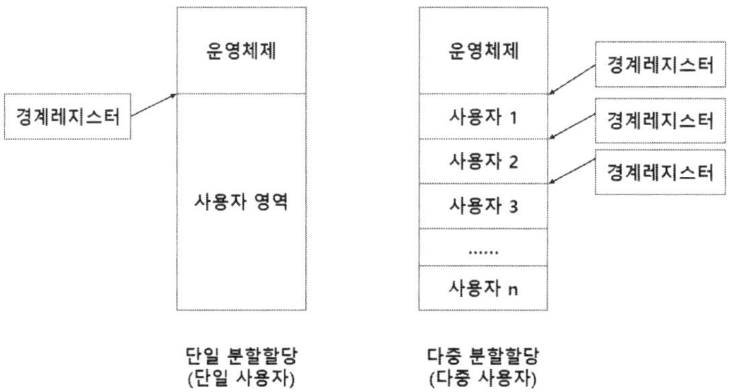

[그림 4-2] 경계레지스터와 분할 할당

74) 운영체제의 영역을 사용자가 침범할 수 없도록, 사용자 프로그램의 시작 주소를 지닌 레지스터 또는 다중 분할 할당의 분할된 영역을 다른 프로그램이 사용하지 못하도록 하는 주소를 지닌 레지스터. Fence Register 의미를 지님.

오버레이(Overlay) 기법

오버레이 기법은 주기억장치보다 더 큰 프로그램의 실행을 위해, **하나의 프로그램을 여러 개의 조각으로 분할하여 처리하는 방식**으로, 하나의 프로그램이라도 동시에 모든 기능이 실행되어야 하는 게 아닌, 일정한 동안에는 프로그램의 일부분만 실행하는 **구역성(국부성)**을 이용한 방식이다.

- 보조기억장치에 저장된 하나의 프로그램을 여러 개의 조각으로 나눈 후, 실행에 필요한 조각을 주기억장치에 적재(다수 개의 조각이 적재될 수도 있음)하여 프로그램을 실행시킨다.
- 프로그램이 실행되면서 주기억 공간이 부족하면, 주기억장치에 적재된 조각 중 필요 없는 부분이 위치한 곳에 필요한 새로운 프로그램 조각을 옮겨와 덮어씌워 실행하면, 실제 주기억 영역보다 더 큰 프로그램도 실행할 수 있다. 이렇게 덮어씌우는 방식을 **오버레이(중첩)** 방식이라 한다.
- 프로그램을 여러 개의 조각으로 분할하는 것은 프로그래머가 수행하는 것으로, 프로그램 작성자는 컴퓨터 시스템 구조나 프로그램 구조를 잘 이해해야 한다.

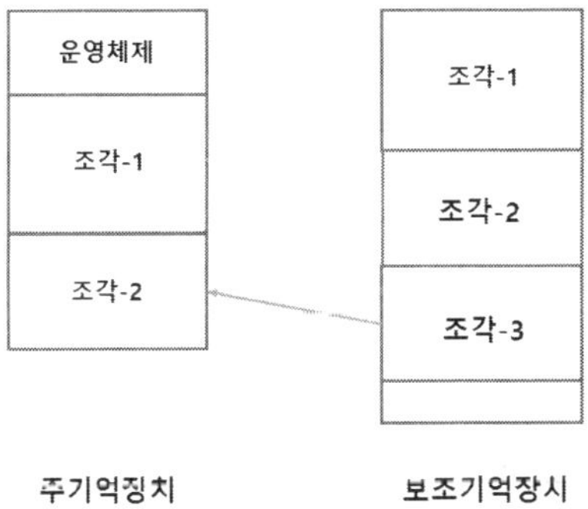

- 보조기억장치에 있는 조각-3의 실행을 위해
- 주기억장치의 조각-2로 덮어씌움
- 조각(모듈)들의 구분은 PC(Program Counter)[75]가 지니고 있음

[그림 4-3] 기억장치 오버레이 기법

75) CPU 레지스터의 하나로, 다음에 실행할 명령어의 위치를 가리키고 있어, 해당 내용이 메모리에 없는 경우 메모리 관리자를 통해 해당 모듈을 가져오도록 할 때 사용함.

스와핑(Swapping) 기법

스와핑 기법은 하나의 프로그램을 주기억장치에 적재하여 처리하다가, 다른 프로그램의 실행이 필요한 경우 교체를 하는 방법이다.

- 주기억장치에 적재된 하나의 프로그램과 보조기억장치에 있는 실행할 다른 프로그램을 교체하는 기법
- Swap In : 보조기억장치에 있는 프로그램이 주기억장치로 이동하는 것
- Swap Out : 주기억장치에 있는 프로그램이 보조기억장치로 이동하는 것
- 하나의 사용자 프로그램이 완료될 때까지 여러 번의 교체과정이 수행될 수 있다.
- 가상기억장치의 페이징 기법으로 발전

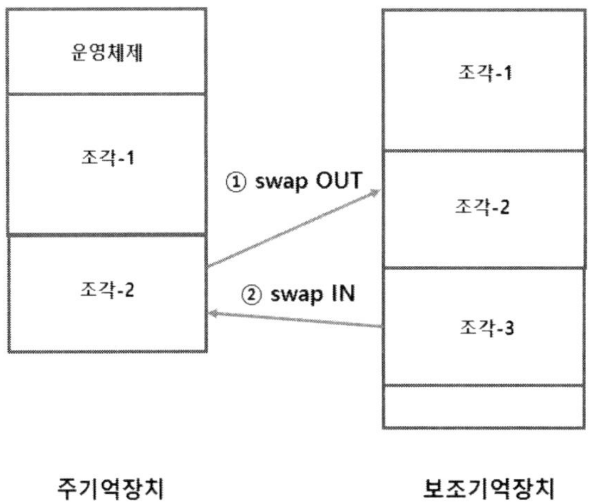

조각-2와 조각-3의 교체 과정

[그림 4-4] Swapping 기법

28장 다중 분할 할당 기법

다중 분할 할당 기법은 주기억장치를 여러 개의 영역으로 분할하여 사용하는 것으로, **고정 분할 할당**(MFT : Multiple contiguous Fixed parTition Allocation /**정적 할당** Static Allocation) 기법과 **가변 분할 할당**(MVT : ultiple contiguous Variable parTition allocation /**동적 할당** Dynamic Allocation) 기법이 있다.

(1) 고정 분할 할당(MFT) 또는 정적 할당 기법

고정 분할 할당(MFT : Multiple contiguous Fixed parTition Allocation)은 주기억장치의 사용자 영역을 여러 개의 고정된 크기로 분할하여 사용하는 기법으로, 준비상태 큐에서 준비 중인 프로그램을 각 영역에 할당하여 수행해 간다.

각 분할 영역의 크기가 고정되므로, 들어 올 프로그램과 크기가 맞지 않아 발생하는 사용되지 못하는 공간이 기억장치 내에서 발생할 수 있다. 이를 **단편화**(Fragmentation)[76] 현상이라고 한다.

- 프로그램이 실행되려면 프로그램 전체가 주기억장치에 있어야 한다.
- 주기억장치의 공간이 고정된 크기로 분할되므로 다양한 크기의 프로그램이 할당될 때, 크기가 맞지 않아 낭비되는 단편화 현상이 발생하여 주기억장치의 낭비가 많다.
- 실행할 프로그램의 크기를 미리 알아야 한다.
- 초기의 다중 프로그래밍을 위해 사용했으나 **현재는 사용하지 않는 기법**이다.

---

76) **내부 단편화** : 분할된 영역이 할당될 프로그램보다 커서 프로그램이 할당되고도 일부 남음
외부 단편화 : 적재될 프로그램이 분할된 영역보다 커서 할당되지 못하고 남겨진 전체 영역

고정 분할 할당 기법은 **절대 번역과 적재** 및 **재배치 번역과 적재** 방법이 있다.

- 절대 번역과 적재
  - 프로그램이 할당될 분할 영역을 어셈블러나 컴파일러가 지정하는 방식 (프로그램을 번역할 때 그 작업이 수행될 분할 위치가 결정됨)
  - 각 프로그램은 분할된 각 영역의 준비상태 큐에서 기다리며 다른 분할 영역이 비어 있다 해도 지정된 분할 영역만을 사용하는 방식

- 재배치 번역과 적재
  - 프로그램의 할당될 영역을 미리 정하지 않는 방식 (프로그램이 실행될 때 분할 영역이 결정된다)
  - 하나의 준비상태 큐를 이용하여 순서대로 분할 영역에 할당

고정 분할(MFT, 정적 분할) 방식의 장단점

- 장점
  - 한 프로그램이 적재되고 남은 공간에 다른 프로그램을 적재하여 수행할 수 있어 자원 활용도를 크게 향상시킨다.
  - 동시에 여러 프로그램을 주기억장치에 적재하여 수행하는 다중 프로그래밍 기법이 가능하다.

- 단점
  - 프로그램과 할당된 분할 구역의 크기가 일치하지 않아 할당하고도 분할된 영역의 일부가 남는 공간이 발생한다. (내부 단편화)
  - 할당되는 저장 공간이 작고, 저장될 프로그램이 클 경우에는 단편화 현상이 발생한다. (외부 단편화)

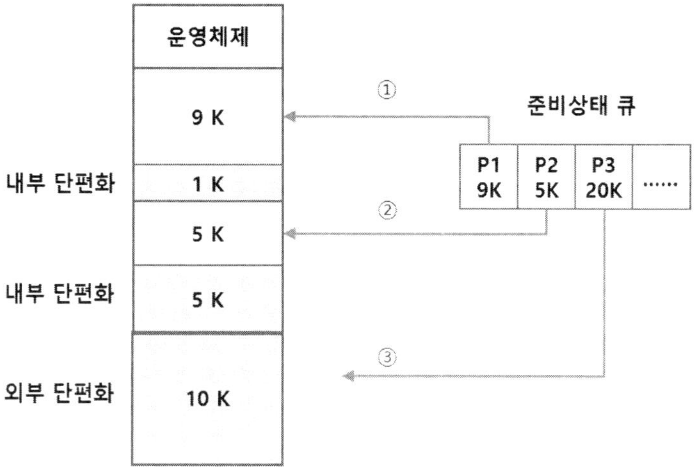

주기억장치의 사용자 영역(총 30 KB)을 10 KB 크기로 3개
영역으로 분할한 경우

[그림 4-5] 고정 분할 할당 기법과 단편화

(2) 가변 분할 할당(MVT) 또는 동적 할당 기법

가변 분할 할당(MVT : Multiple contiguous Variable parTition allocation)방법은 프로그램을 주기억장치에 적재할 때, 필요한 크기만큼씩 영역을 분할하는 기법으로, 고정 분할 기법의 단편화 현상을 줄일 수 있다. 단, 영역 사이의 단편화 현상은 발생할 수 있다.

- 미리 주기억장치를 분할하는 것이 아닌, 프로그램을 주기억장치에 적재하는 순간 필요한 크기의 영역을 분할해 할당하는 방식이다.
- MVT는 고정 분할 할당 기법의 단편화를 줄이기 위한 기법이다.
- 주기억장치를 효율적으로 사용할 수 있고, 다중 프로그래밍의 정도를 높일 수 있다(여러 개의 프로그램을 적재 가능).
- 고정 분할 할당 기법에 비하여 실행될 프로세스 크기에 대한 제약이 적다.
- 단편화를 대부분 해결할 수 있으나 영역들 사이에서는 발생할 수 있다.

단편화를 해결하기 위하여 각 작업에 필요한 만큼의 공간만 할당하는 방식이다.

가변 분할(MVT, 동적 분할) 방식의 장단점

- 장점
  - 기억 장소에 분산되었던 공간들을 한 곳에 모아 사용 가능한 큰 영역으로 만들어 사용하므로 기억 공간의 낭비를 줄일 수 있다.

- 단점
  - 기억 장소를 **집약**하는 동안 전체 시스템은 지금까지 수행해오던 일들을 일단 중지해야 하며, 집약하는 데 많은 시간이 소모된다.
  - 수행 중이던 프로그램과 데이터를 주기억장치 내의 다른 장소로 이동시키기 때문에 각각의 위치 및 이에 관계되는 내용을 수정해야 한다.

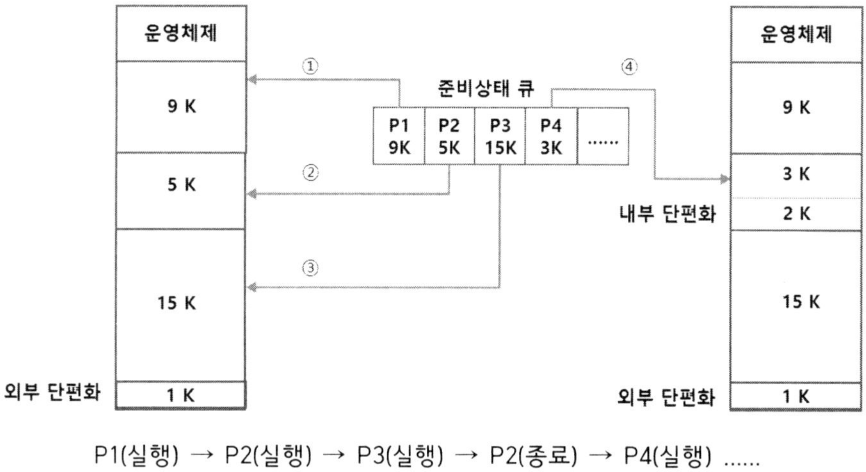

[그림 4-6] 가변 분할 할당 기법과 단편화

생각의 창

값	기호	단위	값	기호	단위
10^{24}	Y	요타	10^{-1}	d	데시
10^{21}	Z	제타	10^{-2}	c	센티
10^{18}	E	엑사	10^{-3}	m	밀리
10^{15}	P	페타	10^{-6}	μ	마이크로
10^{12}	T	테라	10^{-9}	n	나노
10^{9}	G	기가	10^{-12}	p	피코
10^{6}	M	메가	10^{-15}	f	펨토
10^{3}	K	킬로	10^{-18}	a	아토
10^{2}	h	헥토	10^{-21}	z	젭토
10^{1}	da	데카	10^{-24}	y	욕토

29장 단편화(Fragmentation)

다중 프로그래밍 시스템을 위한 **고정 분할 할당 기법**이나 **가변 분할 할당 기법**에서는 **단편화 현상**의 발생을 극복하기 어렵다. 단편화가 발생한다는 것은 주기억장치가 낭비되는 것으로, 단편화 영역을 효율적으로 사용하는 방법이 필요하다.

단편화(Fragmentation)는 분할된 주기억장치에 프로그램을 할당하고, 종료되어 반납하는 과정을 거듭하면서 사용되지 못하고 남겨지는 기억장치의 빈 공간을 의미한다.

단편화에는 **내부 단편화**(Internal Fragmentation)와 **외부 단편화**(External Fragmentation)가 있다.

- 내부 단편화(Internal Fragmentation)
  분할된 영역이 할당될 프로그램의 크기보다 커서 프로그램이 할당된 후, 내부적으로 남겨지는 공간

- 외부 단편화(External Fragmentation)
  분할된 영역이 할당될 프로그램의 크기보다 작아, 프로그램이 할당될 수 없어 남겨진 전체 공간

단편화 해결 방법

- 공백의 합병(Coalescing Holes) - 기억장소의 통합
  - 인접해 있는 단편화 공간들을 하나로 합쳐 통합하는 작업

- 압축(Compaction) 기법 - 기억장소의 집약
  - 주기억장치에 분산된 단편화 공간을, 하나의 큰 사용 가능한 공간으로 만드는 작업
  - 기억장소의 **쓰레기 수집**(Garbage Collection)이라고도 함.
  - 기억장치를 압축하는 동안에는 다른 처리를 할 수 없음.

압축을 위한 기억장소의 재배치(Relocation)

- 여러 위치에 흩어진 단편화된 공간을 주기억장치의 한쪽 끝으로 모아 큰 공간으로 만드는 압축 기법을 실행하려면, 각 프로그램에 주어진 분할 영역의 주소를 새롭게 지정해야 한다. 이를 **기억장소의 재배치**라 한다.

- 기억장소 재배치를 위해 **기준 레지스터**(Base Register)와 **경계 레지스터**(Boundary Register)를 사용한다.

30장 기억장치 배치 전략

가변 분할 할당(동적 할당) 방식의 경우, 고정 분할 할당 방식에 비해 단편화가 줄어지지만 실행 시간이 경과하면 단편화가 발생할 수 있다.

실행 중에 단편화를 줄이기 위해서는 가장 합리적인 분할 크기에 작업을 할당하는 것이다.

기억장치를 분할하여 사용하는 경우, 여러 곳이 비었을 때 어느 분할 영역에 작업을 할당할 것인가에 대한 전략으로는 다음과 같은 방식이 있다.

(1) 최초 적합(First-fit) 전략

- 주기억장치의 사용 가능한 공간(공백)을 검색하여, 적재할 수 있는 공간 중 첫 번째로 찾아낸 곳에 할당하는 방식
- 검색은 공간의 첫 부분부터 수행하거나, 지난 번 검색이 끝난 곳에서부터 (next-fit) 시작한다.
- 작업을 적재할 영역을 빨리 결정할 수 있다.
- 단편화가 많이 발생할 수 있고, 이 경우에는 작은 공간들이 많아져 할당할 곳을 찾는 결정이 늦어진다.

(2) 최적 적합(Best-fit) 전략

- 사용 가능한 공간들 중에서 가장 작은 것을 선택하는 방식
- 즉, 작업을 할당할 수 있는 공간 중, 남는 공간이 가장 작은 영역을 선택하는 방식
- 사용할 수 있는 공간들에 대한 목록이 크기 순서대로 정렬되어 있지 않으면 최적인 곳을 찾기 위해 전체를 검색해야 한다.
- 사용 중 남은 기억장소에 대한 분할된 상황을 크기별로 배열시키는 시간이 필요하다.
- 할당된 후 매우 작은 공간만 남을 수 있다.

(3) 최악 적합(Worst-fit) 전략

- 사용 가능한 공간들 중에서 가장 큰 것을 선택하는 방식
- 작업을 할당하고도 남는 공간이 커 다른 프로세스(작업)들이 그 공간을 사용할 가능성이 높다.
- 사용 가능한 공간들에 대한 목록이 크기 순서대로 정렬되어 있지 않으면 최적한 곳을 찾기 위해 전체를 검색해야 한다.

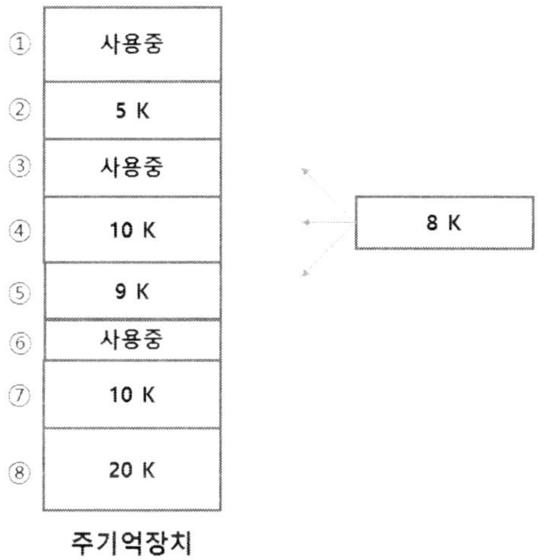

- 최초 배치 전략 : ④
- 최적 배치 전략 : ⑤
- 최악 배치 전략 : ⑧

[그림 4-7] 주기억장치 배치 전략

31장 가상기억장치(Virtual Memory)

컴퓨터 시스템에서 처리할 모든 프로그램이나 데이터는 반드시 주기억장치에 적재되어야 한다.

최근의 사용자 프로그램은 멀티미디어 자료를 요구하는 등 그 크기가 매우 방대해지고 있는 것에 반하여, 주기억장치는 비용 등을 고려해 무한정 크게 설치하지 않는다.

실행될 프로그램이 주기억장치보다 크거나, 여러 개일 때는 주기억장치 공간이 부족하게 되어, 프로그램이 제대로 실행되지 못할 수 있다. 이런 경우, 당장 실행에 필요한 부분만 주기억장치에 저장하고, 나머지는 보조기억장치에 두고 동작하도록 하여, 주기억장치의 공간부족에 대한 문제를 해결하는 개념을 가상기억장치라 하고, 이는 운영체제에서 지원한다.

가상기억장치(Virtual Memory)는 실제의 주기억장치 용량과 관계없이 사용자가 마음놓고 큰 프로그램 등을 사용할 수 있도록 하는 기능이다. 즉, 가상기억장치는 주기억장치보다 용량이 큰 프로그램을 실행하기 위해 보조기억장치(하드 디스크)의 일부를 주기억장치처럼 사용하는 것으로, 처리 속도는 빠르지만 고가인 주기억장치와, 저속이지만 기억용량이 큰 보조기억장치를, 논리적으로 결합하여 하나의 가상적인 기억공간으로 사용하는 기법이다.

이 기법에 의해 사용자는 외부기억장치인 하드디스크를 이용해 방대한 주기억장치를 지닌 것처럼 컴퓨터 시스템을 사용할 수 있다.

모든 프로세스에게 가상기억장치는 **0번지**[77]에서 시작하는 주소의 큰 기억공간이 자신을 위한 작업공간으로 제공되는 것처럼 여기게 한다.

77) 물리적 주소의 0번지는 운영체제가 시작되는 곳이다. 따라서 일반 프로세스는 사용할 수 없다.

가상기억장치 개요

- 가상기억장치는 주기억장치보다 용량이 큰 프로그램을 실행하기 위해 보조기억장치(하드디스크)의 일부를 주기억장치처럼 사용한다.
- 크기가 작은 주기억장치를 용량이 큰 것처럼 사용하게 해주는 기법이다.
- 프로그램을 여러 개의 작은 블록으로 나누어 가상기억장치에 보관하고, 프로그램 실행 시 요구되는 블록을 주기억장치로 불연속적으로 옮겨 처리가 계속되도록 한다.
- 주기억장치의 이용률과 다중 프로그래밍의 효율을 높인다.
- 가상기억장치에 저장된 프로그램을 실행하려면, 가상기억장치 상의 주소를 주기억장치로의 **주소 변환 작업**이 필요하다.
- 블록 단위로 나누어 불연속 할당하므로 연속 할당 방식에서 발생하는 단편화를 해결한다.
- 가상기억장치를 사용하려면 **주소 변환 과정**이 필요하고, 구현이 어려운 등 시스템의 **오버헤드**가 발생한다.
- 가상기억장치 구현 방법은 블록 종류에 따라 **페이징 기법**, **세그먼테이션 기법** 및 **페이징/세그먼테이션 혼합 기법**이 있다.

주소 변환

- 가상기억장치에 있는 프로그램을 주기억장치에 적재하여 실행시킬 때, 논리적인 가상주소를 실제의 물리적인 실기억주소로 바꾸는 것을 의미한다.
- 주소 사상(Address Mapping)이라고도 한다.

32장 페이징(Paging) 기법

페이징 기법의 개요

- 기억장치를 동일한 크기로 나눈 것을 **페이지**라고 한다.
- 프로그램을 동일한 크기로 나눈 것도 **페이지**라 한다.
- 페이지를 블록으로 사용하는 기법을 **페이징 기법**이라 한다.
- 주기억장치를 페이지 크기로 나눈 영역을 **페이지 프레임**이라 한다.
- 주소 변환을 위해 **페이지 맵 테이블**을 관리한다.
- 외부 단편화는 발생하지 않지만 내부 단편화가 발생
- 일반적인 페이지의 크기는 1~4 KByte 이다.

페이징 기법의 주소 체계 및 변환 과정

- 가상기억장치를 물리주소인 실주소로 변환하므로 오버헤드가 발생
- 논리주소를 물리주소로 변환하는 것을 **매핑(Mapping)**이라 함.
- **페이지 맵 테이블**은
  - **하드디스크의 페이지 번호**
  - **주기억장치의 페이지 프레임 번호**
  - **상태 비트**[78](주기억 장치에 존재 여부)로 구성
- 프로그램이 참조한 페이지가 주기억장치에 없는 경우, **페이지 부재**가 발생한다.

- **가상주소(V 논리주소)**는 **페이지번호(p)**와 **변위(d)**[79]로 구성
  V = (p, d)
- **실기억주소(R 물리주소)**는 **페이지 프레임(p')**과 **변위(d)**로 구성
  R = (p', d)

---

78) **상태비트** : 참조하려는 페이지가 주기억장치에 있으면 1, 없으면 0로 표기됨.
79) **변위** : 페이지 내에서 실제 내용이 위치하고 있는 곳까지의 거리

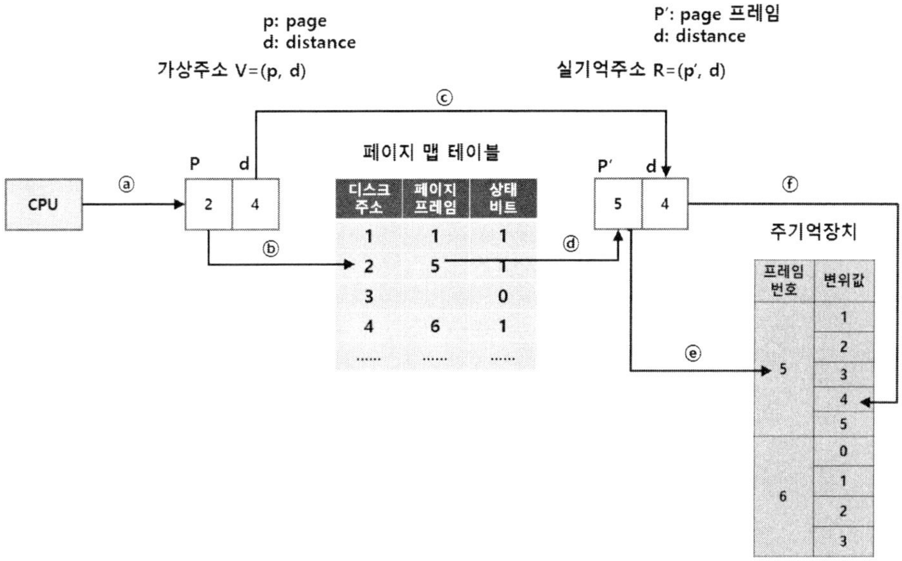

[그림 4-8] 페이징 기법 주소 변환 과정

페이지 부재(Page Fault)

- 프로그램 실행 시, 참조한 페이지가 주기억장치에 없는 상황으로, 아직 보조기억장치로부터 주기억장치로 필요한 페이지를 가져 오지 않았거나, 가져왔다가 swap으로 다시 옮겨진 경우다.
- 페이지 부재가 발생하면 다음의 절차를 진행한다.

① 운영체제에서 트랩(trap 인터럽트) 요청
② 사용자 레지스트리와 프로그램 상태를 저장
③ 현재 사용가능한 페이지를 페이지 맵 테이블에서 검색
④ 가상기억장치에 있는 페이지를 주기억장치로 가져 옴
⑤ 페이지 맵 테이블을 갱신
⑥ 프로그램 상태를 불러와 작업을 계속함

33장 세그먼테이션(Segmentation) 기법

세그먼테이션 기법의 개요

- 가상기억장치에 보관되어 있는 프로그램을 다양한 크기의 논리적 단위로 나누어 주기억장치에 적재하는 기법
- 세그먼트는 프로그램을 배열(Array)이나 함수 등과 같은 논리적인 크기로 나눈 단위로, 각 세그먼트는 고유한 이름과 크기를 갖는다.
- 주기억장치를 가변적 블록으로 나눈 것으로, 기억공간을 절약하기 위한 방법
- 주소변환을 위한 **세그먼트 맵 테이블**이 필요함.
- 세그먼트가 주기억장치에 적재될 때, 다른 세그먼트에게 할당된 영역을 침범하지 않게 기억장치 보호키(Storage Protection Key)가 필요함.
- 내부 단편화는 발생하지 않지만 외부 단편화가 발생할 수 있다.

세그먼테이션 기법의 주소 체계 및 변환 과정

- 세그먼트 맵 테이블은
  - 세그먼트 번호(S)
  - 세그먼트 크기(L)
  - 기준번지(b) 로 구성

- 가상주소(V 논리주소)는 세그먼트 번호(s)와 변위(d)로 구성
  V = (s, d)
- 실기억주소(R 물리주소)는 세그먼트 기준번지와 변위(d)로 구성
  R = 세그먼트 기준 번지 + 변위

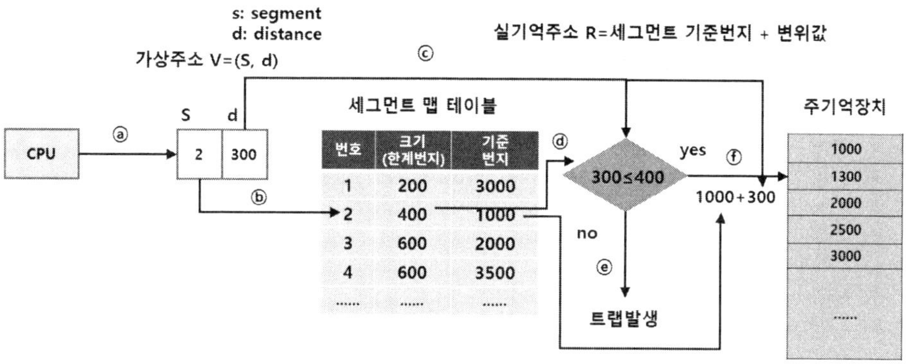

① 가상주소의 세그먼트 번호(S, 여기서는 2)를 이용하여 **세그먼트 맵 테이블**에서 해당 세그먼트의 기준번지(1000)와, 세그먼트 크기(한계번지 400)를 구한다.

② 가상주소의 변위값(300)과 세그먼트 크기(400)를 비교한다.

③ ②에서 변위값이 작거나 같으면 실기억 주소를 계산하기 위해 기준번지와 변위값을 더한 후, 주기억장치를 접근한다.

④ ②에서 변위값이 클 경우, 다른 영역을 침범하게 되므로 실행을 운영체제로 넘기고 트랩(trap, 인터럽트)을 발생시킨다(segment limit error 또는 addressing error).

[그림 4-9] 세그먼테이션 기법의 주소 변환 과정

34장 세그먼테이션-페이징 기법

페이징 기법은 주기억장치의 공간을 물리적으로 동일한 크기로 나누어 관리하므로 메모리 관리가 용이하지만, 페이지 맵 테이블(페이지 테이블)의 크기가 큰(상태 비트마다 확장됨) 단점이 있다.

이에 반해, **세그먼테이션 기법**은, 세그먼트 맵 테이블의 크기는 매우 작게 유지할 수 있으나 메모리의 단편화로 인해 추가적인 관리가 필요하다.

이러한 두 기법의 특징을 고려하여 페이징 기법과 세그먼테이션 기법을 혼합한 것이 **세그먼테이션-페이징 기법**이다.

세그먼테이션-페이징 기법

- 세그먼트의 크기가 가변적이고, 경우에 따라서는 그 길이가 지나치게 커서 주기억장치에 적재할 수 없는 경우, 세그먼트를 정수배의 부분 페이지로 다시 분할하는 방법이다. 즉, **하나의 세그먼트를 다수의 페이지로 분할한 방식**이다.
- 세그먼테이션 기법과의 차이는, **세그먼트 맵 테이블**의 항이 세그먼트의 기준주소를 지니고 있지 않고, **페이지 맵 테이블**의 기준주소를 지니고 있다는 것이다.
- 각 세그먼트는 필요한 크기만큼의 페이지 맵 테이블과 연결된다.
- 페이지 테이블에 있던 접근비트(상태비트)는 세그먼트 맵 테이블에서 관리한다.
- 현재의 가상주소 시스템에서 주로 사용하는 기법이다.
- 사용자(응용 프로그램) 입장에서는 세그먼테이션 기법처럼 인식되나, 주기억장치 측면에서는 페이징 기법처럼 보인다.

세그먼테이션-페이징 기법의 주소 체계 및 변환 과정

- **연관 맵 테이블**을 검색하여 해당 항목이 들어 있으면 연관 맵에 의해 **세그먼트 번호**와 **페이지 번호**를 찾아 **실주소**로 변환한다.
- 아니면, **직접 사상(맵)**에 의해 **세그먼트 맵 테이블**과 **페이지 맵 테이블**을 이용해 세그먼트와 페이지를 찾아 실주소로 변환한다.

- **가상주소(V 논리주소)**는 세그먼트 번호(s), 페이지 번호(p)와 변위(d)로 구성
  V = (s, p, d)
- **실기억주소(R 물리주소)**는 연관 맵 테이블 상의 페이지(p')와 기준번지와 변위(d)로 구성
  R = p' + d

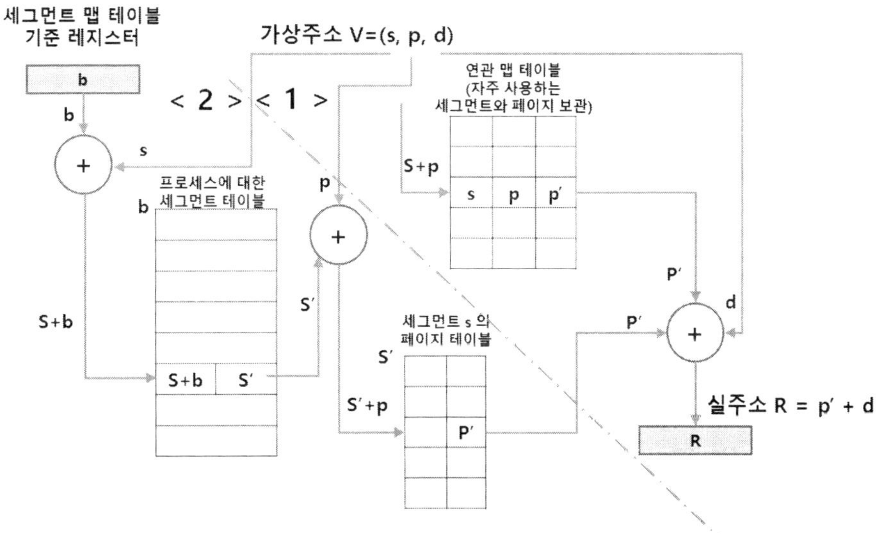

① 먼저, 〈1〉에 있는 연관 맵 테이블을 검색하여,
s와 p를 찾아 있으면 p'를 결정한 후,
가상주소의 변위값인 d와 합쳐서 실주소를 구함.
② 연관 맵 테이블에서 발견하지 못하면 〈2〉의 과정을 통해 구함

[그림 4-10] 세그먼테이션-페이징 기법의 주소 변환 과정

35장 페이지 교체 알고리즘

페이지 교체 알고리즘은 필요한 페이지가 주기억장치에 없는 상태인 **페이지 부재**(Page Fault)가 발생했을 때, 필요한 페이지를 적재할 빈 페이지를 찾는다. 하지만 새로운 페이지가 들어 갈 빈 공간이 없다면 기존의 어떤 페이지와 교체를 해야만 한다. 이 때 교체할 페이지를 결정하는 방법을 **페이지 교체 알고리즘**이라 하고 다음과 같은 것들이 있다.

① OPT(OPTimal Replacement 최적교체)
② FIFO(First In First Out 선입선출)
③ LRU(Least Recently Used)
④ LFU(Least Frequently Used)
⑤ NUR(Not Used Recently)
⑥ SCR(Second Chance Replacement)

페이지 교체 알고리즘의 성능 비교는 각 알고리즘의 페이지 부재로 교체가 발생하는 횟수(비율)로 가능하다.

한편, 전체적인 페이지 관리 정책의 성능은, 페이지를 요청한 후 실제 주기억장치를 할당받고 작업 실행이 가능할 때까지의 시간인 **평균대기시간**을 중요시 한다.

35-1 OPT(OPTimal Replacement 최적교체)

- 앞으로 가장 오랫동안 사용하지 않을 페이지와 교체하는 기법
- 페이지 부재 횟수가 가장 적게 발생하는 효율이 좋은 기법
- 그러나 각 페이지의 요구 순서와 참조 상황(사용 상황)을 미리 알아야 하는 것은 어렵기 때문에 **현실적으로 구현하기 곤란함.**
- 비교 연구를 위한 목적으로 사용
- 벨레이디(Belady)가 제안한 것으로 **MIN 페이지 교체**라고도 함.

참조 페이지: 12	4	3	2	1	4	3	5	4	3	2	1	5
페이지 프레임: 3	4	4	4	4	4	4	4	4	4	2	1	1
		3	3	3	3	3	3	3	3	3	3	3
			2	1	1	1	5	5	5	5	5	5
부재 발생	●	●	●	●			●			●	●	

페이지 부재 : 7

참조 페이지: 12	4	3	2	1	4	3	5	4	3	2	1	5
페이지 프레임: 4	4	4	4	4	4	4	4	4	4	4	1	1
		3	3	3	3	3	3	3	3	3	3	3
			2	2	2	2	2	2	2	2	2	2
				1	1	1	5	5	5	5	5	5
부재 발생	●	●	●	●			●				●	

페이지 부재 : 6

35-2 FIFO(First In First Out 선입선출)

- 가장 먼저 들어 온 것(가장 오래된)과 페이지를 교체하는 방식
- **벨레이디의 모순**(Belady's Anomaly)[80]이 발생
  - 페이지 프레임 수를 증가시켜도 페이지 부재가 더 많이 발생
- 이해가 쉽고 알고리즘 설계 및 작성이 쉽다.
- 중요한 페이지가 오랫동안 남겨졌다는 것으로 교체되는 불합리가 발생함.

80) **벨레이디의 모순** : 페이지 프레임 수가 많으면 일반적으로 페이지 부재 수가 줄어드나, 프레임 수를 증가하여도 부재가 증가하는 경우. FIFO 교체의 모순이라고도 함.

참조 페이지: 12	4	3	2	1	4	3	5	4	3	2	1	5
페이지 프레임: 3	4	4	4	1	1	1	5	5	5	5	5	5
		3	3	3	4	4	4	4	4	2	2	2
			2	2	2	3	3	3	3	3	1	1
부재 발생	●	●	●	●	●	●	●			●	●	

페이지 부재 : 9

참조 페이지: 12	4	3	2	1	4	3	5	4	3	2	1	5
페이지 프레임: 4	4	4	4	4	4	4	5	5	5	5	1	1
		3	3	3	3	3	3	4	4	4	4	5
			2	2	2	2	2	2	3	3	3	3
				1	1	1	1	1	1	2	2	2
부재 발생	●	●	●	●			●	●	●	●	●	●

페이지 부재 : 10

35-3 LRU(Least Recently Used)

- 가장 오랫동안 사용하지 않은 페이지(가장 오래 전에 사용된 페이지)와 교체
- 각 페이지마다 계수기(Counter) 또는 스택(Stack)을 이용하여 구현
- 계수기나 스택과 같은 하드웨어가 필요하고, 시간을 기록해야하는 시간적 오버헤드가 발생
- 실제로 구현하는 것이 복잡하고 어려움.

참조 페이지: 12	4	3	2	1	4	3	5	4	3	2	1	5
페이지 프레임: 3	4	4	4	1	1	1	5	5	5	2	2	2
		3	3	3	4	4	4	4	4	4	1	1
			2	2	2	3	3	3	3	3	3	5
부재 발생	●	●	●	●	●	●	●			●	●	●

페이지 부재 : 10

참조 페이지: 12	4	3	2	1	4	3	5	4	3	2	1	5
페이지 프레임: 4	4	4	4	4	4	4	4	4	4	4	4	5
		3	3	3	3	3	3	3	3	3	3	3
			2	2	2	2	5	5	5	5	1	1
				1	1	1	1	1	1	2	2	2
부재 발생	●	●	●	●			●			●	●	●

페이지 부재 : 8

35-4 LFU(Least Frequently Used)

- 사용 빈도가 가장 적은 페이지를 교체
- 실행 초기에 많이 사용된 페이지가 그 후로 사용되지 않을 경우, 프레임을 계속 차지하는 문제가 발생(지역성의 문제)
- 빈번하게 사용되는 페이지는 계속 남겨짐
- 방금 불러온 페이지가 사용빈도가 낮아 교체되는 경우가 발생
- 동일한 사용 빈도의 페이지가 다수 개일 땐 먼저 들어 온 것과 교체

참조 페이지: 12	4	3	2	1	4	3	5	4	3	2	1	5
페이지 프레임: 3	4	4	4	1	1	1	5	5	5	2	1	5
		3	3	3	4	4	4	4	4	4	4	4
			2	2	2	3	3	3	3	3	3	3
부재 발생	●	●	●	●	●	●	●			●	●	●

페이지 부재 : 10

참조 페이지: 12	4	3	2	1	4	3	5	4	3	2	1	5
페이지 프레임: 4	4	4	4	4	4	4	4	4	4	4	4	4
		3	3	3	3	3	3	3	3	3	3	3
			2	2	2	2	2	2	2	2	2	2
				1	1	1	5	5	5	5	1	5
부재 발생	●	●	●	●			●				●	●

페이지 부재 : 7

35-5 NUR(Not Used Recently)

- LRU 기법과 유사하며, 최근에 사용하지 않은 페이지를 교체
- 최근에 사용하지 않은 것은 향후에도 사용하지 않을 가능성이 높다는 전제로, LRU 기법의 시간적 오버헤드를 줄일 수 있다.
- 최근 사용여부를 관리하기 위해 각 페이지마다 두 개의 비트, 참조 비트(Reference Bit)와 변경(변형) 비트(Modified Bit, Dirty Bit)를 둔다.

- **참조 비트** : 0 → 페이지가 참조되지 않았을 때
  1 → 페이지가 참조된 적이 있을 때

- **변경 비트** : 0 → 페이지 내용이 변경되지 않았을 때
  1 → 페이지 내용이 변경되었을 때

참조 비트	변경 비트	교체 순위	의 미
0	0	1	참조도 변경도 없음
0	1	2	최근에 참조되지 않았으나 변경이 있음
1	0	3	참조되었으나 변경이 없음
1	1	4	참조되어 변경이 있음

35-6 SCR(Second Chance Replacement 2차 기회 교체)

- 가장 오랫동안 주기억장치에 있던 페이지 중, 자주 사용하는 페이지의 교체를 방지하기 위한 것으로, FIFO 기법의 단점을 보완한 기법
- 모든 페이지마다 LRU 기법처럼 **참조 비트**(초기엔 운영체제에 의해 0으로 설정됨)를 두고, 기본적으로 적용하는 알고리즘은 FIFO 방법이다.
- 즉, **FIFO 기법**으로 페이지 교체를 적용하는데, 참조 비트가 0이면 교체하고, 1이면 참조 비트를 0으로 바꾼 후, FIFO 리스트의 맨 마지막으로 위치시켜 가장 늦게 들어 온 것처럼 하여(2차의 기회를 주고) 다음 순서를 기다리게 함.
- 주기억장치에 들어 있으면서 참조되면, FIFO의 가장 뒤(최근에 들어 온 것처럼 FIFO 리스트의 가장 뒤로 보냄)에 두어 FIFO 적용 시 유리하게 되도록 조정함.
- 참조 비트를 조사하면 어떤 페이지가 사용되었고, 사용되지 않았는지를 알 수 있다.

참조 페이지: 10	1	2	3	4	2	1	2	1	3	1	FIFO 리스트
페이지 프레임: 3	1	2	3	4	2	1	2	1	3	1	교체 가능성 낮음
		1	2	3	4	2	1	2	1	3	……
			1	2	3	4	4	4	2	2	교체 가능성 높음
부재 발생	●	●	●	●		●			●		

페이지 부재 : 6

36장 페이지의 크기와 성능

페이징 기법에서는 프로그램을 페이지 단위로 나누는데, 이때 페이지의 크기에 따라 시스템에 미치는 영향이 다르다.

페이지 크기가 작을 경우

- 페이지 수가 늘어나고, 페이지의 정보를 지닌 페이지 맵 테이블이 커지며(페이지 크기가 반으로 줄면 페이지 테이블의 크기는 두 배로 늘어남), 매핑(mapping) 시간이 길어진다.
- 단편화가 감소한다.
- 페이지를 주기억장치로 이동시키는 시간이 줄어든다.
- 보조기억장치(디스크) 접근횟수가 증가해 전체적인 I/O 시간이 늘어난다.
- 주기억장치에 적재되는 프로그램 수(다중 프로그래밍 수준)가 증가한다.
- 메모리에 올라온 페이지는 현재의 구역성(Locality)과 밀접한 내용만 포함하게 된다.
- 메모리 구역성(Locality)이 향상되어 시스템 효율이 높아진다.

페이지 크기가 클 경우

- 페이지 맵 테이블이 작아지고(페이지 크기가 두 배로 커질 대마다 페이지 테이블의 크기는 반으로 줆), 매핑(mapping) 시간이 짧아진다.
- 보조기억장치(디스크) 접근 횟수가 줄어들어, 전체적인 I/O가 줄고 입출력 효율이 증가한다.
- 단편화가 증가한다(마지막 페이지의 내부 단편화 증가).
- 하나의 페이지를 주기억장치로 이동시키는 시간이 길어진다.
- 프로그램 수행에 직접적이지 않는 부분까지 주기억장치에 적재될 수 있다(구역성(Locality)과 관계없는 내용들을 많이 포함).
- 주기억장치에 적재되는 프로그램 수가 감소한다.

37장 메모리의 구역성(Locality 국부성)

기억장소의 **구역성(국부성, 지역성)**은 실행 중인 프로세스가 주기억장치를 참조할 때, 일부 페이지를 집중적으로 참조하거나, 참조한 영역의 인근을 계속 참조할 확률이 높은 것을 의미한다.

메모리의 구역성
• 실행에 참조하는 페이지는 한동안 특정 페이지에만 집중적으로 사용된다 (Denning)[81]. • **스래싱**(Thrashing)[82]을 방지하기 위한 **워킹 셋**(Working Set)의 기기반이 된다. • **캐시 메모리 시스템**의 이론적 근거가 된다. • 가상기억장치의 개념적 근거가 되며, 프로그램의 일부분만 메모리에 올려놓아도 한동안 수행을 지속한다.

시간 구역성(Temporal Locality)

- 프로세스는 하나의 페이지를 일정 시간동안 집중적으로 참조한다.
- 최근에 참조된 기억장소(페이지)는 가까운 장래에도 계속 참조될 가능성이 높다.
- 반복문, 서브루틴, 스택, Counting, 집계·합산 등

공간 구역성(Spatial Locality)

- 하나의 페이지가 참조되면 그 인근의 기억장소 페이지가 계속 참조될 가능성이 높다.
- 행렬처리, 순차적 실행, 구조화된 프로그램, 관련된 변수 선언 등

81) Denning : 1968년 발표, 프로세스가 메모리를 참조하는 특성을 기술한 것으로, 실행 중인 프로세스는 일정시간에 메모리의 일정부분만을 집중적으로 참조한다는 이 개념은, 가상기억장치가 성공하게 되는 근거가 되었으며, 일정시간에 프로그램의 일부분만 메모리에 올려놓아도 한동안 수행이 가능하다.

82) 페이지 교체가 너무 빈번하여 실제로 처리되는 시간이 줄어드는 상태. 페이지 처리시간보다 교체시간이 더 많은 현상

38장 워킹 셋(Working Set)

워킹 셋은 가상기억장치에서 하나의 실행 프로세스가 일정 시간동안 자주 참조하는 페이지들의 집합을 의미한다.

이는 프로세스에게 할당해주어야 할 최소한의 페이지 프레임 수를 의미하며, 이보다 부족한 페이지 프레임을 할당하면 **스래싱**이 일어날 수 있다.

워킹 셋 특징
• 프로그램의 구역성(Locality) 특징을 고려한 것으로, 데닝(Denning)이 제안했다. • 워킹 셋을 주기억장치에 상주시켜 페이지 부재와 교체를 줄인다. • 주기억장치에는 최소한의 워킹 셋이 있어야한다. • 주기억장치 내의 워킹 셋을 감소시키면 스래싱이 감소한다. • 윈도우의 크기(설정시간)가 증가하면 주기억장치에 유지되는 워킹 셋은 커진다. • 워킹 셋으로 인한 오버헤드가 발생할 수 있다.

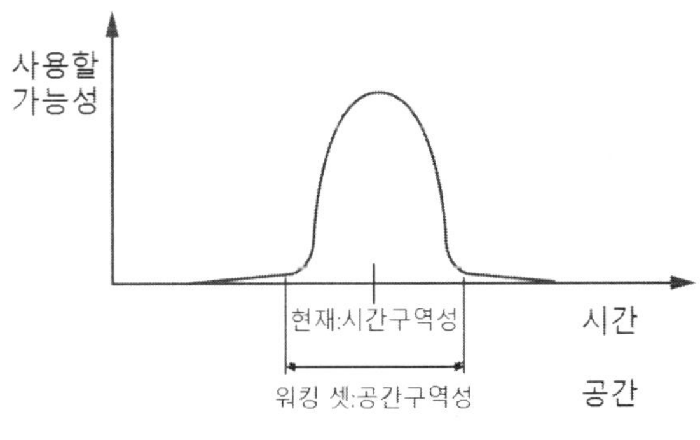

[그림 4-11] 워킹 셋과 메모리의 구역성 관계

39장 스래싱(Thrashing)

스래싱은 페이지 교체가 너무 자주 발생하여 페이지를 처리하는 시간이 줄어드는 현상이다.

CPU 이용률을 높이고 **스래싱을 방지**하려면, 다중 프로그래밍 정도를 적절하게 유지하고, 페이지 부재를 조절하며, 워킹 셋을 유지해야한다.

스래싱 특징

- 페이지 부재가 계속 늘어나고, 기억장치 접근 시간이 계속 증가된다.
- 프로세스의 수행 시간보다 페이지를 교체하는 시간이 더 많아진다.
- 시스템의 처리율이 낮아져 의미 있는 일을 하지 못한다.
- 다중 프로그래밍이나 가상기억장치를 사용하는 시스템에서 하나의 프로세스 수행 중 자주 페이지 부재가 발생함에 따라 나타나는 현상으로, 전체 시스템의 성능이 저하된다.
- 다중 프로그래밍의 정도가 높아지면 CPU 이용률이 증가하다가, 어느 정도를 지나치면 CPU 이용률이 급격하게 저하한다.

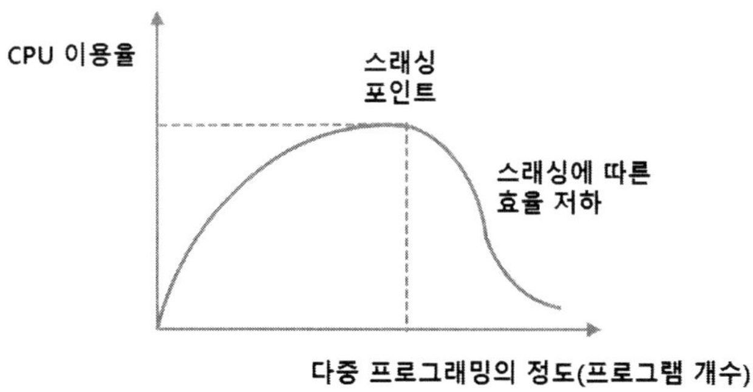

[그림 4-12] 스래싱 발생

- 운영체제는 프로세스 실행 초기에, 임의의 개수로 페이지 프레임을 할당하고, 페이지 부재율(Page Fault)을 확인하며, 최적한 페이지 프레임의 개수를 조절한다.
- **프리페이징(Pre-paging)**은 처음의 과도한 페이지 부재를 방지하기 위해 필요할 것들을 예상하여 페이지 프레임에 적재하는 기법으로, 사용되지 않는 페이지가 많을 수 있다.

연습문제

1. Virtual Memory의 일반적인 구현방법으로 가장 적합한 것은?

   ① thrashing, compaction
   ② segmentation, thrashing
   ③ monitor, overlay
   ④ paging, segmentation

2. 가상 기억장치시스템에서 가상 페이지주소를 사용하여 접근하는 프로그램이 실행될 때 접근하려고 하는 페이지가 주기억장치에 없는 경우에 발생하는 현상은?

   ① Page Fault ② Context Switching
   ③ Mutual Exclusion ④ Overlay

3. 13K의 작업을 두 번째 공백인 14K의 작업공간에 할당했을 경우, 사용된 기억장치 배치전략 기법은?

OS
16K 공백
Used
14K 공백
Used
5K 공백
Used
30K 공백

   ① 최초 적합(first-fit) ② 최적 적합(best-fit)
   ③ 최악 적합(worst-fit) ④ 최후 적합(last-fit)

4. 기억장치 관리 전략 중 최적 적합 (Best-Fit) 방법으로 배치할 때 13K 요구하는 작업은 어느 위치에 배치되는가?

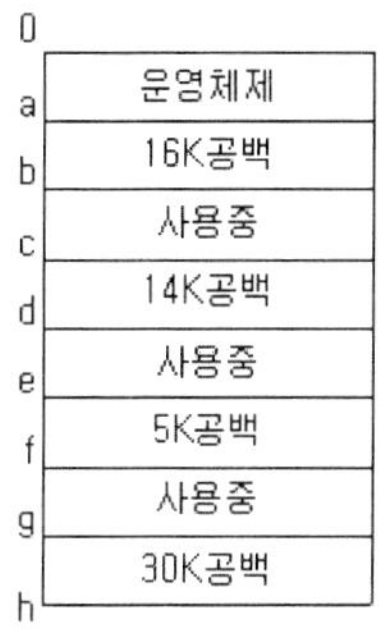

① (ㄱ) ② (ㄴ)
③ (ㄷ) ④ (ㄹ)

5. "Working Set"의 설명으로 옳은 것은?

① 단위 시간 동안 처리된 작업의 집합
② 하나의 일(Job)을 구성하는 체이지 집합
③ 오류 데이터가 포함되어 있는 페이지 집합
④ 하나의 프로세스가 자주 참조하는 페이지 집합

6. 다음과 같이 주기억장치의 공백이 있다고 할 때, Best Fit 배치 방법은 13K 크기의 프로그램을 어느 영역에 할당하는가?

영역	크기
A	25K
B	9K
C	15K
D	30K

① A ② B
③ C ④ D

7. 페이지 교체 기법 중 시간 오버헤드를 줄이는 기법으로서 참조 비트(referenced bit)와 변형 비트(modified bit)를 필요로 하는 방법은?

① FIFO　② LRU
③ LFU　④ NUR

8. 하나의 프로세스가 어느 정도의 프레임을 갖고 있지 않다면 페이지 부재가 계속해서 발생하여, 프로세스가 수행되는 시간보다 페이지 교체에 소비되는 시간이 더 많아지는 경우를 무엇이라 하는가?

① thrashing　② working set
③ page fault　④ demand page

9. 페이지 교체 기법 중 시간 오버헤드를 줄이는 기법으로서 참조 비트(Referenced bit)와 변형 비트(Modified bit)를 필요로 하는 방법은?

① FIFO　② LRU
③ LFU　④ NUR

10. 페이지 기법에 관한 설명으로 옳지 않은 것은?

① 페이지 크기가 작을수록 더 많은 페이지가 존재한다.
② 페이지 크기가 작을 경우 우수한 working set을 가질 수 있다.
③ 페이지 크기가 클수록 더 큰 페이지 테이블공간이 필요하다.
④ 페이지 크기가 클수록 참조되는 정보와는 무관한 많은 양의 정보다 주기억장치에 남게 된다.

1④ 2① 3② 4② 5④ 6③ 7④ 8① 9④ 10③

V부 보조기억장치 관리

40장 하드디스크
41장 디스크 스케줄링

40장 하드디스크

CPU가 처리하는 대상인 프로그램과 데이터는 주기억장치에 모두 적재되어 있어야한다. 그러나 주기억장치는 용량 크기에 한계가 있고, 전원이 끊어지면 지워지는 RAM (Random Access Memory)이라는 **휘발성 메모리**(Volatile Memory)로 구성된다.

따라서 평소 컴퓨터 시스템에 보관되어 있어야할 프로그램이나 데이터는 **보조기억장치**(Secondary Memory Unit)를 이용한다.

보조기억장치의 대표적인 것은 **하드디스크**(Hard Disk)이지만, 최근에는 SSD(Solid State Drive)의 사용 추세가 확장되고 있다.

SSD는 메모리를 이용하므로 처리속도가 빠르고, 구동을 위한 모터 등이 필요치 않으며 충격에 강하고 가볍고, 전력 소비 또한 적다. 그러나 가격이 비싼 편이다.

순차접근(Sequential Access) 방식

자기테이프와 같이 정보를 순차적으로만 읽고 쓰기를 하는 방식으로서, 기록 밀도는 좋으나 정보검색에 많은 시간이 걸리고, 자료의 삽입과 삭제 시 재구성해야만 한다.

직접접근(Direct Access) 방식

순차적 접근 또는 필요한 위치에서 직접 읽고 쓰기를 가능하게 하는 방식으로, 자기드럼과 자기디스크가 대표적이다. 이러한 장치를 **직접처리장치**(DASD : Direct Access Storage Device)라고 한다.

디스크의 특징

- 저장 공간은 **섹터, 트랙, 실린더**로 식별된다.
- 물리적으로 가장 작은 저장단위는 섹터이나, 논리적으로 두 개의 섹터를 하나의 **클러스터**(Cluster) 또는 **블록**(Block)이라 하고, 클러스터는 I/O의 단위가 된다.
- 회전속도는 일반적으로 7,200 RPM(Revolution Per Minute)이다.
- 플래터의 양면을 사용하나, 가장 위쪽과 아래쪽의 디스크 표면은 사용하지 않는 경우가 많다.
- 종료할 땐 헤드를 안전한 곳으로 이동시켜 디스크를 보호한다(Parking Zone).

디스크 처리시간

- 디스크 처리 시간 = **탐색시간**(seek time)
+ **회전지연시간**(rotational latency time)
+ **전송시간**(transmission time)
- **탐색시간**(seek time) : 헤드가 원하는 트랙까지 이동하는 시간
- **회전지연시간**(rotational latency time) : 디스크가 원하는 섹터까지 회전하는 시간
- **전송시간**(transmission time) : 원하는 섹터를 읽어 전송하는 데 걸리는 시간

디스크 인터리빙(Disk Interleaving)

정보를 디스크 섹터에 배치하는 방법으로, 섹터 로딩과 전송시간 사이 디스크는 회전을 계속하는 것을 고려하여 섹터를 건너 띄며 데이터를 저장하는 방법

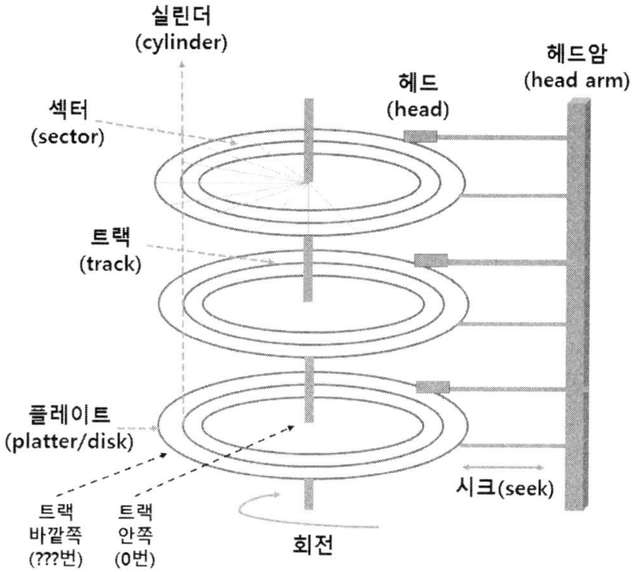

[그림 5-1] 하드디스크 구조

41장 디스크 스케줄링

디스크 스케줄링은 찾고자 하는 데이터가 여러 곳에 분산되어 있는 경우, 헤드를 어떻게 이동시킬 것인가를 결정하는 정책이다.

디스크 스케줄링에서, **탐색 시간 최적화 알고리즘**이 중요한 요인이다. **회전 지연 시간 최적화 알고리즘**도 고려할 수 있으나 그 차이가 적어 전체적으로 큰 영향을 미치지 못한다.

디스크 스케줄링 목적
• 처리량의 최대화 일정 시간에 디스크 헤드가 찾을 수 있는 데이터의 수를 최대화한다. • 평균 응답 시간의 최소화 어떤 요청이 있은 후, 결과가 나올 때까지 걸리는 시간(대기시간+탐색시간+회전시간)을 최소화한다. • 응답 시간 편차의 최소화 각 요청에 대한 응답시간과 평균 응답 시간의 편차를 최소화한다.

디스크 스케줄링 종류

탐색시간 최적화	동적 스케줄링	• FCFS
	정적 스케줄링	• SSTF • SCAN • C-SCAN • N-Step SCAN
회전 지연 시간 최적화		• 에센바흐(Eschenbach) • SLTF(섹터 큐잉)

41-1 FCFS 스케줄링

- FCFS(First Come First Service) 알고리즘은 FIFO(First In First Out) 알고리즘이라고도 하며, 가장 간단한 스케줄링 기법이다.
- 디스크 대기 큐에 가장 먼저 들어 온 트랙부터 서비스하는 기법이다.
- 들어온 요청 트랙부터 순서대로 헤드를 이동시킨다.
- 들어온 순서 이외, 우선순위 등을 적용하지 않아 공평성이 유지된다.
- 오버헤드가 적을 때는 효율적이지만, 디스크 오버헤드가 커지면 응답시간이 길어진다.
- 알고리즘의 프로그래밍이 쉽다.
- 헤드의 이동 거리가 길어질 수 있다.
- 탐색 시간을 최적화하려는 의도가 없다.

* 초기 헤드 위치 : 45

디스크 대기 큐	90	175	35	115	5	120	50	60

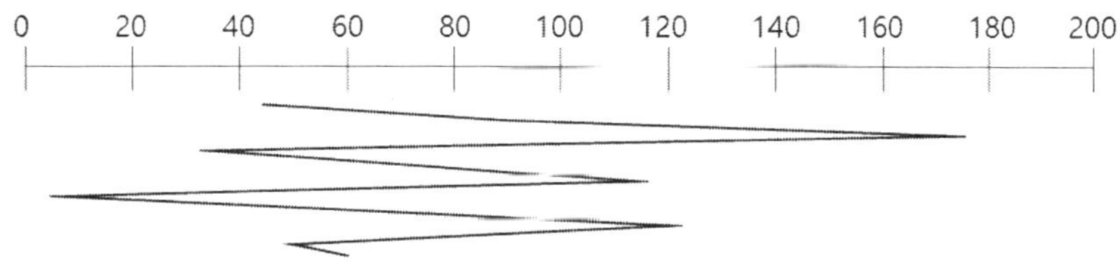

이동순서 : 45→90→175→35→115→5→120→50→60

총 이동거리 : 45+85+140+80+110+115+70+10 = 655

평균 탐색 길이 : 655/8 = 81.875

41-2 SSTF 스케줄링

- SSTF(Shortest Seek Time First)는 현재의 위치에서 탐색거리가 가장 짧은 요청부터 먼저 서비스한다.
- FCFS에 비해 처리량이 많고 평균 탐색시간이 짧다.
- 처리량이 많은 일괄처리 시스템에 유리하며, 응답시간의 편차가 커서 대화형 시스템에는 부적합하다.
- 실린더의 제일 안쪽과 바깥쪽의 요청은 **기아현상(무한정 기다림)**에 빠지기 쉽다.

* 초기 헤드 위치 : 45

디스크 대기 큐	90	175	35	115	5	120	50	60

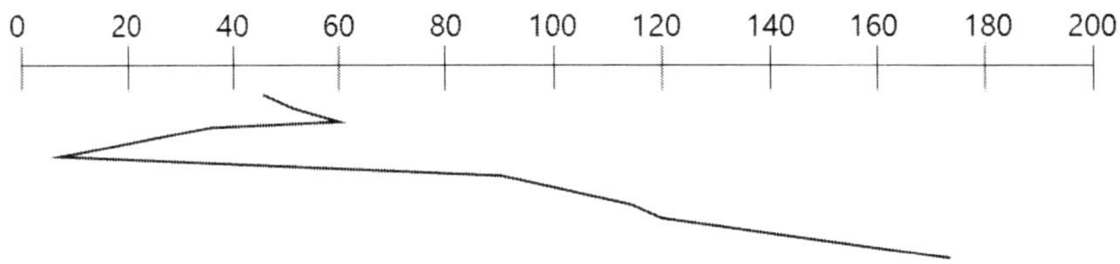

이동순서 : 45→50→60→35→5→90→115→120→175

총 이동거리 : 5+10+25+30+85+25+5+55 = 240

평균 탐색 길이 : 240/8 = 30

41-3 SCAN 스케줄링

- 시작 위치에서 먼저 진행방향을 결정하고, 그 방향으로 가장 가까이 있는 것을 처리한 후, 끝에 이르면 역방향으로 오면서 요청 사항을 처리한다.
- SSTF가 지닌 탐색 시간(응답 시간) 편차를 줄이기 위한 기법으로, Denning이 개발했다.
- 헤드는 안쪽 또는 바깥쪽으로 진행하며 지나는 방향의 대기하고 있는 요청뿐만 아니라, 새로이 도착한 요청도 서비스한다. 한 방향이 결정되면 그 방향으로 진행하면서 더 요청이 없을 때 이동방향을 바꾼다.
- 오버헤드가 적을 경우 가장 효율적인 기법이다.

* 초기 헤드 위치 : 45

디스크 대기 큐	90	175	35	115	5	120	50	60

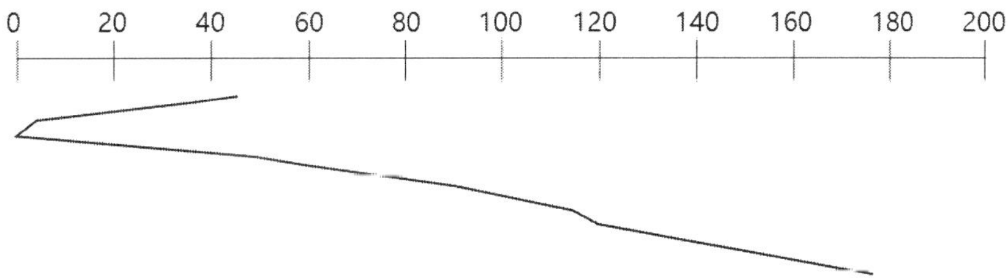

이동순서 : 45→35→5→0(안쪽 끝)→50→60→90→115→120→175

총 이동거리 : 10+30+5+50+10+30+25+5+55 = 220

평균 탐색 길이 : 220/8 = 27.5

41-4 C-SCAN 스케줄링

- C-SCAN(Circular SCAN) 알고리즘은 **항상 바깥쪽에서 안쪽으로** 헤드가 움직이며, 가장 짧은 탐색 거리의 요청을 서비스하면서 안쪽 끝에 이르면 가장 바깥쪽 끝으로 이동한 후, 다시 안쪽 방향으로 이동하면서 요청을 서비스한다.
- Circular라는 것은 처음 트랙과 마지막 트랙을 인접시킨 것과 같이 원형으로 디스크를 처리한다는 의미다.
- 요청 서비스를 진행하는 중에 발생하는 새로운 요청은 다음 헤드 진행에서 서비스한다.
- 트랙 안쪽과 바깥쪽의 요청에 대한 서비스가 공평하게 진행된다(응답시간의 편차가 적음).
- SCAN 방식의 대기 시간을 균등화시킨 기법으로, 오버헤드가 큰 경우에 효과적이다.

❖ LOOK : SCAN 기법으로 처리하다가, 진행 방향의 마지막 요청을 서비스한 후, 끝으로 가지 않고 곧장 역방향으로 진행하며 서비스하는 방식

❖ C-LOOK : C-SCAN 기법으로 처리하다, 바깥쪽에서 안쪽으로 서비스한 후, 바깥쪽 끝으로 이동하지 않고 가장 바깥쪽 요청 트랙으로 이동하는 방식

---

* 초기 헤드 위치 : 45

디스크 대기 큐	90	175	35	115	5	120	50	60

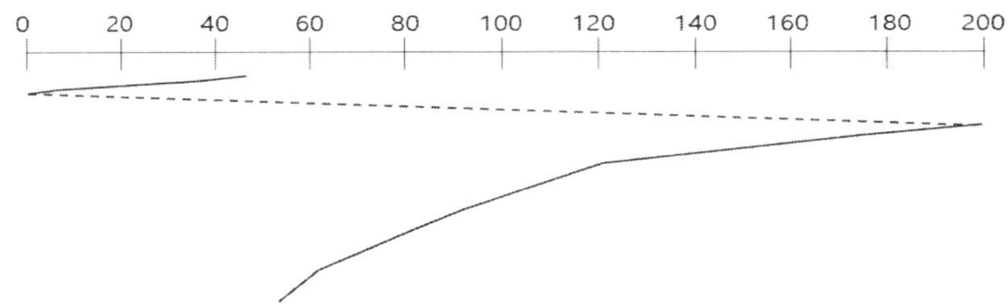

이동순서 : 45→35→5→0(안쪽 끝)→200(바깥쪽 끝)→175→120→115→90→60→50

총 이동거리 : 10+30+5+200+25+55+5+25+30+10 = 395

평균 탐색 길이 : 395/8 = 49.375

41-5 N-step SCAN 스케줄링

- N-step SCAN **기법**은 SCAN 기법의 변형으로, 진행 방향을 결정한 후 도착하는 요청들은 서비스하지 않고 모아 두었다(**디스크 대기 큐**)가 반대 방향으로 진행할 때 서비스한다.
- SSTF나 SCAN 알고리즘보다 응답 시간의 편차가 적다.
- 많은 요청이 계속 도착되어도 **무한 지연(기아 현상)** 현상은 발생하지 않는다.

기타 알고리즘들

- 에센바흐(Eschenbach) 기법
  - C-SCAN처럼 한 방향으로 처리하지만, 모든 실린더에 요청이 있든지 없든지 전체 트랙을 한 바퀴 회전하는 동안에 서비스를 받는다.
  - 부하가 매우 큰 시스템에 적합(예, 항공 예약 시스템 등)
  - 탐색 시간과 회전 지연 시간을 동시에 최적화하기 위한 최초의 기법

- SLTF(Shortest Latency Time First) 기법
  - **섹터 큐잉**(Sector Queuing) **기법**이라고도 함.
  - 디스크 대기 큐에 있는 요청들을 섹터 위치별로 다시 정렬하고, 가장 가까운 섹터부터 먼저 서비스한다.
  - 탐색 시간이 없고 회전 지연 시간만 존재하는 경우에 사용
  - 고정 헤드 장치에 적합하다.(예: 드럼(Drum) 등)

연습문제

1. Page Fault가 계속 발생되어 프로세스가 수행되는 시간보다 페이지 교체에 소비되는 시간이 더 많은 경우를 무엇이라고 하는가?

① scheduling ② thrashing
③ prepaging ④ working set

2. 현재 헤드의 위치는 100번 트랙이며, 바깥쪽에서 안쪽으로 진행 중이었다. 디스크 대기 큐에 다음과 같은 순서의 액세스 요청이 대기 중이다. SSTF 스케줄링 기법을 사용할 경우 제일 먼저 처리되는 트랙은? (단, 가장 안쪽 트랙은 0 이다.)

디스크 대기 큐 : 65, 102, 40, 16, 90

① 16 ② 40
③ 90 ④ 102

3. 다음과 같은 트랙이 요청되어 큐에 도착하였다. 모든 트랙을 서비스하기 위하여 LOOK 스케줄링 기법이 사용되었을 때 모두 몇 트랙의 헤드 이동이 생기는가? (단, 현재 헤드의 위치는 50 트랙 이고 헤드는 트랙 0 방향으로 움직이고 있다.)

10, 40, 55, 35

① 50 ② 85
③ 105 ④ 110

4. 다음 중 지정된 트랙에서 원하는 데이터가 있는 섹터로 헤드가 이동하는 데 걸리는 시간을 무엇이라고 하는가?

① 전송시간(Transfer Time)
② 탐색시간(Seek Time)
③ 회전지연시간(Latency Time)
④ 접근시간(Access Time)

5. 초기 헤드의 위치가 100번 트랙이고 디스크 대기 큐에 다음과 같은 순서의 액세스 요청이 대기 중이다. SSTF 스케줄링 기법을 사용할 경우 가장 마지막에 처리되는 트랙은?

디스크 대기 큐 : 65, 112, 40, 16, 90

① 16 ② 65
③ 90 ④ 102

6. 가변분할 다중 프로그래밍 시스템에서 인접한 공백들을 더 큰 하나의 공백으로 합하는 과정을 무엇이라 하는가?

① 기억장소의 페이징(paging)
② 기억장소의 통합(coalescing)
③ 기억장소의 집약(compaction)
④ 기억장소의 단편화(fragmentation)

7. 페이징 기법에 대한 설명으로 옳지 않은 것은?

① 외부 단편화가 방지된다.
② 페이지의 위치 정보를 가지고 있는 페이지 맵 테이블이 필요하다.
③ 프로그램을 가변적인 크기로 나눈 후 주기억장치에 적재시켜 실행시키는 기법이다.
④ 내부 단편화가 발생할 수 있다.

8. 디스크에 헤드가 53 트랙을 처리하고 50 트랙으로 이동해 왔다. SCAN 방식을 사용할 경우, 다음 디스크 큐에서 가장 먼저 처리되는 트랙은?(단, 가장 안쪽 트랙 0, 가장 바깥쪽 트랙 200)

큐의 내용 : 98, 0, 183, 37, 122, 14, 124, 60, 200

① 0 ② 37
③ 60 ④ 200

9. 3페이지가 들어 갈 수 있는 기억장치에서 다음과 같은 순서로 페이지가 참조될 때 LRU 기법을 사용하면 최종적으로 기억공간에 남는 페이지는?(단, 현재 기억장치는 모두 비어있다고 가정한다.)

참조열 : 1, 2, 3, 4, 1, 3, 1, 2

① 2, 1, 3　② 1, 2, 4
③ 2, 3, 4　④ 1, 3, 4

10. 최초 적합(first fit) 기법을 이용한다면 12K크기의 프로그램은 다음 그림 중 주기억장치의 어느 부분에 할당 하여야 하는가?(단, A, B, C, D 모두 비어있는 상태다.)

운영체제
A. 16K
B. 15K
C. 18K
D. 11K

① A　② B
③ C　④ D

11. 4개의 페이지를 수용할 수 있는 주기억장치가 현재 완전히 비어 있으며, 어떤 프로세스가 다음과 같은 순서로 페이지번호를 요청했을 때 페이지 대체 정책으로 FIFO를 사용한다면 페이지 부재(Page-fault)의 발생 횟수는?

요청 페이지번호 순서 : 1, 2, 3, 4, 1, 2, 3

① 3회　② 4회
③ 5회　④ 6회

1② 2④ 3② 4② 5① 6② 7③ 8② 9① 10① 11②

Ⅵ부

정보 관리

42장 파일

43장 파일 구조

44장 파일 시스템

45장 디렉터리

46장 디스크 공간 관리

47장 디스크 공간 할당 방법

42장 파일(File)

대부분의 컴퓨터 시스템에서 소프트웨어(프로그램과 데이터 등)를 관리하기 위해 파일(File)이라는 개념을 사용한다. 이러한 파일이 저장되는 물리적인 장치는 하드디스크를 비롯한 여러 매체가 사용되지만, 관리하는 주체는 운영체제다.

파일의 개요

- 사용자가 작성한 관련 있는 레코드들의 집합(데이터의 집합)
- 프로그램을 구성하는 기본 단위가 되고, 보조기억장치에 저장된다.
- 프로그램도 데이터(동영상, 음악, 문서 등)도 모두 파일이다.
- 각 파일은 파일 이름, 파일 형태, 파일 포인터의 위치[83], 작성자, 작성 시기, 크기[84], 위치, 접근권한 등 여러 속성을 지닌다.

파일의 특성 기준

- **소멸성**(Volatility) : 파일을 추가하거나 제거하는 작업의 빈도수
- **크기**(Size) : 파일에 저장된 정보의 양
- **활성률**(Activity) : 프로그램이 한 번 실행될 때 처리하는 레코드 처리량

$$\text{레코드처리율} = \frac{\text{실행된 레코드 수}}{\text{전체 레코드 수}} * 100$$

83) 파일 포인터의 위치란, 파일이 저장된 주소에 대한 포인터를 의미한다.
84) 파일 크기는 주로 바이트, 워드 또는 블록 단위로 나타낸다.

파일의 자료표현 단위

- 비트(BIT)
  - Binary Digit 약자
  - 0 또는 1 (2진수 체계)
  - 컴퓨터 내부의 정보 표현의 최소단위

- 바이트(Byte)
  - 8 Bit
  - 자료 표현의 최소단위(한글, 그래픽 등은 2 Byte 체계)
  - 주소의 최소단위

- 워드(Word)
  - 일정한 2의 배수 바이트(2 Byte, 4 Byte, 8 Byte, 16 Byte 등)
  - 정보의 기억되는 최소단위(I/O의 최소단위, 컴퓨터 액세스 단위)

파일 구성

- 필드(Field, 아이템 Item)
  - 파일 구성의 최소단위로 일반적으로 1 Byte(1 Bit) 이상으로 구성
  - 단일한 정보로서의 의미를 지님
- 레코드(Record)
  - 서로 관련된 하나 이상의 필드 모임
  - 프로그램 처리의 기본 단위
  - 논리적 레코드[85)]와 물리적 레코드(Block)[86)]가 있음
- 블록(Block)
  - 몇 개의 논리적 레코드를 모은 집합
  - 페이지나 세그먼트 단위로 입출력 단위가 됨.
- 파일(File)
  - 내용, 목적, 형태가 동일한 레코드의 집합
  - 문서, 프로그램의 기본단위로 자료표현의 최종단위

85) 정보의 의미 있는 독립된 단위로 범위, 방향, 길이 등이 기억장치의 성질이나 한계에 의존하지 않고, 그것이 지닌 자료나 정보의 특성에 따라 결정되는 레코드

86) 파일에 레코드를 기록하고 읽을 때, 몇 개의 논리적 레코드를 모아 하나의 블록으로 하는 블로킹 방법. 컴퓨터가 취급하는 최소 단위인 블로킹된 레코드

43장 파일 구조

파일 구조는 파일을 구성하는 레코드들이 편성되는 방식으로, 파일 편성 방법에 따라 **순차파일**(Sequential File), **색인파일**(Index File), **색인 순차 파일**(Indexed Sequential File), **분할파일**, **직접파일**(Direct File, **랜덤파일** Random File), **다중 링 파일**(Multiple Ring File) 등이 있다.

(1) 순차파일(Sequential File)

순차파일은 순서를 지니고 입력되는 데이터들을, 논리적인 처리순서에 따라 물리적 저장 공간에 순차적으로 연속되게 기록하는 방식이다.

- 파일의 레코드들이 순차적으로 기록되고, 읽을 때도 순차적으로 접근하기 때문에 **순차 접근 방식**(SAM : Sequential Access Method)이라고도 한다.
- 레코드들이 급여 관리 등과 같이 변동 사항이 크지 않고 기간별로 일괄 처리를 하는 경우에 적합하다.
- 단순한 집계용이나 마스트 파일 등의 구현에 장점이 있다.
- 주로 순차접근이 가능한 자기 테이프에서 사용되지만, 직접접근이 가능한 디스그, 지기 드럼의 경우에도 구현이 가능하다.

순차파일 장단점	
장점	• 파일 구성이 쉽고 간단하다. • 데이터의 삽입, 삭제, 갱신 등이 쉽다. • 순차적으로 접근하므로 기억 공간의 이용률이 좋다. • 정보 저장 시, 레코드만 저장되고 부가적인 정보의 저장이 없다(기록 밀도가 높다). • 물리적으로 연속된 공간에 저장되어 있어 접근 속도가 빠르고, 처리 비용이 절감된다. • 어떤 기억 매체에서도 구현이 가능하다(매체 변환이 쉽다).
단점	• 새로운 레코드를 삽입하거나 삭제하는 경우, 파일 전체를 복사한 다음, 해당 위치를 찾아서 삽입하거나 삭제하고, 전체 레코드들을 재배치하는 과정으로 수행해야 하여, 그 실행 시간이 길어진다. • 특정 레코드를 검색하는 경우, 순차적으로 레코드를 비교해야 하므로 검색 효율이 낮다(평균적으로 전체 레코드의 1/2을 검색함).

(2) 직접 파일(Direct File) / 랜덤 파일(Random File)

직접 파일은 파일을 구성하는 레코드를 특정 순서 없이 임의의 물리적 저장 공간에 기록하는 것으로, **랜덤 파일**(Random File), DAM(Direct Access Method) **파일**이라고도 한다.

색인을 사용하지 않으며, 논리적으로 이웃한 레코드들이 물리적으로도 인접할 이유가 없다. 레코드를 구성하는 특정 항목(필드 또는 아이템)을 **키**(Key)[87]로 삼고, 이를 적절한 방법으로 해당 레코드가 저장되어 있거나 저장할 곳의 주소를 계산한다.

- 레코드에 특정한 기준으로 결정한 키를 통해, 해시 함수(Hash Function)[88]를 이용하여 키에 대한 보조기억장치의 물리적 레코드의 주소를 계산한 후, 레코드의 위치를 결정한다.
- 임의 접근이 가능한 자기 디스크나 자기 드럼에 사용된다.

87) 레코드를 유일하게 식별하는 필드 또는 아이템

88) 해시 함수는 다른 값이 들어가면 반드시 다른 결과값을 산출하는 함수적 특징을 지닌 것으로, 임의적인 길이의 데이터를 고정된 길이의 데이터로 mapping하는 함수다.

직접파일 장단점	
장점	• 레코드의 키를 통해 주소를 계산한 후, 레코드에 직접 접근한다. • 직접 접근 기억장치(DASD)의 물리적 주소를 통하여 파일의 각 레코드에 접근하거나 기록한다. • 접근 시간이 빨라서 레코드의 삽입, 삭제, 갱신이 쉽다. • 접근 및 기록의 순서에는 제약이 없다. • 어떤 레코드라도 평균 접근 시간(Access Time) 내에 검색이 가능하다.
단점	• 레코드의 주소 변환 과정이 필요하며, 이의 시간은 필요하다. • 사용하는 해싱 함수에 따라 기억공간의 효율이 달라진다. • 기억장치의 물리적 구조에 대한 지식이 필요하고, 프로그래밍 작업이 복잡하다. • 충돌이 발생할 염려가 있어, 이를 위한 기억공간의 확보가 필요하다.

(3) 색인 순차 파일(Indexed Sequential File)

색인 순차 파일은 순차 처리와 랜덤 처리가 모두 가능하도록 레코드들을 키 값 순으로 정렬(Sort)시켜 기록하고, 레코드의 키 항목만을 모아 색인을 구성하여 편성하는 방식이다.

- 색인(Index)을 이용하여 순차적인 방법을 제공하므로 ISAM(Index Sequential Access Method)이라고도 한다.
- 각 레코드는 키값의 순서대로 논리적으로 저장되고, 각 레코드의 실제 주소가 저장된 색인을 통해 관리된다.
- 레코드를 참조할 때는, 색인을 탐색한 후 색인이 가리키는 포인터(주소)를 사용하여 직접 참조한다.
- 디스크에서 많이 사용되며, 자기 테이프에서는 구현할 수 없다.
- 색인 순차 파일의 구성은 **기본 구역, 색인 구역, 오버플로 구역**으로 구성된다.

색인 순차 파일의 구성

- 기본 구역(Prime Area)
  실제 레코드들을 기록하는 부분으로, 각 레코드는 키값 순으로 저장된다.
- 색인 구역(Index Area)
  기본 구역에 있는 레코드들의 위치를 찾아가는 색인이 기록되는 부분으로, 트랙 색인 구역, 실린더 색인 구역, 마스터 색인 구역이 있다.
- 오버플로 구역(Overflow Area)
  기본 구역에 빈 공간이 없어서 새로운 레코드의 삽입이 불가능 할 때를 대비하여 마련한 구역

색인 순차 파일 장단점

장점	• 순차 처리와 랜덤 처리(임의 처리)가 모두 가능하므로, 목적에 따라 융통성 있게 처리할 수 있다. • 효율적인 검색이 가능하고 레코드의 삽입, 삭제, 갱신이 용이하다. • 레코드 삽입, 삭제 시, 순차 파일과 같은 전체적인 복사를 할 필요가 없다.
단점	• 색인 구역과 오버플로 구역을 구성하기 위한 추가 기억공간이 필요하다. • 색인을 통해 참조하기 때문에 접근 시간이 랜덤 편성 파일(직접 파일)보다 느리다. • 오버플로 되는 레코드가 많으면 파일을 재편성하는 문제가 발생한다.

인덱스 종류

정적 인덱스	• 데이터 파일에 레코드가 삽입되거나 삭제되어도 인덱스의 구조가 변경하지 않고 내용만 변하는 일관된 구조를 지닌다. • 정적 인덱스를 사용하는 대표적인 파일이 ISAM이다.
동적 인덱스	• 인덱스 파일이나 데이터 파일을 블록으로 구성하고, 각 블록에는 추가로 삽입될 레코드를 감안하여 빈 공간을 미리 예비해 두는 인덱스 방법이다. • 동적 인덱스를 사용하는 대표적인 파일은 VSAM이다. • 블록에 레코드가 가득차면 동적으로 분열되고, 일정 수의 레코드가 유지되지 않는 블록은 합병된다.

인덱스 구역의 종류	
트랙 인덱스	• 각 실린더마다 하나씩 만들어지며, • 각 트랙에 저장된 데이터 레코드 키값 중 최대 키값과 주소가 기록된다.
실린더 인덱스	• 각 파일 당 하나씩 만들어지며, • 각 트랙 인덱스의 최대 키값들로 구성된다.
마스터 인덱스	• 실린더 인덱스가 많을 경우 일정한 크기의 블록으로 구성하고, • 해당 레코드가 어느 실린더 인덱스에 있는지 나타낸다.

(4) 분할파일

하나의 파일을 여러 개의 작은 파일로 나누어 저장하는 파일 형태다.

- 분할된 파일은 여러 개의 순차 파일로 구성되며, 백업(Backup) 등 디스크의 내용을 테이프와 같은 보조기억장치에 저장할 때 사용한다.
- 분할 기준은 일자별, 목적별 등 필요에 따라 임의적으로 분류할 수 있다.
- 큰 파일의 경우에 주로 사용한다.

(5) VSAM(Virtual Storage Access Method)

VSAM 파일은 인덱스 내의 주소를 소프트웨어적으로 처리하는 동적 인덱스 방법을 이용한 색인 순차 파일 형식이다.

VSAM 파일의 구성은 제어 구간, 제어 구역, 순차 세트, 인덱스 세트로 이뤄진다.

- 검색키를 이용하여 각 레코드를 검색하거나 저장할 수 있다.
- VSAM 파일은 기본 구역과 오버플로 구역을 구분하지 않는다.
- 레코드 삭제 시, 그 공간을 재사용할 수 있다.
- 제어 구간에 가변 길이 레코드를 쉽게 수용할 수 있다.

(6) 역 파일(Inverted File)

역 파일은 특정 항목(Field 또는 Item)을 여러 개의 색인으로 만들어 항목별 특성에 맞게 작업할 수 있도록 한 파일로, **다중 키 파일**(Multi Key File)에 속한다.

- 하나 또는 몇 개의 색인값을 결합하여 레코드의 주소를 결정할 수 있다.
- 각 응용마다 적합한 색인을 별도로 구현할 수 있다.
- 새로운 레코드를 파일 중간에 삽입하기 쉽고, 검색 속도가 빠르다.
- 데이터 파일에 직접 접근하지 않아 응답 시간이 줄고, 처리가 비교적 쉽다.
- 단 한 번의 과정을 통해 레코드를 검색할 수 있다.
- 색인의 각 항목들의 길이는 가변적이다.

(7) 다중 키 파일(Multi Key File)

다중 키 파일은 하나의 데이터 파일에 여러 개의 접근 방법을 지원하는 구조를 지닌 파일이다.

- 순차 처리와 임의 처리가 모두 가능하다.
- 검색 속도가 빨라, 신속히 정보를 얻고자 하는 시스템에 적합하다.

(8) 다중 리스트 파일(Multi List File)

다중 리스트 파일은 다중 키 파일의 한 종류로서, 각 키에 대하여 색인을 만든 다음, 각 레코드들 간에 다중 리스트를 구축하여 구성한 파일이다.

- 색인은 동일한 키값을 갖는 데이터 레코드 중에서 하나의 레코드에 대한 포인터만 갖고, 후속 레코드는 포인터(Pointer)[89]를 통해 추적하도록 구성한다.
- 색인의 각 항목들의 길이가 고정적이므로 관리가 용이하며 삽입, 삭제, 갱신 등을 위한 전체 검색이 효율적이다.

---

89) 자료 사이를 연결해 주는 값 또는 주소

(9) 다중 링 파일(Multi-Ring File)

다중 링 파일은 같은 특성을 가진 레코드들을 일련의 포인터로 연결하여 구성한 것이다. 여러 유형의 레코드들을 유형별로 포인터를 이용하여 연결시키거나, 서로 관련된 상이한 유형의 레코드들을 포인터로 연결시켜 구성한다.

- 같은 항목값을 가진 레코드들을 한꺼번에 처리하는 데 효과적이다.
- 기억장소가 절약되고, 자료의 중복성을 배제할 수 있다.
- 레코드 형식이 다른 경우에도 처리가 가능하다.

파일 수행에 따른 분류

- **마스터 파일**(Master File) : 작업에 기본이 되는 파일. 데이터 처리를 위해 필요한 항목을 모두 갖고 있는 파일로 어느 기간 동안에도 거의 변화지 않는 데이터를 기록해 두는 파일
- **트랜잭션 파일**(Transaction File) : 마스터 파일의 내용을 갱신하거나 조회하기 위해 만든 파일
- **보고서 파일**(Report file) : 일정한 양식을 지닌 이력 등의 파일
- **작업파일**(Work File) : 작업 중간에 일시적으로 만들어지는 것으로 다른 프로그램의 입력 등으로 사용
- **프로그램 파일**(Program File) : 프로그래밍 언어로 작성된 명령어들로 구성된 프로그램
- **명령어 파일**(Batch File) : 명령어나 배치 전용명령으로 구성된 텍스트 파일로 확장자에 bat가 붙은 파일

44장 파일 시스템

파일시스템(File System)이란 운영체제의 한 부분으로, 디스크 등의 보조기억장치에 있는 파일들을 생성, 삭제, 저장, 정보의 액세스(접근), 공유, 보호, 구성형태, 사용자 인터페이스, 백업(Backup) 및 복구(Recovery) 등을 총괄 관리하는 기술이다.

파일 시스템의 기능
• 사용자와 보조기억장치 사이의 인터페이스를 제공한다. • 사용자에게 파일 **생성, 삽입, 삭제, 갱신**을 할 수 있게 한다. • 사용자가 적합한 구조로 파일을 만들 수 있도록 한다. • 파일을 공유할 수 있게 한다. • 파일을 안전하게 사용하고 보호될 수 있도록 한다. • 파일의 저장 방식에 따른 접근 방식을 제공한다. • 사용자에게 보조기억장치 등의 물리적 장치를 직접 취급하지 않고도 자료를 처리하게 한다. • 사용자가 인식하는 논리적 인식을 실제 기억장치의 물리적 관점으로 연결시킨다. • 파일이 저장되는 보조기억장치를 관리한다. • 파일의 정보를 잃지 않도록 하는 **데이터 무결성**(Data Integrity)[90]을 유지시킨다.

파일 시스템은 파일을 관리하기 위해 디렉터리 구조를 제공하여야 하며, 디스크 공간을 할당하고 회수하여야 한다. 또한 파일을 보호하고 데이터 무결성을 유지시킨다.

한편, 오류를 검출할 수 있어야 하고 암호화하며, 디스크 스케줄링을 지원해야 한다.

---

90) 데이터의 저장 혹은 전송 시 허가되지 않은 방법으로는 변경할 수 없도록 정확성과 일관성을 유지하고 보증하는 것 데이터 무결성은 네트워크 관리자만의 서버 접근, 전송 선로 관리, 사용자 인증 수준 등 여러 가지 관리 대책이 필요하며, 종류는 개체 무결성(Entity Integrity), 영역 무결성(Domain Integrity), 참조 무결성(Referential Integrity) 등이 있다.

파일에 대한 작업

- Open : 파일 개방, 파일을 사용할 수 있는 상태로 열어줌.
- Close : 파일 폐쇄, 파일의 변경 시, 변경된 내용을 저장하고 사용권한을 종료함.
- Create : 파일 생성, 새로운 파일을 생성시킴.
- Copy : 파일 복사, 파일을 복사함.
- Delete : 파일 삭제, 파일을 삭제함.
- Rename : 파일명 수정, 파일의 이름을 변경
- List : 파일 목록, 디스크에 저장되어 있는 파일 목록을 출력

파일의 레코드에 대한 조작 작업

- Read : 데이터를 읽는다(판독).
- Write : 데이터를 기록한다(기록).
- Update : 데이터를 갱신한다(갱신).
- Insert : 새로운 데이터를 추가한다(삽입).
- Delete : 데이터를 삭제한다(삭제).
- Search : 데이터를 검색한다(검색).

파일 디스크립터(File Descriptor)[91] 개요

- FCB(File Control Block)라고도 함.
- 운영체제 중, 파일 시스템에 의해 파일을 관리하기 위한 각 파일마다의 정보를 지닌 제어블록
- 파일마다 독립된 파일 디스크립터가 존재한다.
- 보조기억장치에 보관되며, 해당 파일이 Open될 때 주기억장치로 옮겨진다.
- 사용자는 직접 참조할 수 없다.

91) 윈도우에서는 파일 디스크립터에 해당하는 것을 **핸들**(HANDLE)이라한다.

파일 디스크립터의 정보

- 파일 이름
- 파일 크기
- 파일 위치 : 보조기억장치에서의 위치
- 파일 구조 : 순차파일, 색인파일, 직접파일 등
- 액세스 제어 정보 : 읽기 전용, 읽기/쓰기 혼용 등
- 저장된 보조기억장치 유형
- 파일 형식 : 텍스트 파일, 원시파일, 목적파일, 실행파일 등
- 액세스 횟수 : 파일을 사용한 횟수
- 파일의 생성날짜와 시간, 제거날짜와 시간, 최종 수정 날짜와 시간 등

생각의 창

✓ 인덱스(Index)

컴퓨터를 중심으로 한 정보분야에서 사용하는 인덱스란 용어는 무척이나 많은 영역에서 사용되고 있다.

① 배열(Array)에서 특정한 요소를 지정하기 위해 사용하는 기호로 A(1), A(2) ...... A(n)에서 괄호 안의 첨자를 지칭한다.

② 파일이나 레코드 같은 대량의 데이터에서 특정 요소를 인용하기 위한 순서 리스트로, 요소를 식별하고 Locate 하며, 탐색 혹은 검색하기 위한 키세트와 주소를 나타낸 것

③ 인덱스 레지스터 : 중앙 처리 장치(CPU)가 명령(instruction)을 실행해 갈 때 오퍼랜드(operand)의 주소를 변경하기 위해서 그 내용이 이용되는 것이거나, 프로그램 속에서 카운터로 쓰일 수도 있다. 색인 레지스터는 루프의 실행 횟수의 제어, 배열의 사용 제어, 스위치, 테이블 조사, 포인터와 같은 용도로 이용된다.

④ 색인 순서 편성 데이터 세트의 각 레코드를 위치시키기 위한 카탈로그 구조 표

⑤ 반도체 패키지의 외부 접속 핀의 배열 번호의 기준 위치를 나타내는 표지, 노치(NOTCH) 등

⑥ 안전관리의 지도원리 또는 재해통계에 있어서 어떤 지표의 의미로 사용된나.

⑦ 데이터를 기록할 때 그 데이터의 이름, 데이터 크기 등의 속성과 그 기록장소 등을 표로 표시한 색인이나 목록으로 참조용의 데이터를 의미한다.

⑧ 데이터베이스 분야에 있어서 테이블에 대한 동작의 속도를 높여주는 자료 구조를 의미한다.

⑨ 게임용 카드에 2에서 10까지의 숫자와 A,J,Q,K, 소장 기록에 포함되어 있는 정보를 검색할 수 있도록 추출한 용어 리스트 등의 의미도 있다.

45장 디렉터리(Directory)

파일 시스템 내부에는 파일을 효율적으로 관리하기 위하여 파일에 대한 여러 정보를 지니고 있는 특수한 형태를 지닌 파일이 있으며, 이를 **디렉터리**[92)]라고 한다.

디렉터리는 여러 파일이 관리될 수 있도록, 파일 이름과 그 파일이 실제로 기억되어 있는 물리적 장소와의 대응을 나타내는 표의 형식을 지니며, **운영체계의 파일 관리자**에 의해서 관리된다.

디렉터리 개요

- 디렉터리에는 각 파일의 이름, 확장자, 속성, 작성 일자 및 시간, 크기, 기억 장소, 소유자, 계정 정보, 보호비트, 사용자 수, 파일 생성 및 수정 일자 등이 기록되어 있어 파일관리를 위한 등록부 기능을 한다.
- 파일의 처리, read와 write 등은 디렉터리를 통해 진행된다.
- 각 디렉터리에는 **부 디렉터리**(Sub Directory)[93)] 또는 파일을 둘 수 있는 **계층구조**를 지닌다.
- 파일은 그 내부에 다른 디렉터리나 파일을 지닐 수 없는 단일 노드를 가지고, 전체적으로는 **트리**(tree) **구조**로 구성되어 관리된다.
- **루트 디렉터리**(Root Directory)[94)] 밑에는 많은 서브 디렉터리를 둘 수 있고, 그룹별로 파일을 나누어 보존할 수 있다.
- 디렉터리와 디렉터리 사이는 자유롭게 이동할 수 있으며, 현재 위치하고 있는 디렉터리를 **현행**(current) **디렉터리**라고 한다.

---

92) 디렉터리는 관련 있는 서브 디렉터리와 파일들을 하나로 묶은 것이지만, 특수 파일의 한 종류로 관리된다.
93) 루트 디렉터리 내부에 있는 디렉터리. 디렉터리 계층구조에서 어떤 기준 디렉터리보다 하부에 있는 디렉터리다.
94) 일반적인 디렉터리 구조는 Tree 모양의 계층구조를 지니며, 이때 모든 파일 시스템에서 가장 최상위에 있는 디렉터리를 의미한다. 유닉스에서 슬러시(/)로 표현한다.

(1) 1 단계(단일) 디렉터리 구조

- 가장 간단한 구조로, 모든 파일은 하나의 디렉터리 내에 위치하며 관리된다.
- 모든 파일은 유일한 자신의 이름을 지니고 있다.
- 파일명은 시스템에 따라 그 길이가 제한된다.
- 모든 파일은 같은 디렉터리 내에서 유지되어 이해가 쉽다.
- 파일이나 사용자가 증가하면 파일 관리가 복잡해진다.

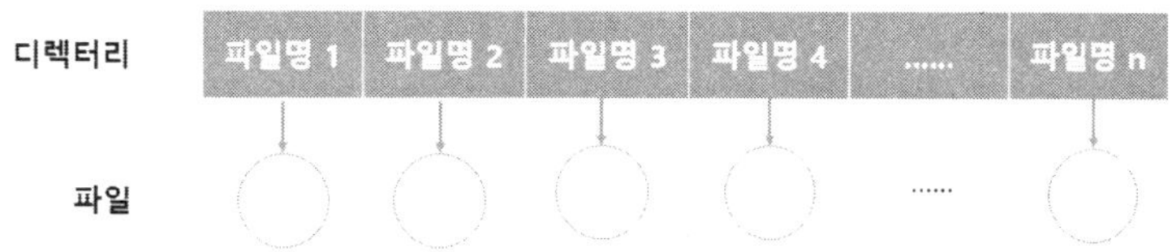

(2) 2 단계 디렉터리 구조

- 단일 디렉터리가 지닌 파일명의 충돌을 막기 위한 방법으로, 서로 다른 디렉터리에 있는 파일명은 동일하여도 상관없다.
- **마스터 파일 디렉터리**(MFD : Master File Directory)와 **사용자 파일 디렉터리**(UFD : User File Directory)로 2단계 구조를 지닌다.
- **마스터 파일 디렉터리**(MFD)는 사용자 파일 디렉터리(UFD)를 관리하며, **사용자 파일 디렉터리**는 사용사의 파일을 관리한다.
- 어느 사용자 파일 디렉터리 내의 파일명은 모두 달라야 한다(다른 사용자 파일 디렉터리에는 동일한 이름이 있어도 상관없음).
- 사용자 파일 디렉터리는 한 사용자만 사용할 수 있어 다른 사용자로부터 독립되어 있다.
- 사용자 파일 디렉터리의 독립성으로 업무의 협력이나 파일의 공유가 어렵다.
- 특정 파일에 대한 지정은 사용자 이름과 파일명을 함께 지정해야 하므로 파일명이 길어진다.

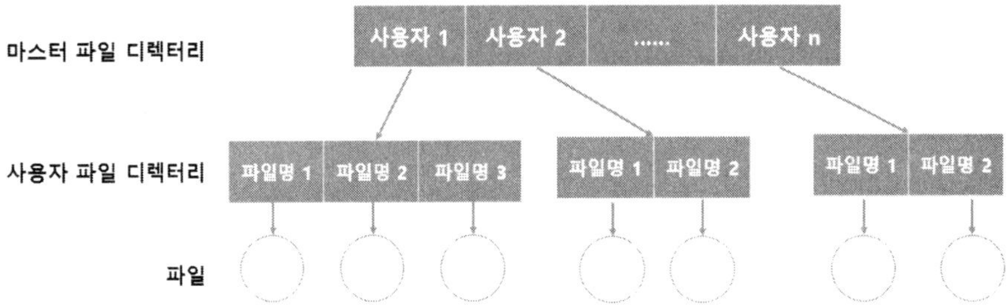

(3) 트리 디렉터리 구조

- 2 단계 디렉터리를 확장한 형태
- 최상위에 하나의 **루트 디렉터리**(Root Directory)를 두고, 그 아래 하나 이상의 **서브 디렉터리**(Sub Directory)와 하나 이상의 파일을 둘 수 있다.
- 서브 디렉터리는 자신의 아래에 하나 이상의 서브 디렉터리와 하나 이상의 파일을 둘 수 있다(각 디렉터리는 서브 디렉터리와 파일을 가질 수 있다).
- 디렉터리의 생성과 삭제가 비교적 쉽다.
- 디렉터리의 탐색은 포인터를 이용하며, 경로명은 **절대 경로명**[95]과 **상대 경로명**[96]을 사용한다.
- 서로 다른 위치에서 동일한 이름의 여러 디렉터리 생성이 가능하다.
- DOS, Windows, UNIX 등의 운영체제에서 사용되는 디렉터리 구조다.
- UNIX에서는 모든 경로명이 유일해야한다.

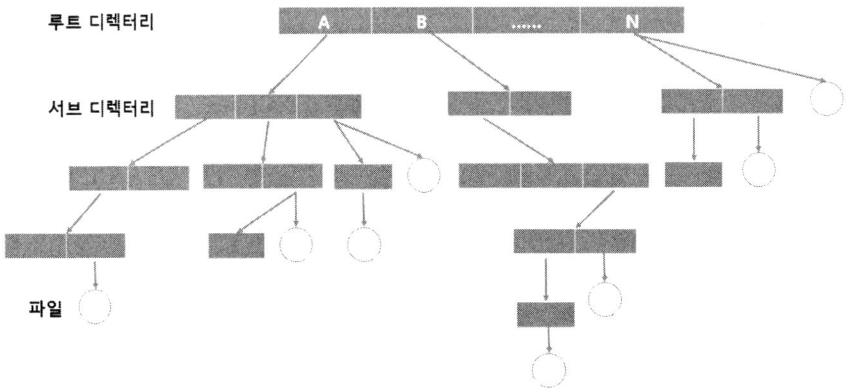

---

95) 절대 경로명은 루트에서부터 원하는 서브 디렉터리 또는 파일이 있는 곳까지의 경로
96) 현재 있는 디렉터리를 기준으로 원하는 서브 디렉터리 또는 파일이 있는 위치까지의 경로

(4) 비순환 그래프 디렉터리 구조

- 비순환 그래프 디렉터리는 하위 디렉터리나 파일을 공유할 수 있지만 사이클[97]은 허용되지 않는다.
- 트리 구조보다 융통성이 좋다.
- 디스크 공간을 절약할 수 있다.
- 하나의 디렉터리나 파일은 여러 개의 경로명을 가질 수 있다.
- 디렉터리 구조가 복잡하고, 공유된 하나의 파일을 탐색하는 경우, 다른 경로로 두 번 이상 찾아 가는 경우가 있어 시스템 성능이 저하될 수 있다.
- 공유된 파일을 삭제하면 **고아 포인터**(Dangling Pointer)[98]가 발생할 수 있다.

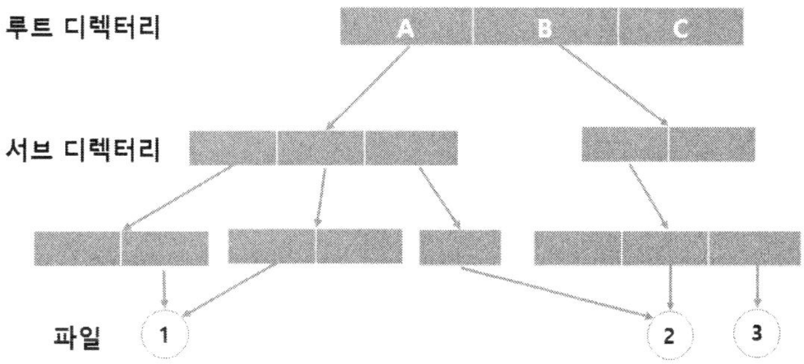

파일 1, 파일 2에 의해 비순환 그래프 디렉터리 구조가 된 상황

(5) 일반적인 그래프 디렉터리 구조

기존의 트리 구조에 새로운 파일을 추가하거나 서브 디렉터리를 추가하면 트리 구조는 지속된다. 그러나 이 트리 구조에 경로 링크(Link)[99]를 추가하면 트리 구조는 일반 그래프 구조로 바뀐다.

일반 그래프 구조란 트리 구조에 **사이클**이 형성된 경우다.

---

97) 하위에서 상위로는 공유하는 관계를 갖는 구조
98) 여러 디렉터리에서 하나의 파일을 공유할 때, 공유된 파일을 삭제하면 파일은 없어지지만, 다른 디렉터리에서 이 파일로 연결된 포인터는 남아 있다. 이와 같이 삭제된 파일에 대한 포인터가 끊어진 포인터를 **고아 포인터**라고 한다.
99) 다른 디렉터리나 파일을 가리키는 포인터

- 트리 구조에 링크를 추가하여 순환 구조(사이클)를 허용한 구조
- 탐색 알고리즘이 간단하다. 이는 순환을 이용하여 디렉터리나 파일을 접근하므로 가능해 진다.
- 디렉터리와 파일 공유에 융통성이 높다.
- 디렉터리와 파일에 대한 접근이 쉽다.
- 사용되지 않은 디스크 공간을 활용하기 위해 가비지 **컬렉션**(Garbage Collection **쓰레기 수집**)[100]이 필요하다.
- 가비지 컬렉션에 시간이 소요되어 잘 사용하지 않는다.
- 불필요한 파일을 삭제한 후, 사용 가능한 공간을 늘리기 위하여 **참조 계수기**[101]가 필요하다(불필요한 파일의 제거를 위한 참조 카운터가 필요함).

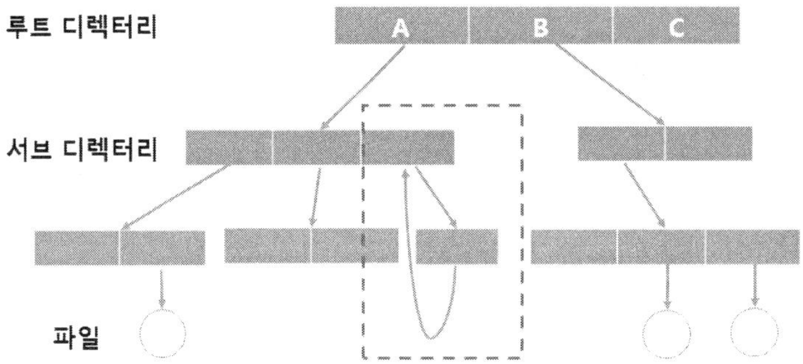

(순환 구조)

100) 사용되지 않고 있는 작은 영역들을 모아, 사용할 수 있는 큰 공간으로 만드는 작업. 디스크의 사용 공간을 모두 표시하고, 다음번에 사용에 표시되지 않는 공간을 사용 가능한 공간의 리스트로 수집함.

101) Garbage Collection에 사용됨

46장 디스크의 사용 가능한 공간 관리

파일을 디스크에 저장하여 관리하는 것은 디스크의 공간 할당에 관한 것으로, 효율적으로 파일을 저장하고 사용하도록 해야 한다.

디스크의 사용 가능한 공간은 **프리블록**(Free Block)이라고 하며, 이의 관리 방법은 다음과 같다.

비트 벡터(Bit Vector)

- 각 블록의 사용 가능성을 나타내는 1 Bit의 정보를 이용하는 방법
- **비트 맵**(Bit Map) 방법이라고도 한다.
- 비트 벡터가 0 이면 블록이 비어 있는 상태고, 1 이면 이미 할당되었음을 의미한다.
- 관리가 간편하고, 디스크 내의 다수 개의 사용 가능한 블록을 찾는 것이 효율적이다.
- 사용 중인 블록이 많을 경우, 필요한 n 개의 프리블록을 발견하는 데 시간이 소요된다.

연결 리스트(Linked List)

- 모든 프리블록들을 하나의 연결 리스트[102]로 만드는 방식이다.
- 사용 가능한 공산을 발견하기 위해 리스드를 김색힌다.

그룹핑(Grouping)

- 연결 리스트의 변형 방법으로 처음 블록에 비어 있는 n개의 블록 번지를 저장(처음 n-1개는 실제로 비어 있음)하고, 마지막 n번째에는 다른 그룹으로 n개의

102) 각 데이터들을 포인터로 연결하여 관리하는 구조.
헤드 포인터(head pointer)라 불리는 것으로 첫 번째 노드(데이터와 포인터를 지니고 있는 하나의 정보)를 가리키고, 첫 번째 노드의 포인터 영역이 두 번째 노드를 가리키며, 두 번째 노드의 포인터 영역은 세 번째 노드를 가리키는 등으로 자료가 연결되어 있는 구조. 마지막 노드는 포인터 영역에 **NULL(널)**을 저장하여 연결된 노드가 없음을 알림.

사용 가능한 블록들의 주소를 저장하는 방식이다.

- 즉, 프리블록 자체를 연결하는 것이 아니라, 프리블록 번호들만 연결시키는 방법으로 색인블록(Index Block)이라고도 한다.
- 여러 개의 사용 가능한 블록의 주소를 쉽게 탐색할 수 있어 많이 사용된다.
- 연속된 프리블록을 관리하기는 어렵다.

카운팅(Counting)

- 연결 리스트 방식을 개선한 것으로, 각 프리블록을 연결하지 않고 연속된 프리블록을 카운트하여 연결하는 방식이다.
- 프리블록에 연결된 각 노드의 첫 번째 항목에는 처음 프리블록의 번호를 저장하고, 다음 항목에는 그 후 연결된 프리블록의 수를 카운트하여 구성시킨다.

47장 디스크 공간 할당 방법

파일 시스템에서 중요한 기능 중 하나는 보조기억장치 관리 즉, 디스크의 공간을 관리하는 것이다. 이는 파일에 할당된 디스크 블록과 할당이 가능한 블록을 유지 관리하는 것이며, 디스크 할당 전략은 중요하다.

파일 시스템은 물리적인 구조로 보지 않고, 논리적인 디스크 블록의 집합으로 표현하고 인식한다.

디스크 블록은 논리적인 번호를 가지고, 크기는 일반적으로 페이지 프레임의 크기와 동일(일반적으로 4KB)하며, 디스크 블록 번호를 이에 대응되는 섹터로 매핑 시키는 일은 디스크 디바이스 드라이버나 디스크 컨트롤러가 담당한다.

예를 들어, 디스크 블록 크기가 4KB, 섹터 크기가 512Byte면, 하나의 디스크 블록에 8개의 섹터가 대응된다.

또, 파일 시스템은 디스크 I/O를 하는 동안, 디스크 블록 크기가 클수록 한번의 Disk I/O로 많은 데이터를 가져올 수 있어, 디스크 블록 크기와 속도는 상호 비례하며, 공간 효율성과는 반비례하는 특징을 지닌다.

디스크에 파일이 연속적으로 할당되어 있거나, 연속되게 하려면 작은 공간들은 모아 놓아야 한다. 하지만 파일이 할당된 후 남는 작은 공간은 **단편화**(Fragmentation)가 되고, 이런 현상은 디스크를 사용함에 따라 늘어나서 주기적으로 **압축**(Compaction)해야 한다.

따라서 디스크 공간 할당은 파일을 효율적으로 저장하고 사용하기 위해 어디에 어떻게 저장할 것인가를 결정해야 한다.

할당 방법에는 **연속 할당 방법**과 **불연속 할당 방법**이 있으며, 불연속 할당 방법에는 **섹터 단위 할당**과 **블록 단위 할당**이 있으며, 블록 단위 할당 방법에는 **블록체인 기법**, **색인 블록체인 기법**, **블록 지향 파일 사상 기법** 등이 있다.

디스크 공간 할당 방법

- 연속 할당 방법
- 불연속 할당 방법
    - 섹터 단위 할당
    - 블록 단위 할당
        - 블록체인 기법
        - 색인 블록체인 기법
        - 블록 지향 파일 사상 기법

(1) 연속 할당 방법(Contiguous Allocation)

파일을 디스크의 연속된 공간에 할당하는 방법으로, 생성할 파일의 크기만큼 연속적인 공간이 주어져야 한다.

- 논리적으로 연속된 레코드들이 물리적으로도 연속적으로 저장되므로 접근 시간이 빠르다(파일은 연속된 디스크 블록에 저장된다).
- 디렉터리에서는 파일의 시작 주소와 길이만 관리하므로 디렉터리가 간단하여, 구현하기 쉽고 관리하기도 쉽다.
- 파일 크기에 맞는 연속된 공간이 없으면 파일을 생성할 수 없다.
- 파일 생성과 삭제가 반복되면 단편화가 생겨(파일들의 길이가 다르므로) 주기적으로 압축해야 한다.
- 파일의 크기가 계속 변하는 경우는 구현하기 어렵다.(예를 들어, 처음 n개가 필요해 연속된 프리블록 n개의 디스크 블록을 할당하나, 파일의 크기가 증가해 디스크 블록이 하나 더 필요하면 n+1개 이상의 프리블록을 찾아야 함)
- 파일 크기는 수시로 변하기 때문에, 파일 시스템 설계 시 연속 할당 방법만을 사용하는 경우는 거의 없다.
- 파일의 확장을 위해 여분의 공간을 미리 확보해야 하므로 기억공간의 낭비가 초래된다.
- 디스크 탐색 시간을 줄일 수 있기 때문에 불연속 할당에 비해 파일 접근 시간이 짧다.

(2) 불연속 할당 방법(Non-Contiguous Allocation)

파일은 시간이 지남에 따라 길이가 늘거나 줄기 때문에, 연속 할당 방법의 구현이 어렵고, 이를 극복하기 위해 불연속 할당 방법이 필요하다.

불연속 할당 방법은 하나의 파일에 속한 디스크 블록이 연속적이지 않다. 따라서 파일 크기가 커져도 디스크의 프리블록을 하나씩 할당하면 되고, 파일에 속한 디스크 블록이 어디에 위치하고 있는지에 대한 정보를 기록하면 된다.

불연속 할당 방법은 디스크 공간을 일정한 단위로 나누어 할당하는 방법으로, **섹터 단위 할당**과 **블록 단위 할당 방법**이 있다.

섹터 단위 할당

- 하나의 파일을 디스크의 섹터 단위로 분산시켜 할당하는 방법으로, 하나의 파일은 여러 개의 불연속적인 섹터에 저장된다.
- 하나의 파일에 해당하는 섹터들은 연결 리스트(Linked List)로 구성된다.
- 하나의 파일에 해당하는 섹터들은 연결되기 위해 다음 내용이 들어 있는 **섹터 포인터**를 지니고 있다.
- 각 섹터는 포인터가 차지하는 만큼 실제 데이터가 저장될 공간이 감소된다.
- 디렉터리에는 파일의 시작과 마지막 주소에 대한 포인터만 있다.
- 섹터 단위로 저장되므로 단편화가 발생하지 않고, 따라서 압축이 필요 없다.
- 파일을 생성할 당시에 파일 길이에 대하여 알아야 할 필요가 없으며, 파일 크기만큼의 연속적인 공간이 없어도 저장이 가능하다.
- 파일이 불연속된 공간에 저장되어 있어 논리적으로 연속적인 검색을 하는 경우 시간이 요구된다.
- 레코드를 검색하는 경우, 레코드를 순차적으로 검색하므로 탐색시간이 길어지고, 직접접근은 불가능하다.

블록 단위 할당

- 보조기억장치를 보다 효과적으로 사용하고 오버헤드를 줄이기 위해, 개별적인 섹터를 사용하는 대신, 연속된 **몇 개의 섹터를 묶은 블록 단위**로 할당하는 방법이다.

- 연속 할당과 불연속 할당 방법의 **혼합방법**이다.
- **블록체인 기법, 색인 블록체인 기법, 블록 지향 파일 사상 기법** 등이 있다.

① 블록체인 기법

- 섹터 단위 할당 기법에서 할당 단위를 블록(여러 개의 섹터들의 모임) 단위로 구성하는 방법이다.
- 블록은 일반적으로 디스크 상의 하나의 트랙으로 구성한다.
- 디렉터리는 파일의 첫 번째 블록을 가리키는 포인터를 지니고 있다.
- 하나의 블록은 데이터 부분과 다음 블록을 가리키는 포인터로 구성된다.
- 삽입과 삭제는 포인터만 수정하면 되어 간단하다.
- 순차적으로 탐색하므로 처리 시간이 길어진다.
- 블록을 이중 연결 리스트로 구성하면 양방향으로 탐색할 수 있다.
- 같은 파일에 속한 디스크 블록을 체인으로 연결(각 블록에 포인터를 두어 다음 블록 위치 기록, 연결 리스트와 유사)시킨다.
- 파일의 끝부분을 읽으려는 경우, 앞부분 데이터 블록을 모두 읽어야 하고, 중간에 한 블록이 유실될 경우 나머지 데이터도 모두 잃게 되는 단점이 있다.

② 색인 블록체인 기법

- 파일마다 하나의 색인 블록을 두고, 이곳에 파일이 할당된 블록의 모든 포인터를 저장한다.
- 하나의 색인 블록으로 큰 파일을 전부 나타낼 수 없으면, 여러 개의 연속된 색인 블록을 연결(link)하여 사용한다.
- 블록에 대한 위치 정보를 기록한 색인 블록을 따로 사용하는 방법으로, 파일의 끝부분을 접근하는 경우 데이터 블록을 모두 읽을 필요가 없다.
- 색인 블록의 포인터를 통해 직접 접근이 가능하며, 탐색 시간이 빠르다.
- 디렉터리는 파일의 색인 블록에 대한 포인터를 지닌다.
- 레코드를 삽입하면 색인 블록을 재구성해야 한다.
- 색인 블록만큼 기억장치의 낭비가 발생한다.
- 색인 블록을 잃으면 파일의 데이터 전체가 소실된다.
- 파일이 커져 색인 블록이 가득 찰 경우, 이를 해결할 방법이 필요하다.

③ 블록 지향 파일 사상 기법(FTA 이용 기법)

- 포인터 대신에 **파일 할당 테이블**(FAT : File Allocation Table)[103]에 있는 블록 번호를 사용한다.
- FAT에는 각 블록에 대한 항목이 있고, 항목은 블록 번호에 의해 색인된다.
- 하나의 파일에 속해 있는 모든 블록의 위치를 FAT에 저장한다.
- 블록 번호는 실제 기억공간의 주소로 쉽게 변환된다.
- 레코드의 삽입, 삭제 등이 쉽다.
- 디렉터리는 FAT의 시작 위치를 지니고 있다.
- 파일 시스템 전체를 위해 하나의 FAT가 있으며, 색인 블록은 파일마다 존재한다.
- 파일의 중간 데이터 레코드를 읽기 위해 첫 블록부터 검색할 필요가 없다.
- FAT를 잃어버리면 파일 시스템의 모든 파일이 소실된다. 따라서 이를 방지하기 위해 FAT 내용을 중복으로 관리한다.

103) 파일이 저장된 클러스터(cluster)들의 위치(포인터)를 모아둔 일종의 **파일 배치표**.
새로운 파일이 디스크에 저장될 때, 그 파일은 적어도 하나 이상의 클러스터에 저장되는데, 여러 개의 클러스터에 저장되는 경우 디스크의 여러 곳에 흩어진다.
운영체제는 새로운 파일에 대하여 각 클러스터의 위치와 순서를 지닌 FAT 엔트리를 만든다. 파일을 읽는 것은 디스크에서 먼저 디렉터리 등록정보와 FAT를 참조하여 파일의 시작 클러스터와 마지막 클러스터에 있는 내용을 읽는 것이다.

연습문제

1. 연속 할당(non-contiguous allocation) 기법의 블록 할당방식에 해당하지 않는 것은?

   ① 블록 체인기법
   ② 색인블록 체인기법
   ③ 세그먼트 블록 체인기법
   ④ 블록 지향파일 사상기법

2. 억장소의 초기 상태가 다음 그림과 같을 때, 21K를 필요로 하는 프로세스가 도착하여 최적 적합(Best-fit)방식을 적용했을 경우 할당되는 기억장소는?

OS	
사용 중	
18K 공백	(ㄱ)
사용 중	
22K 공백	(ㄴ)
사용 중	
25K 공백	(ㄷ)
사용 중	
30K 공백	(ㄹ)

   ① (ㄱ) ② (ㄴ)
   ③ (ㄷ) ④ (ㄹ)

3. 기억장치의 관리 중 고정 분할 할당에서 최초 적합 배치 전략을 사용한 예이다. 이러한 경우 발생하는 내적 단편화는 얼마인가?

15K	3K	11K	7K

⇩

5K
10K
15K
20K

   ① 13K ② 14K
   ③ 15K ④ 16K

4. 기억장치의 분할 방식이 아닌 것은?

① 분산분할 ② 고정분할

③ 단일분할 ④ 동적분할

5. 파일 디스크립터에 포함되는 내용이 아닌 것은?

① 파일의 이름
② 보조기억장치에서의 파일의 위치
③ 생성된 날짜와 시간
④ 파일 오류에 대한 수정 방법

6. 파일 디스크립터에 대한 설명으로 옳지 않은 것은?

① 보조기억장치상의 파일의 위치 및 최초 수정 날짜 및 시간에 대한 정보를 포함한다.
② 파일 시스템이 관리하므로 사용자거 직접 참조할 수 없다.
③ 보조기억장치에 저장되어 있다가 파일이 개방(Open)될 때 주기억장치로 옮겨지는 것이 일반적이다.
④ 파일마다 독립적으로 존재한다.

7. 다음 설명에 해당되는 디렉터리 구조는?

- 부디렉토리를 공유할 수 있다. - 싸이클이 허용되지 않는다. - 디렉토리 구조가 복잡하다. - 하나의 파일에 다수의 경로 이름이 존재할 수 있다. - 고아 포인터(,Dangling pointer)가 발생할 수 있다.

① 2단계 디렉터리
② 비순환 그래프 디렉터리
③ 트리 구조 디렉터리
④ 일반 그래프 디렉터리

8. 구역성(locality)에 대한 설명으로 옳지 않은 것은?

① 시간구역성의 예로는 순환, 부프로그램, 스택 등이 있다.
② 구역성에는 시간구역성과 공간구역성이 있다.
③ 어떤 프로세스를 효과적으로 실행하기 위해 주기억 장치에 유지되어야 하는 페이

지들의 집합을 의미한다.
④ 프로세서들은 기억장치내의 정보를 균일하게 액세스 하는 것이 아니라, 어느 한 순간에 특정 부분을 집중적으로 참조하는 경향이 있다.

9. 디렉터리 구조 중 중앙에 마스터 파일 디렉터리가 있고 그 아래에 사용자별로 서로 다른 파일 디렉터리가 있는 계층 구조는?

① 1단계 디렉터리 구조
② 2단계 디렉터리 구조
③ 트리 디렉터리 구조
④ 비순환 그래프 디렉터리 구조

10. 파일의 편성 방식 중 해쉬(Hash) 기법과 가장 연관이 많은 파일은?

① 순차파일 ② 색인파일
③ 직접파일 ④ 색인순차파일

1③ 2② 3② 4① 5④ 6① 7② 8③ 9② 10①

Ⅶ부

보호와 보안

48장 보호(Protection 자원보호, 정보보호)
49장 보안(Security)
50장 보안 기법

48장 보호(Protection 자원보호, 정보보호)

많은 사람들이 컴퓨터를 이용해 업무를 처리하고, 컴퓨터들이 네트워크를 통해 서로 연결되면서, 사람들 사이의 거래도 컴퓨터간의 통신을 통해 처리하는 비율이 상당히 높아지게 되었다.

정보 시스템에서 보호대상이 되는 것은, 정보의 **기밀성**(Confidentiality), **무결성**(Integrity) 그리고 **가용성**(Availability) 등이다.

- **기밀성**이란 비밀의 유지로 허가받지 않은 대상에게 정보가 제공되어서는 안 된다는 것을 의미한다.
- **무결성**이란 정보의 정확성을 의미하는 것으로, 정보가 허가 없이 수정되지 않도록 해야 한다.
- **가용성**은 허락된 경우만 정보에 대한 접근이 가능해야만 한다는 것으로, **서비스 거부 공격**(DoS: Denial of Service attack)이 대표적이다.

특히, 컴퓨터 시스템의 공유 자원에 대한 부정한 읽기, 변경, 수집, 가공, 저장, 검색, 송신·수신 등에 대한 보호가 필요하며, 개인 혹은 그룹 사이에서의 정보 보호를 위해 키워드에 의한 보호나 참조 금지, 써넣기 금지 등 이용 자격 제한에 따른 보호가 필요하다.

정보 보호(Protection)는 정보 보안(Security)과 다른 개념이다. 보안은 보호의 개념보디 광범위하다.

자원을 보호하는 기법에는 **접근 제어 행렬**(Access Control Matrix), **전역 테이블**(Global Table), **접근 제어 리스트**(ACL : Access Control List), **권한 리스트**(CL : Capability List), **록-키**(Lock-Key) 등이 있다.

보호의 개요

- **보호**(Protection), 특히 **자원 보호**는 컴퓨터 시스템에서 정의된 자원(하드웨어 객체와 소프트웨어 객체)에 대하여 사용자, 프로세스 등이 불법적으로 접근하지 못하도록 제어하는 것이다.
- 즉, 파일, 기억장치, CPU 등의 컴퓨터 자원들을 운영체제가 적절한 권한을 부여받은 사용자나 프로세스에 의해 동작되도록 보장해야 한다.
- 프로세스들은 각각의 활동으로부터 보호되어야 한다.
- 프로세스는 자신에게 허락된 기억장소 내에서만 실행되어야 한다.
- 제어 지정과 시행방법 등은 운영체제에 의해 제공되어야 한다.

컴퓨터 시스템에서 정의된 **자원 보호의 객체**는 CPU, 기억장치 세그먼트, 디스크, 프린터 등의 **하드웨어 객체**와, 파일, 프로그램, 프로세스, 자료구조, 세마포[104] 등의 **소프트웨어 객체**가 있다.

또, **자원 보호의 주체**는 객체에 접근하는 것으로 사용자, 프로세스 등이다.

접근 권한은 자원 보호의 주체가 객체에 어떤 방식으로 접근할 수 있는가를 정의한 것으로 **읽기, 쓰기, 실행** 등이 있다.

권한부여는 어떤 사용자가 어떤 객체에 대하여 어떤 목적으로 접근할 수 있도록 할 것인지 그 권한을 인정하는 것이다.

접근제어정책은 시스템 요소들에 대하여 시행되는 시스템 보안 정책 입장에서 권한부여를 나타낸 것이다.

104) semaphore는 운영체제 또는 프로그램 내에서 공유 자원에 대한 접속을 제어하기 위해 사용되는 신호로, 병행 또는 병렬로 동작되는 둘 이상의 프로세서 사이에서 마이크로프로세서 시간이나 입출력 접속구와 같은 공유 자원을 동시에 사용할 수 없기 때문에, 한 프로세서가 사용하고 있는 동안에 세마포를 세워 다른 프로세서를 대기시키고 사용이 끝나면 해제시키는 방법

(1) 접근 제어 행렬(Access Control Matrix)

- 자원 보호의 일반적인 기법이다.
- 객체에 대한 접근 권한을 행렬(Matrix)로 표시한다.
- 행렬 중, 행(Row)은 사용자, 프로세스 등의 영역(Domain)을 표기하고, 열(Column)에는 CPU, 파일, 기억장치 등 객체(Object)를 표기한다.
- 예 :

영역 \ 객체	파일1	파일2	디스크	프린터
D1	읽기	읽기		
D2	실행		읽기	인쇄
D3		쓰기		
D4	읽기	읽기/쓰기		

- 4개의 영역, 4개의 객체 자원
- 어떤 프로세스가 D1에서 파일1, 파일2에 대한 읽기 권한
- 영역 D2의 프로세스가 파일1을 실행, 디스크 읽기, 프린터 출력
- 영역 D3 프로세스는 파일2에 쓰기 권한
- 영역 D4 프로세스는 파일1 읽기, 파일2 읽기 및 쓰기 권한

(2) 전역 테이블(Global Table)

- 가장 간단한 구조를 지닌다.
- 권한 부여 구조는 3개의 순서쌍인 **〈영역, 객체, 접근 권한 집합〉**으로 구성된다.
- 어떤 조작이 특정 영역에서 객체에 대하여 수행할 때마다 전역 테이블을 검색한다. 만약, 검색되면 실행이 계속되지만 발견되지 못하면 오류가 된다.
- 전역 테이블은 그 크기가 커서 주기억장치에 저장하기가 어려워 가상기억장치를 이용한다. 만약 주기억장치에 저장하는 경우는 주기억장치의 공간을 낭비하게 된다.
- 따라서 보조기억장치에 대한 추가적인 입출력이 필요하다.

영역	객체	접근 권한
D1	파일1	읽기
D1	파일2	읽기
D2	파일1	실행
D2	디스크	읽기
D2	프린터	쓰기
D3	파일2	쓰기
D4	파일1	읽기
D4	파일2	읽기/쓰기

- 4개의 영역, 4개의 객체 자원
- 어떤 프로세스가 D1에서 파일1, 파일2에 대한 읽기 권한
- 영역 D2의 프로세스가 파일1을 실행, 디스크 읽기, 프린터 출력
- 영역 D3 프로세스는 파일2에 쓰기 권한
- 영역 D4 프로세스는 파일1 읽기, 파일2 읽기 및 쓰기 권한

(3) 접근 제어 리스트(ACL : Access Control List)

- 객체를 중심으로 접근 리스트를 구성한다.
- 객체는 〈**영역, 접근 권한 집합**〉의 순서쌍으로 나타낸다.
- 접근 권한이 없는 영역은 생략한다.

객체	접근 제어 리스트(ACL)
파일1	<D1, 읽기> <D2, 실행> <D4, 읽기>
파일2	<D3, 읽기> <D4, 읽기/쓰기>
디스크	<D2, 읽기>
프린터	<D2, 인쇄>

- 4개의 영역, 4개의 객체 자원
- 파일1이 영역 D1에 읽기, D2에 실행, D4에 의해 읽기 권한 제공
- 파일2는 D3에서 읽기, D4에서 읽기 및 쓰기 권한 제공
- 디스크는 영역 D2에 의해 읽기 권한 제공
- 프린터는 D2에 의해 인쇄 권한을 제공

(4) 권한 리스트(CL : Capability List)

- 접근 제어 행렬의 각 행을 중심으로 영역과 접근 권한과 결합한다.
- 즉, 객체를 중심으로 그 객체에 허용된 영역과 접근 권한을 결합한 구조다.
- 자원 보호 기법 중, 접근 제어 행렬에서 행들을 따온 것으로, 각 영역에 대한 권한은 객체와 그 객체에 허용된 연산자로 구성된다.
- 각 영역에 대한 권한 리스트는 객체와 그 객체에 허용된 조작 리스트로 구성되며, 다른 권한 리스트와 포인터로 서로 연결되어 있다.
- 권한을 소유한다는 것은 접근을 허용 받는 것을 의미한다.
- 권한 리스트는 보호 영역과 결합되어 있으나, 해당 영역에서 수행 중인 프로세스가 직접 액세스할 수 없다.
- 사용자에 의해서 간접적으로만 접근이 가능한 보호된 객체다.
- 객체와 그 객체에 허용된 조작 리스트며, 영역과 결합되어 있다.
- 권한 리스트는 운영체제가 관리한다.

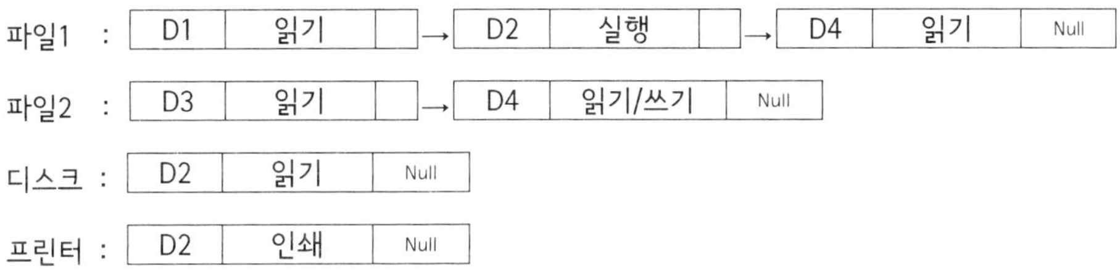

- 4개의 영역, 4개의 객체 자원
- 파일1 : 영역 D1에 읽기, D2에 실행, D4에 의해 읽기 권한 제공
- 파일2 : D3에서 읽기, D4에서 읽기 및 쓰기 권한 제공
- 디스크 : 영역 D2에 의해 읽기 권한 제공
- 프린터 : D2에 의해 인쇄 권한을 제공

(5) 록-키(Lock-Key)

- **접근 제어 리스트**와 **권한 리스트**를 절충한 기법이다.
- 각 **객체**는 록(Lock)이라는 유일한 비트 패턴 리스트를 가지고, 각 **영역**은 **키**(Key)라는 유일한 비트 패턴 리스트를 갖는다.
- 수행 중인 프로세스는 해당 영역이 여러 객체의 **록**과 일치하는 **키**가 있을 때에만 그 객체에 접근 권한을 받는다.
- 권한 리스트처럼 각 영역에 대한 **키 리스트**는 운영체제가 관리하며, 사용자들은 직접 **키 리스트** 및 **록 리스트**를 수정할 수 없다.

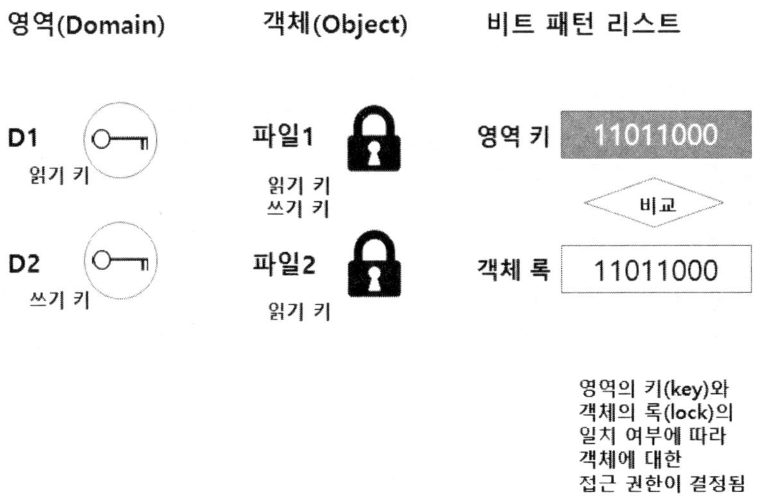

49장 보안(Security)

보호(Protection)는 컴퓨터 시스템에 저장된 프로그램 및 데이터에 통제된 접근 방법을 제공하기 위한 내부적 개념인 것에 대하여, **보안**(Security)은 적절한 보호뿐만 아니라 시스템이 동작하는 외부 환경에 대하여도 고려하는 개념이다.

보호는 컴퓨터 시스템의 자원에 대한 프로세스 및 사용자의 접근을 적절하게 제어하는 것으로, 한 프로세스는 액세스할 권한이 부여된 자원만 접근한다. 이에 반해 **보안**은 시스템이나 데이터의 보존으로 인원, 건물, 업무 등에 대한 광범위한 문제를 다룬다.

보안(Security)[105]은 컴퓨터 시스템의 프로그램, 데이터 등에 대한 무결성과 안정성 등을 보장하는 통제 방법에 관한 것으로, **내부 보안**과 **외부 보안**, **사용자 인터페이스 보안** 등으로 구별할 수 있다.

내부 보안(Internal Security)

- 컴퓨터 하드웨어나 운영체제가 프로그램, 데이터 등을 보호하기 위한 내장된 접근 제어 코드(보안 기능)를 통해, 불법침입에 대하여 시스템의 신뢰성을 유지하고 보안 문제를 해결한다.

105) 보안의 3대 요소 : 기밀성(Confidentiality), 무결성(Integrity), 가용성(availability)

외부 보안(External Security)

- 외부의 불법적 침입자나 화재, 홍수, 지진 등 천재지변으로부터 컴퓨터 시스템을 보호하는 것으로, **시설 보안**과 **운용 보안**으로 나눌 수 있다.
- **시설 보안**은 천재지변이나 외부 침입자로부터 보안을 유지하는 것으로, 열이나 연기 등을 감지하고 사람의 음성, 홍채, 지문 등을 확인할 수 있는 방법 등을 사용한다.
- **운용 보안**은 컴퓨터실 관리와 경영자들의 정책과 통제에 의해 이뤄지는 보안으로, 사용자에게 인가된 등급을 부여하여 프로그램과 데이터에 접근할 범주를 구분하여 관리한다.

사용자 인터페이스 보안(User Interface Security)

- 사용자의 신원을 운영체제가 확인하는 절차를 통해 불법 침입자로부터 시스템을 보호하고, 허락된 사용자에게 시스템의 프로그램이나 데이터 등에 접근할 수 있도록 하는 것으로, 로그인하고자 할 때부터 적용한다.

보안 위협

- **흐름차단(Interruption)** : 시스템의 일부가 파괴되거나 사용할 수 없는 상태로, 가용성에 대한 위협이다.
- **가로채기(Interception)** : 허락되지 않은 이가 컴퓨터 시스템에 접근하는 경우로, 비밀성에 대한 위협이다.
- **변조(Modification)** : 허락되지 않은 이가 자원접근과 내용의 변경을 하는 경우로, 무결성에 대한 위협이다.
- **위조(Fabrication)** : 허락되지 않은 이가 위조물을 삽입하는 경우로, 무결성에 대한 위협이다.

보안의 3대 요소[106)]

- **비밀성(기밀성 Security, Confidentiality)** : 컴퓨터 시스템 내의 정보는 허가 받은 사용자만이 접근하도록 보장한다.
- **무결성(Integrity)** : 컴퓨터 시스템 내의 정보 및 유통 정보에 대하여 허가 받은 사용자만이 수정하는 것을 보장한다.
- **가용성(Availability)** : 사용자의 요구가 있을 경우, 시스템이 정의된 바에 따라 제공되는 것을 보장한다.

인증과 부인방지

- **인증(Authentication)** : 신분을 확인하는 것으로 접근하는 대상이 자신이 주장하는 신분이 맞는지 증명하는 것으로, 보편적인 인증의 예는 **아이디(ID)**와 **암호(password)**로 로그인하는 것이다.
- **부인방지(Non-repudiation)** : **부인봉쇄**라고도 하며, 본인이 만들어 보낸 메시지를 나중에 본인이 만들지 않았다고 부인할 수 없게 하거나, 메시지를 수신하고서도 수신하지 않았다고 부인할 수 없도록 하는 것 또는 본인이 디지털 서명을 하고나서 나중에 서명하지 않았다고 말 할 수 없도록 조치를 하는 것이다.

패스워드(Password) 보호 방법

- 사용자마다 로그인 이름과 패스워드를 만든 다음, 입력하여 운영체제로부터 인증 받은 후 시스템을 사용하게 하는 기법
- 컴퓨터 시스템에서 가장 많이 사용하는 기법
- 패스워드는 숫자와 문자를 혼합하여 사용하는 것이 바람직하고, 추측 가능한 것(전화번호, 생년월일, 차량번호 등)으로 구성하지 않도록 한다.
- 패스워드는 짧을수록 유출 위험이 크므로 일정한 길이를 갖도록 한다.
- 패스워드는 자주 변경하는 것이 좋다.
- 패스워드는 불법 액세스를 방지하는 데 사용한다.

106) CIA

50장 보안 기법

보안 기법은 보안의 위협요소로부터 위험이나 공격을 탐지, 예방, 복구하기 위하여 계획된 종합적 기능을 의미한다.

보안 또는 정보 보안에 대한 기법은 대표적으로 **암호화**(Encryption) **기법** 등 기타 다양한 기법이 있다.

암호화 기법은 정당하게 암호키를 가진 자에게 정보에 대하여 접근하도록 허락하는 것으로, 자료를 알 수 없도록 만드는 과정을 **암호화**(Encryption)라 한다. 이에 반해 암호화된 것을 원래의 상태로 되돌리는 것을 **복호화**(Decryption)라 한다.

암호화 방법에는 **비밀키 시스템**(Private Key System **개인키 시스템**), **공개키 시스템**(Public Key System **공용키 시스템**)이 있다.

암호화(Encryption)와 복호화(Decryption)

■ 암호화
- 정보의 의미를 알 수 없는 형식(암호문)으로 변환하는 것
- 암호문의 형태로 정보를 기억장치에 저장하거나 통신회선을 통해 전송함으로써 정보를 보호한다.
- **암호키**(특정의 비트열)를 사용하여 정보를 암호문으로 변환시킨다.

■ 복호화
- **복호화키**를 사용하여 원래의 정보를 복원하는 것
- 복호화키를 갖고 있는 사람 외에는 올바른 정보로 복원할 수 없다.
- 복호화키가 제3자에게 알려지지 않으면 정보는 보호된다.

■ 암호방식
- **비밀키 암호방식(개인키 시스템)** : 암호화와 복호화에 동일한 키를 사용하며, 주로 사용하는 방식이다.
- **공개키 암호방식(공용키 시스템)** : 암호화와 복호화에 서로 다른 키를 사용하고, 일반적으로 암호키는 공개하고 복호화키는 비밀로 한다.

(1) 비밀키 암호방식((Private Key System 개인키 시스템)

- 암호화와 복호화에 동일한 키를 사용(송수신자가 동일한 키를 사용)하는, **대칭키 암호화 방식**(Symmetric Encryption Method)107)이다.
- 복호화키를 알면 누구나 해독할 수 있어 키에 대한 보안이 필요하다.
- 비밀키 암호화(대칭키 암호화 방식) 기법 중 대표적인 것으로 DES(Data Encryption System)108)가 있다.
- 알고리즘이 간단하고 파일 크기가 작아 암호화와 복호화 속도가 빠르다.
- 사용자가 증가하면 키의 관리가 많아지고, 키 분배가 어렵다.

(2) 공개키 암호방식(Public Key System 공용키 시스템)

- 하나의 **공개키**(Public Key)와 개인이 지닌 비밀 보관한 **개인키**(Private key)인 두 개의 서로 다른 키를 사용하여 암호화하고 복호화(해독)하는 **비대칭 암호화기법**이다.
- 암호키는 공개되어 누구나 사용할 수 있고, 개인키(복호화키, 해독키)는 당사자만 알고 있다.
- 대표적인 공개키 암호화 방식은 RSA(Rivest Shamir Adleman)109)와 Merkle-Hellman **알고리즘**이 있다.
- 알고리즘이 복잡하고 파일이 길어, 암호화와 복호화 속도가 느리다.
- 정보를 열어보는 사람들마다 암호키가 다르기 때문에 일대다로 사용할 수 있지만, 보안성이 높을수록 시간이 오래 걸린다.
- 키의 분배가 쉽고, 관리할 키의 수는 적다.

---

107) 대칭키 암호화방식 : 보호 대상이 되는 자료를 특정한 키로 암호화하고 동일한 키를 소유하지 못한 이는 자료를 획득하여도 해독할 수 없도록 한 방식이다.

108) DES : 1975년 IBM에서 만든 것으로, 미국 국가 표준 암호 알고리즘으로 지정. 블록 암호 기법을 사용하여 16단계 파이스텔 네트워크를 거치고, 64비트 단위로 암호화를 수행. 키 길이는 56비트 정도. 알고리즘은 견고하나 암호가 너무 짧아 여러 공격의 대상이 되었다. 현재는 문서를 복호화하는 용도로만 사용하고 신규 암호화 문서를 생성은 하지 않는다.

109) RSA : 1977년, MIT 수학 3인 교수가 고안한 암호화 알고리즘. 큰 소인수의 곱을 인수분해 하는 수학적 알고리즘 이용. 안정성, 신뢰성이 높은 것이 검증되어 전자서명, PKI에 사용됨. 기밀성, 무결성, 인증 기능 수행가능하나, 수행시간이 상대적으로 과다함. 각 사용자는 자신의 개인키를 소유하고 공개키는 배포된다. 일방향 함수기반이며 **부인봉쇄**는 공개키로만 가능하다.(**부인봉쇄** : 수신자를 보호하기 위해 송신자의 발신 증거를 제공하거나, 송신자를 보호하기 위해 수신 증거를 제공하는 보안 서비스의 일종)

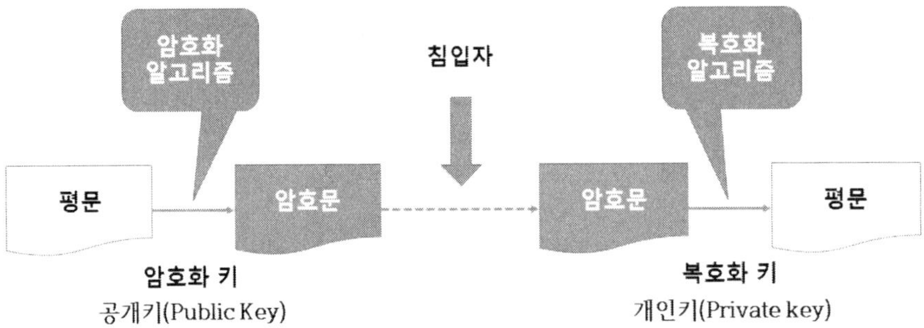

(3) 디지털 서명 기법(Digital Signature Mechanism)

- 손으로 하는 **수기서명**(Manual Signature)과 달리 날인을 전자적인 대체물로서 생성하는 정보를 **전자서명**이라 한다.
- **전자서명**(Electronic Signature)은 비밀키를 가진 자가 아니면 서명할 수 없기 때문에 위조가 곤란하고, 전자서명을 한 사람이 본인이라는 것을 증명할 수 있는 사실과, 전자서명을 한 전자문서는 변경이 곤란하다는 사실을 덧붙여 전자서명을 함으로써, 본인이 자신의 의사에 의한 것이라는 사실을 부인하는 일을 곤란하게 한다(부인봉쇄).
- **디지털서명**(digital signature)은 **공개키 암호방식**(**비대칭적 암호체계**)을 이용한 전자서명의 한 종류다. 전자서명은 송신자가 작성한 전자문서 자체를 암호화하는 것이 아니므로, 제3자가 문서내용을 열람하는 데에는 아무런 장애가 없다. 다만, 전자서명에 작성자로 기재된 사람이 그 전자문서를 작성하였다는 사실과, 작성내용이 송·수신과정에서 위조·변조되지 않았다는 사실을 증명하고, 작성자가 그 전자문서 작성 사실을 나중에 부인할 수 없게 하는 역할을 한다.
- **부인봉쇄**(Non-Repudiation)는 송신측이 자신의 정보를 정확하게 상대방에게 전송하였다고 할지라도 수신측이 이를 부인하거나, 수신측이 정확한 정보를 받았음에도 불구하고 송신측이 자신이 보낸 정보가 아니라고 주장하는 것을 방지하는 기능이다. 즉, 수신자를 보호하기 위해 송신자의 발신 증거를 제공하거나, 송신자를 보호하기 위해 수신 증거를 제공하는 보안 서비스의 일종이다.

(4) 여분 정보 삽입 기법(Traffic Padding Mechanism)

- **정상적인 데이터**나 메시지의 일부분에 **거짓 비트(거짓 데이터)**를 삽입하여 정상적으로 분석하지 못하도록 하는 기법
- 여분으로 삽입한 거짓 데이터와 정상적인 데이터의 구별이 되지 않아야 한다.
- 정상적인 메시지의 흐름이 정지하였을 경우, 거짓 메시지를 계속 보내어 트래픽 양을 분석하는 공격으로부터 방어하는 방법도 있다.

(5) 인증 교환 기법(Authentication Exchange Mechanism)

- 메시지가 정당한 상대방으로부터 전달된 것임을 확인할 수 있는 기법
- 수신자가 메시지 전송 중에 변경되지 않았음을 확인할 수 있고, 메시지가 정당한 상대로부터 전달된 것임을 확인시켜 주는 방식이다.

(6) 접근 제어 기법(Access Control Mechanism)

- 인가받은 접근은 허용하고, 인가받지 않은 접근은 허용하지 않는 하드웨어와 소프트웨어의 특징이나 관리 개념
- 데이터 접근 권한이 있는 사용자에게만 사용을 허락하는 정책을 강화하기 위한 기법으로, 데이터 저장장치에 접근하는 권한을 정의하거나 제한하고, 권한 있는 사용자 및 프로그램, 기타 시스템만이 시스템 자원정보에 접근할 수 있도록 제한한다.
- 강제적 접근제어 방식(MAC : Mandatory Access Control)[110], 임의적 접근제어 방식(DAC : Discretionary Access Control)[111], 역할 기반 접근제어 방식(RBAC : Role Based Access Control)[112], 다중등급 보안(MLS : Multi-level Security)[113] 등이 있다.

---

110) 어떤 주체가 특정 객체에 접근할 때, 양지의 보안 레벨에 기초하여 낮은 수준의 주체가 높은 수준의 객체정보에 접근하는 것을 강제적으로 제한하는 방법

111) 자원의 소유자 혹은 관리자가 보안관리자의 개입 없이 자율적 판단에 따라 접근권한을 다른 사용자에게 부여하는 기법으로, 자원의 보호보다는 자원의 공동 활용이 더 중요시되는 환경에 적합하며, 기업 환경에는 자원의 유출 가능성을 내포하고 있다.

112) 접근제어 관리 작업을 단순화하고 기능 기반 접근제어를 직접 제공하기 위해 DAC과 MAC 메커니즘의 대안으로 제안된 것으로, 권한을 역할과 연관시키고 사용자들이 적절한 역할을 할당받도록 하는 것

113) 사용자, 프로세스, 파일 등의 모든 시스템 구성 요소에 대해 보안 수준과 업무 영역에 따라 보안 등급 및 보호 범주를 부여하는 방식으로서, 직책과 직무에 따른 보안권한이 엄격한 조직에서 필수적으로 요구되는 보안 기능

연습문제

1. 시스템에 포함되어 있는 정보를 파괴할 때 사용될 수 있는 취약점을 최대한 줄이는 것을 보안성 유지라 할 때, 보안의 3대 요구 조건이 아닌 것은?

   ① safety ② confidentiality

   ③ integrity ④ availability

2. 보안 메커니즘(mechanism)의 설계 원칙에는 개방된 설계, 최소 특권, 특권의 분할, 메커니즘의 경제성 등이 있다. 이 중 개방된 설계의 의미로 가장 적합한 것은?

   ① 알고리즘은 알려졌으나, 그 키는 비밀인 암호 시스템의 사용을 의미한다.
   ② 트로이 목마로부터의 피해를 제한하기 위해 모든 주체는 업무 완수에 필요한 최소한의 특권만을 사용해야 한다.
   ③ 가능하다면 객체에 대한 접근은 하나 이상의 조건을 만족하게 해야 한다.
   ④ 가능한 한 기능 검증과 쉽게 정확한 구현을 할 수 있도록 간단히 설계한다.

3. 다음 접근제어 리스트에서 "파일1"이 처리될 수 없는 것은?(단, R= 읽기, W=쓰기, P=인쇄, L=공유)

종류	접근제어리스트 (ACL)
파일1	(A, RWP)
파일2	(B, RWL)

   ① 읽기 ② 쓰기
   ③ 인쇄 ④ 공유

4. 사용자의 신원을 운영체제가 확인하는 절차를 통해 불법 침입자로부터 시스템을 보호하는 보안 유지 방식은?

   ① 외부 보안
   ② 운용 보안
   ③ 사용자 인터페이스 보안
   ④ 내부 보안

5. 자원보호 기법 중 접근 제어 행렬을 구성하는 요소가 아닌 것은?

① 영역　　② 객체

③ 권한　　④ 시간

6. 파일 보호 기법 중 각 파일에 판독 암호와 기록 암호를 부여하여 제한된 사용자에게만 접근을 허용하는 기법은?

① 파일의 명명(Naming)　　② 비밀번호(Password)

③ 접근제어(Access control)　　④ 암호화(Cryptography)

1① 2① 3④ 4③ 5④ 6②

생각의 창

✓ 에드거 앨런 포 소설 속의 암호문

- 단편소설 '황금충', 19C 미국
- 보물 위치 암호문

  53‡ ‡ †305))6*;4826)4‡.)4‡);806*;48†8¶60))85;

  1‡(;:‡*8†83(88)5*†;46(;88*96*?;8)*‡(;485);5*†2:*‡(;4

  956*2(5*—4)8¶8*;4069285);)6†8)4‡ ‡;1(‡9;48081;8:8‡1;48†85;4)485†

  528806*81(‡9;48;(88;4(‡?34;48)4‡;161;:188;‡?;

- 빈도수

기호	8	;	4	‡	)	*	5	6	(	1	+	0	2	9	3	:	?	¶	.	-
빈도	33	26	19	16	16	13	12	11	10	8	8	6	5	5	4	4	3	2	1	1

- 영문에서 가장 빈도 높은 철자 : e 따라서 8→e
- 가장 빈번한 단어 the : ;→ t, 4→ h (과정의 반복)
- 복호문

  53‡‡†305))6*;4826)4‡.)4‡);806*;48†8¶60))85;vilsseat
  agoodglassinthebishopshostelinthede
  ;]8*;:‡*8†83(88)5*†;46(;88*96*?;8)*‡(;485);5*†2:*‡(;4
  twentyonedegreesandthirteenminutesnortheastandbynorth
  956*2(5*—4)8¶8*;4069285);)6†8)4‡‡;1(‡9;48081;8:8‡1;48
  mainbranchseventhlimbeastsideshootfromthelefteyeofthe
  †85;4)485†528806*81(‡9;48;(88;4(‡?34;48)4‡;161;:188;‡?;
  deathsheadabeelinefromthetreethroughtheshotfiftyfeetout

  A good glass in the bishop's hostel in the devil's seat
  forty-one degrees and thirteen minutes northeast and by north
  main branch seventh limb east side shoot from the left eye of the
  death's-head a bee line from the tree through the shot fifty feet out

  주교의 호스텔 악마의 의자에 있는 망원경
  북동쪽의 북쪽(북북동) 41도 13분
  해골의 왼쪽 눈에서 동쪽으로 일곱 번째 가지를 향해 쏜
  나무에서 투하점에서 직선으로 50피트 바깥

VIII부 다중처리 시스템과 분산처리 시스템

51장 다중처리 시스템
52장 다중처리기-구조적(플린 Flynn) 분류
53장 병렬 처리 기법
54장 결합강도
55장 기억장치 연결에 따른 분류
56장 운영체제 구성에 따른 분루
57장 분산처리 시스템
58장 클라우드 컴퓨팅
59장 프로세서 모델에 따른 분류
60장 네트워크 위상에 따른 분류
61장 분산 범위에 따른 분류
62장 운영체제 유형에 따른 분류

51장 다중 처리 시스템(Multi-Processing System)

다중 처리 시스템의 정의는 시스템의 구축에 따라 조금씩 다른 특징을 지닌다.

일반적인 다중 처리 시스템의 정의는, 주기억장치나 입출력장치 등 처리기들을 복수 개의 논리장치를 통해 연결하여 서로 처리 능력을 공용할 수 있도록 한 시스템이다. 이러한 시스템은 고장에 의해서 처리가 중단되지 않아야 하는 경우에 사용될 수 있다.

다중 처리기를 사용하는 목적은 **신뢰성**(Reliability)과 **컴퓨터의 능력**(Computing Power)을 증대시키는데 있으며, **신뢰성**은 하나의 처리기가 고장 났을 때에도 나머지 다른 처리기들에 의해 계속 그 기능을 유지할 수 있고, **컴퓨팅 능력**은 여러 처리기의 능력을 조합하여 컴퓨터 시스템 전체의 연산능력을 향상시키는 것을 의미한다.

다중 처리기 개요

- 다중 처리기는 **강결합**(Tightly Coupled) **시스템**으로 2개 이상의 프로세서를 포함한다.
- 다중 처리기는 기억장치와 입출력 채널 등 주변 장치들을 공유한다.
- 프로세스들 간의 통신은 공유 기억장치를 통해서 이뤄진다.

다중 처리기 시스템의 종류

■ 구조적 분류

- SISD(Single Instruction Single Data)
- SIMD(Single Instruction Multi Data)
- MISD(Multi Instruction Single Data)
- MIMD(Multi Instruction Multi Data)

■ 결합강도(기억장치 및 운영체제 공유)에 따른 분류

- 약결합 다중 처리기(Loosely Coupled System)
- 강결합 다중 처리기(Tightly Coupled System)

■ 기억장치 연결에 따른 분류

- 시분할(Time Sharing) 및 공유버스(Common Bus)
- 크로스바 교환 행렬(Crossbar Switch Matrix)
- 다중포트 기억장치(Multiport Storage)
- 하이퍼큐브(Hypercube)

■ 운영체제 구성에 따른 분류

- 주/종 관계(Master/Slave) 관계구조
- 각 프로세서에 대한 독립 수행(Separative Execution) 구조
- 모든 프로세서들의 대칭적 처리(Symmetric Treatment) 구조

■ 병렬 처리 기법(명령어와 자료 흐름에 따른 분류)

- 파이프라인(Pipeline) 프로세서
- 벡터(Vector) 프로세서
- 배열(Array) 프로세서
- 연관기억장치(Associative Memory) 프로세서
- 데이터 플로(Data Flow) 프로세서
- 시스톨릭(Systolic) 구조
- 리덕션(Reduction) 구조
- 웨이브프론트 배열(Wavefront Array) 구조

52장 다중 처리기-구조적(플린 Flynn) 분류

SISD(Single Instruction Single Data)

- 하나의 명령이 한 개의 데이터(자료)를 처리하는 하나의 처리기를 지닌 시스템이다.
- 한 프로세서가 한 번에 하나의 명령어를 처리할 때, 하나의 메모리에 저장되어 있는 한 개의 데이터를 이용하여 처리한다.
- 폰 노이만 구조에 해당
- 각 데이터를 처리하기 위하여 매번 명령어를 읽어야하기 때문에 효율이 떨어진다.
- 파이프라이닝과 같이 동시 처리를 함으로써 성능을 향상시킬 수 있다.

SIMD(Single Instruction Multi Data)

- 하나의 명령이 다수의 데이터를 처리한다.
- 다수의 처리기가 하나의 제어장치에 의해 제어된다.
- 벡터 프로세서 컴퓨터, 배열(Array) 처리기에 많이 사용된다.
- 비디오게임 콘솔, 그래픽카드 등 멀티미디어 분야에 주로 사용

MISD(Multi Instruction Single Data)

- 다수의 명령이 하나의 데이터를 처리
- 실제로는 사용되지 않는 구조

MIMD(Multi Instruction Multi Data)

- 다수의 명령이 다수의 데이터를 처리한다.
- 멀티프로세서에 사용된다.
- 비동기적이고 독립적으로 동작하는 여러 개의 프로세서를 이용
- 각 프로세서들은 서로 다른 데이터를 이용하는 다른 명령어들이 실행한다.
- 공유 메모리나 분산 메모리를 지닌다.
- **MIMD나 SIMD가 많이 사용된다.**

생각의 창

악성 소프트웨어 / 맬웨어(Mal Ware)

- **컴퓨터 바이러스(computer virus)** : 프로그램을 통해 감염되는 악성 소프트웨어
- **웜(worm)** : 컴퓨터의 취약점을 찾아서 네트워크를 통해 스스로 감염되는 악성 소프트웨어
- **웜 바이러스(worm virus)** : 웜과 바이러스의 감염방법을 동시에 갖춘 악성 소프트웨어
- **트로이 목마(Trojan Horses)** : 자가 복제능력이 없는 악성 소프트웨어
- **스파이웨어(spy ware)** : 사용자의 정보를 빼내는 악성 소프트웨어
- **애드웨어(ed ware)** : 컴퓨터 사용 시 자동적으로 광고가 표시되게 하는 악성 소프트웨어
- Hoax : 악성코드에 대한 잘못된 정보로 악영향을 끼치는 소문(감쪽같이 속이다)
- **가짜 백신 프로그램** : 정당한 바이러스 방어 프로그램이라고 주장하며 잘못된 정보를 표시하고, 사용·결제를 유도하여 재무적 정보를 훔치는 악성 소프트웨어
- **하이재커(hijacker)** : 의도치 않은 사이트로 이동시키고 팝업창을 띄우는 악성 소프트웨어
- **랜섬웨어(ransom ware)** : 특정 파일을 다른 확장자명으로 바꿔서 파일을 사용하지 못하게 하고 해커에게 돈을 지불하면 복구해주는 악성 소프트웨어

- **해커(Hacker)** : 화이트해커(White Hacker) / 블랙해커(Black Hacker)
- **블랙해커 : 크래커(Cracker)**라고도 하며, 타인의 컴퓨터에 침입해 축적되어 있는 귀중한 정보를 빼내거나 삭제 또는 중요한 자료의 내용을 바꾸어놓는 등을 하는 침입자
- **화이트해커** : 보안 취약점과 해킹방어 전략 등을 연구하기 위해 모의 해킹을 시도하며, 해커의 공격 상황을 가상으로 연출해 보다 개선된 보안 시스템을 구축해주는 전문가 또는 컴퓨터 시스템이나 프로그래밍에 뛰어난 기술자로서 컴퓨터 시스템 내부구조 및 동작에 관심을 지니고 공부하고 노력하는 순수한 전문가

53장 병렬 처리 기법

파이프라인 프로세서(Pipeline Processor)

- 하나의 **프로세서**[114]에 대해 서로 다른 기능을 가진 여러 개의 **서브 프로세서(명령어 인출:IF, 명령어 해독:ID, 오퍼랜드**[115] **인출:OF, 명령어 실행:EX)**가 동시에 서로 다른 데이터를 취급하는 구조
- 파이프라인이란, 프로세서로 가는 명령어들의 움직임이나 명령어를 수행하기 위해 프로세서에 의해 취해진 산술적인 단계가 연속적이고, 세부적으로 한 단계씩 겹치는 것을 의미한다.
- 파이프라인 구조가 아니라면, 컴퓨터의 프로세서는 메모리에서 첫 번째 명령어를 가져와 그것이 요구하는 연산을 모두 수행하고 나서 다음번 명령어를 메모리로부터 가져오게 된다.

명령 실행 단계
명령어 인출 IF : Instruction Fetch 명령어 해독 ID : Instruction Decode 오퍼랜드 인출 OF : Operand Fetch 명령어 실행 EX : EXecution

① 비 파이프라인의 실행과정

IF	ID	OF	EX	IF	ID	OF	EX	IF	..	
i1				i2				......		

② 파이프라인의 실행과정

EX				i4	i2	i3	i4	i5	i6
OF			i3	i2	i3	i4	i5	i6	..
ID		i2	i2	i3	i4	i5	i6	..	
IF	i1	i2	i3	i4	i5	i6	..		

114) 프로세서를 처리기로 표현하는 경우도 있음
115) Operand : 연산의 대상이 되는 것. A+B에서 A는 제1 오퍼랜드, B는 제2 오퍼랜드

벡터 프로세서(Vector Processor)

- 배열을 행이나 열로 나누어 벡터로서 한 번에 정리하여 처리할 수 있는 구조
- **분산형 배열 프로세서**라고도 한다.
- 산술, 논리연산, 비교, 내적계산, 최대값, 최소값을 위한 명령 등을 포함하여 벡터 연산 명령을 지니고 있는 컴퓨터 시스템이다.
- 벡터 데이터를 고속으로 처리 가능하고, 배열(Array)을 행이나 열로 나누어 벡터로서 한 번에 처리한다.
- 다중 연산 장치로 구성되며, 각각의 장치는 메모리 블록(Memory Block) 상의 각각의 데이터에 대응해 있어 동시에 동작한다.

배열 프로세서(Array Processor)

- 배열 프로세서는 대규모 데이터 배열에 대한 계산을 수행하는 프로세서다.
- SIMD 배열 프로세서는 단일 명령어에 대한 다중 데이터 구조를 가진 프로세서로, 보통의 명령어에 대한 다중 기능 장치를 사용하여 벡터 명령어를 처리한다.
- 대규모 데이터 배열에 대한 계산을 수행하기에 유리하며, 범용 컴퓨터에 추가하는 배열 프로세서(Attached Array Processor)가 있다.
- SIMD 배열 프로세서는 단일 명령어, 다중 데이터 구조를 가진 프로세서로 명령어에 대한 다중 기능 장치를 사용하여 벡터 명령어를 처리한다.

54장 결합강도

약결합 다중 처리기(Loosely Coupled System)

- 각 프로세서마다 독립된 메모리를 가지고 있으며, **분산 처리 시스템**이라고도 한다.
- 두 개 이상의 독립된 컴퓨터 시스템을 통신망으로 연결한 시스템이다.
- 각 컴퓨터 시스템마다 독자적인 운영체제를 갖는다.
- 각 시스템은 독립적으로 실행할 수 있고, 상호 통신을 통해 작업 등을 공유할 수 있다.
- 프로세서간의 통신은 **메시지 전달**이나 **원격 프로시저 호출**을 통해 이뤄진다.
- 각 시스템이 독자적으로 운영될 수 있어 프로세서간의 결합력이 약하다(약결합 또는 **느슨한 결합**).

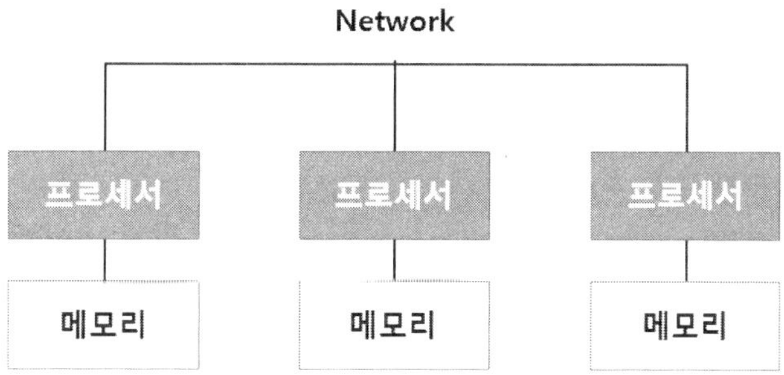

강결합 다중 처리기(Tightly Coupled System)

- 하나의 운영체제와 하나의 메모리를 공유한 여러 프로세서로 구성된 시스템으로, **다중(병렬) 처리 시스템**이라고 한다.
- 프로세서간의 통신은 공유 메모리를 통해서 이뤄진다.
- 하나의 메모리를 사용하므로 프로세서간의 결합력이 강하다.
- 공유 메모리를 차지하려는 프로세서간의 경쟁을 최소화시켜야 한다.

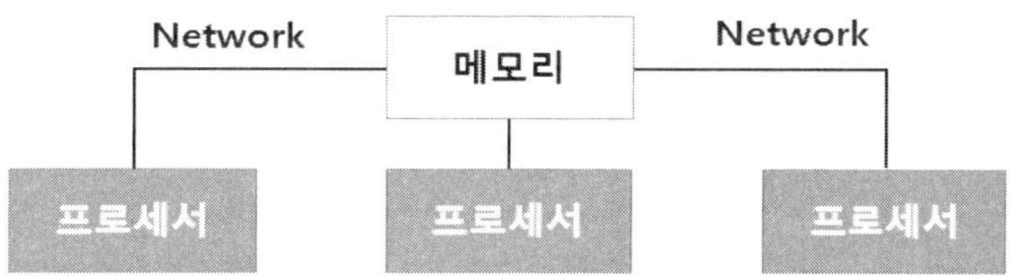

55장 기억장치 연결에 따른 분류

시분할(Time Sharing) 및 공유버스(Common Bus)

- 프로세서, 기억장치, 주변장치 등 모든 장치들은 버스(Bus)[116]로 연결된다.
- 따라서 연결이 간단하고, 경제적이며 장치 추가 등 융통성이 있다.
- 한 순간에는 하나의 전송만 가능하다.
- 장치들의 버스 경쟁이 발생하면 시스템의 효율이 저하된다.
- 버스에 이상이 발생하면 전체 시스템은 중지한다.

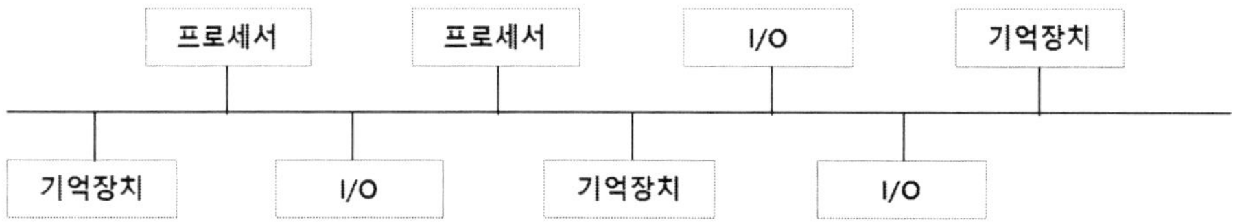

크로스바 교환 행렬(Crossbar Switch Matrix)

- 시분할 및 공유버스 시스템에서 버스의 수를 기억장치 수만큼 증가시켜 연결하는 방식이다.
- 기억장치마다 다른 경로를 사용할 수 있다.
- 장치들의 연결이 복잡해진다.

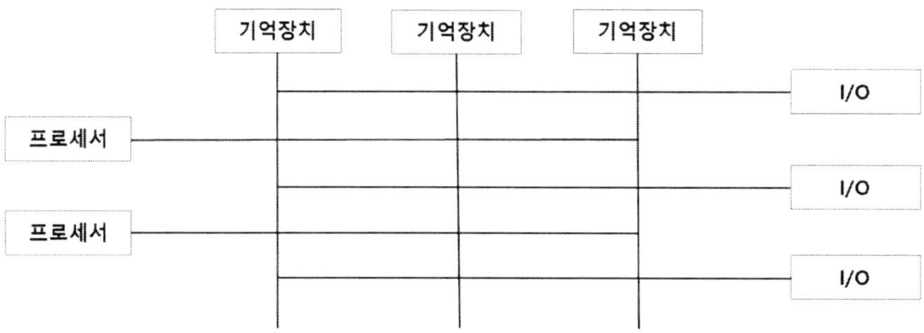

116) 중앙처리장치(CPU), 비디오 카드, 각종 입출력 장치, 주변 기기 사이에 주고받는 정보가 전달되는 통로 또는 전송로

다중포트 기억장치(Multiport Storage)

- 시분할 및 공유버스 시스템과 크로스바 교환 행렬 방식을 혼합한 방식이다.
- 많은 수의 프로세서를 연결하기 쉽다.
- 다양한 연결은 가능하나, 전송 시간이 지연된다.

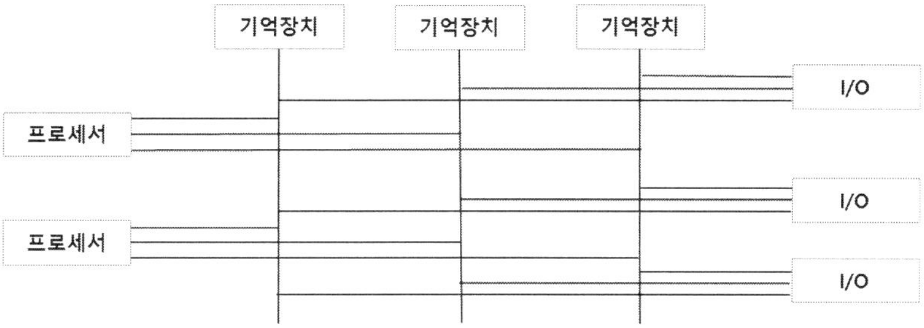

하이퍼큐브(Hypercube)

- 4개의 프로세서를 2개씩 서로 이웃하게 연결한 사각모양의 2차원 하이퍼큐브를 만든다. 2차원 하이퍼큐브의 대응점을 연결하여, 3차원 하이퍼큐브를 만든다. 이 같은 과정을 계속하여 원하는 다차원 하이퍼큐브를 만들어 간다. 일반적으로 수십~수천 개의 프로세서를 병렬로 구성하는 컴퓨터 구조다.
- 다수 프로세서를 연결할 수 있어 확장성이 좋다.
- 하나의 프로세서에 연결되는 프로세서의 수(연결점)가 n 개일 경우, 프로세서는 2^n 개가 필요하다.
- 프로세서는 각각의 기억장치를 가지고 있으며, 통신채널에 의해 프로세서를 모두 연결한다.
  예) 3차원 하이퍼큐브라면, 프로세서가 8개 필요하며, 각각 3회선의 통신채널을 가진다.
- 소결합 다중 처리기라고도 한다.

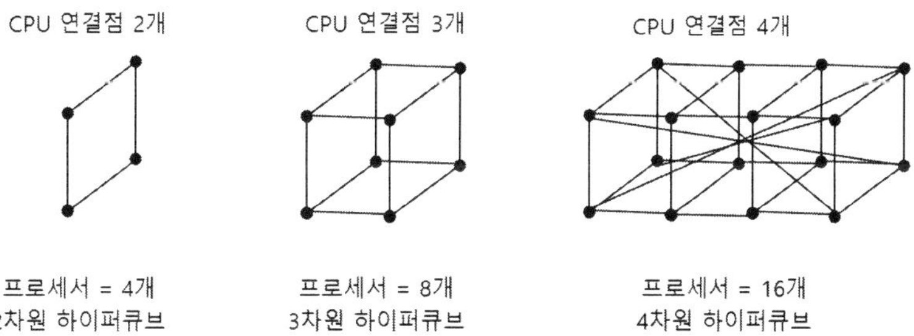

56장 운영체제 구성에 따른 분류

주/종 관계(Master/Slave) 관계구조 : (주/종 처리기)

- 하나의 프로세서를 주프로세서로 지정하고, 나머지는 종프로세서로 구성시키는 구조
- 주프로세서가 고장 나면 전체 시스템은 정지한다. 따라서 전체 시스템의 신뢰도가 낮다.
- 주프로세서만 운영체제를 실행하고, 입출력을 전담한다.
- 주프로세서는 나머지 종프로세서의 기능을 알고 있다.
- 종프로세서는 사용자 프로그램만 수행하며, 연산만 담당하고, 입출력이 필요하면 주프로세서에게 요청해서 처리한다.
- 주/종 프로세서는 비대칭 구조를 갖는다.
- 각 장치들을 최적하게 사용하지 못한다.
- 작업의 부하가 알려진 분야에 적합하다.

각 프로세서에 대한 독립 수행(Separative Execution) 구조 : (분리 처리기)

- 주/종 처리기의 비대칭성을 보완한 것으로, 각 프로세서는 독자적인 운영체제를 지닌다.
- 각 프로세서는 자신이 발생시킨 인터럽트를 스스로 처리한다.
- 각자가 운영체제를 지니고 있다.
- 따라서 하나의 프로세서에서 고장이 발생하여도 전체 시스템은 수행을 계속할 수 있다.
- 주/종 프로세서 구조에 비해 신뢰도가 높다.
- 각 프로세서에게 할당된 작업은 할당된 프로세서에서만 완료해야 하므로 부하가 분담되지 않는다. 이로서 특정 프로세서가 분주하여도 유휴 상태에 있는 프로세서가 발생할 수 있다.

모든 프로세서들의 대칭적 처리(Symmetric Treatment) 구조 : (대칭적 처리기)

- 완전한 기능을 지닌 프로세서들이 하나의 운영체제를 공유하며 처리하는 구조
- 각 프로세서가 독립적으로 수행하는 구조(분리 처리기)의 문제점을 보완한 구조
- 여러 개의 프로세서가 동시에 수행할 수 있어 작업 부하가 분산된다. 따라서 자원의 활용도가 높다.
- 하나의 운영체제를 공유하므로, 경쟁(충돌)이 발생할 수 있다.
- 가장 복잡한 구조지만, 가장 강력한 시스템이며, 신뢰도도 가장 높다.
- 프로세서의 수를 늘린다 해도 시스템의 효율은 향상되지 않는다.

57장 분산 처리 시스템(Distributed Processing System)

분산 처리 시스템은 다중 처리기 시스템 입장에서 보면 결합정도가 약한 **약결합 다중 처리기**(Loosely Coupled System)에 해당한다.

분산 처리 시스템의 등장으로 컴퓨터 시스템의 **다운사이징**(Downsizing)[117]이 가능해 졌고, 유닉스(UNIX) 기반 등의 **클라이언트/서버 시스템**의 발전이 가능해 졌다.

분산 처리 시스템은 기존의 **중앙 집중 처리 시스템**(Centralized Processing System)[118]과는 다르게, 모든 작업이 중앙 컴퓨터에 집중되어 처리되는 것이 아니라, 지역적으로 떨어진 작은 컴퓨터 시스템에 부하가 분산되어 처리된 후 통신망을 통해 결집할 수 있어, **신뢰도**와 **가용성**이 향상된다.

분산 처리 시스템 개요

- 여러 개의 소형 컴퓨터(노드 Node)들을 컴퓨터 통신망으로 연결하여 하나의 거대한 컴퓨터 시스템을 구성
- 데이터 처리장치와 데이터베이스가 지역적으로 분산되어 있고, 통신망을 통해 정보교환이 가능한 상호 결합된 시스템이다.
- 서로 다른 위치에 있는 컴퓨터 시스템들이 기능과 자원을 분산 시켜 상호 협력하는 시스템이다. 따라서 모든 노드는 기능을 분담하여 수행할 수 있고, 신속한 정보교환이 가능하다.

117) **소형화**를 의미하는 것으로, 기존에 비해 보다 더 소형 컴퓨터를 사용하는 것을 말한다.
대형 컴퓨터를 대신해서 워크스테이션이나 PC를 활용하는 것으로, 비용의 절감과 개발 기간의 단축이 가능하다.

118) 모든 처리를 수행하는 하나의 중앙 컴퓨터와 데이터 입출력 기능을 지닌 터미널(단말기)로 구성된 시스템. 현재는 거의 사용되지 않음.

분산 처리 시스템 목적

- **자원공유**
  노드들 간에 상호 통신망으로 결합되어 있어, 서로의 여러 자원(파일, 분산 데이터베이스, 인쇄, 처리능력 등)을 공유하고 어디서라도(어느 노드라도) 사용할 수 있다.

- **연산속도 향상**
  연산 기능도 공유가 가능하고, 분산된 처리능력을 통해 연산속도를 높일 수 있다.

- **신뢰도 향상**
  하나의 노드 또는 사이트(Site)가 고장이 발생하여도 나머지 노드에서 작업을 계속할 수 있다.

- **통신 기능(정보교환성)**
  지리적으로 먼 곳의 노드들도 통신망을 통해 결합될 수 있고, 파일전송이나 데이터를 교환할 수 있다.

현재의 대부분의 컴퓨팅 시스템은 분산 처리 시스템으로 구성되어 있으며, 많은 장점을 제공하고 있다.

분산 처리 시스템의 장점과 단점

- 장점
  - 상호 통신이 가능하다.
  - 한정된 장치들의 기능을 여러 지역에서 공유할 수 있다.
  - 데이터를 비롯한 자원을 공유할 수 있다.
  - 값비싼 장비를 공유할 수 있다.
  - 기존의 단일 시스템의 업그레이드(Upgrade)는 시스템을 교체해야 하지만, 분산시스템은 간편하게 더 많은 처리기를 시스템에 추가하는 것으로 업그레이드가 쉽다(확장성이 좋다).
  - 중앙 컴퓨터(특정 컴퓨터 시스템)의 작업부하를 줄일 수 있다.
  - 각 노드(사용자, 사이트)의 지리적 위치를 몰라도 자원을 사용하는 것에 어려움이 없다.

- 한 작업을 여러 시스템에 분산하여 처리함으로써, 연산속도, 신뢰도, 사용 가능성(가용성) 등이 향상된다.
- **결함 허용**(Fault Tolerance)[119]이 가능하다.
- 작업량의 증가에 따라 시스템의 확장이 가능하여 유통성이 높다.
- 작업의 특성과 현재 사용 가능한 컴퓨터 시스템을 고려한 가장 적절한 노드를 선정하여 작업을 분산시킬 수 있다.

• **단점**

- 중앙 집중 시스템에 비해 소프트웨어 개발이 복잡하고 어렵다.
- 보안 정책이 복잡하다.
- 통신망의 장애는 시스템 전반의 처리능력을 저하시키거나 정지하게 할 수 있다.
- 시스템의 통일성을 확보하기가 어렵다(통신망에 따른 제약이 있다).
- 전체적인 시스템 설계가 복잡하다.
- 데이터 처리를 위한 서비스의 만족도가 저하될 수 있다.
- 데이터의 안정성에 위협이 높다.

분산 처리 시스템의 투명성

투명성(Transparency)은 분산된 여러 자원의 위치를 사용자가 알지 못하고, 모든 것이 마련된 하나의 거대한 시스템을 사용하는듯하게 인식하는 것을 의미한다.

- **위치 투명성**(Location Transparency) : 하드웨어나 소프트웨어 등의 자원이 물리적으로 어디에 있는지 몰라도 접근이 가능하다.
- **이주 투명성**(Migration Transparency) : 내부적으로 데이터가 이동하는 걸 알 필요가 없다. 사용자나 프로그램의 동작에 영향을 받지 않고 자원을 이동할 수 있다.
- **복제 투명성**(Replication Transparency) : 데이터가 복제되는 걸 사용자는 알 필요 없다.
- **병행 투명성**(Concurrency Transparency) : 사용자들은 자원에 대한 병행제어에 대하여 몰라도 된다.

---

119) 하나 이상의 결함이 전체 시스템 내에 발생하여도 사용자에게 서비스를 지속적으로 제공하는 것. 시스템의 가용성, 신뢰성, 안정성 등이 확보된다.

- **접근 투명성**(Access Transparency) : 로그인 등을 이용하여 어떤 노드라도 접속하여 사용할 수 있다.
- **성능 투명성**(Performance Transparency) : 시스템의 성능을 향상시키기 위해 시스템을 재구성할 수 있다.
- **규모 투명성**(Scaling Transparency) : 시스템이나 응용 프로그램들은 시스템 구조나 응용 알고리즘의 변경에 대한 변경 없이 규모에 맞춰 확장할 수 있다.
- **고장 투명성**(Failure Transparency) : 시스템의 일부에 고장이 발생하여도 사용자나 응용 프로그램의 실행은 가능하다.

분산 처리 시스템의 계층 구조

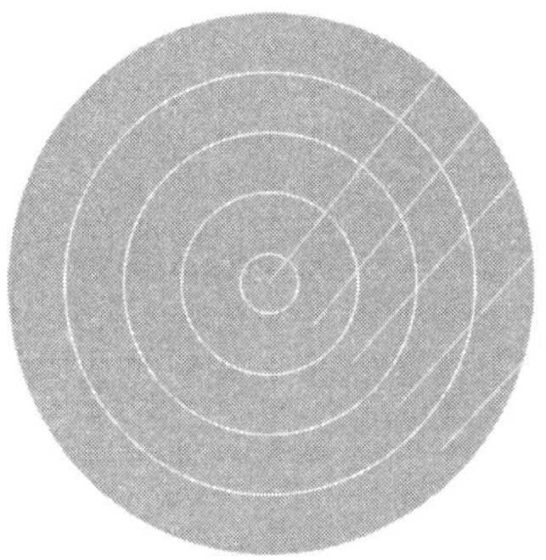

하드웨어 계층 : 시스템의 기본 기능 제공

기억장치 계층 : 기억장치 관리

프로세스 계층 : 프로세스 생성, 종료 등 관리

파일 시스템 계층 : 파일의 저장, 접근, 공유 등 관리

사용자(응용 프로그램) 계층 : 사용자 프로그램에 대한 관리

분산 파일 시스템(Distributed File System)

- 분산 시스템에서 사용하는 파일 시스템으로, **클라이언트**(Client)가 **서버**(Server)[120)]상에 저장된 데이터를 마치 자신에게 저장되어 있는 것처럼 사용할 수 있도록 여러 서버에 데이터를 저장하고 관리한다.
- **클라우드 컴퓨팅**의 핵심 기술로 단순히 데이터의 저장과 관리만을 수행하지 않고, 하드웨어 장애에 대처하며 서비스가 중단되지 않도록 한다.
- 적절한 병렬처리를 통해 서비스가 요구하는 성능을 만족시킨다.

120) 클라이언트 : 클라이언트/서버(client/server) 구성에서 사용자측. 사용자가 서버에 접속했을 때 클라이언트는 사용자 자신을 지칭하거나, 사용자의 컴퓨터 또는 동작하는 프로그램이 될 수 있다.

- 여러 노드(사이트)에서 파일을 원활하게 사용하도록 지원한다.
- 분산된 서로 다른 컴퓨터 시스템의 사용자간에 정보를 공유하도록 지원한다.
- 자신의 파일은 어느 장소에서나 사용이 가능하다.
- 이질적인 컴퓨터간에 동일한 파일 시스템을 사용하므로 효율성이 높다.

대표적인 분산 파일 시스템

- NFS(Network File System)
  - SUN 마이크로시스템사가 만든 최초[121]의 분산 파일시스템 프로토콜
  - 네트워크 드라이브를 로컬 컴퓨터의 디렉터리에 적재하여 사용
  - 근거리 통신망(LAN) 또는 원격 통신망에서 주로 사용
  - 분산된 처리능력을 통해 연산속도를 높임.
  - 투명성을 통해 파일 시스템간의 일정 수준의 공유가 허용됨.
  - 독립된 파일 시스템을 지닌 서로 다른 워크스테이션 모임이 연결된 형태

- 러스터(Luster)
  - 병렬형 분산파일시스템으로 대규모 클러스터 컴퓨팅에서 주로 이용
  - Linux와 Cluster의 합성
  - 대부분의 슈퍼컴퓨터에서 사용

- DFS(Distributed File System)
  - 마이크로소프트 제품
  - SMB[122]를 기반으로 재구축한 분산 파일 시스템

- GFS(Google File System)
  - Google이 개발한 독자적인 분산 파일 시스템

- LoCUS
  - 대규모 분산 운영체제를 구축하기 위한 캘리포니아대학에서 개발
  - UNIX와 호환이 가능하며, 기존의 시스템과 커널이 전혀 다름.

- Andrew
  - 카네기 멜론대학에서 개발
  - 클라이언트 머신과 서버 머신으로 구분하여 확장성이 좋음.

---

121) 1980년대 초 개발

122) SMB(서버 메시지 블록) 프로토콜은 컴퓨터의 응용 프로그램에서 파일을 읽고 쓸 수 있으며, 컴퓨터 네트워크상의 서버 프로그램에서 서비스를 요청할 수 있도록 지원하는 네트워크 파일 공유 프로토콜이다. SMB 프로토콜은 해당 TCP/IP 프로토콜이나 기타 네트워크 프로토콜 상에서 사용될 수 있다.

58장 클라우드 컴퓨팅(Cloud Computing)

클라우드 컴퓨팅은 인터넷을 이용한 정보기술 자원의 주문형 아웃소싱(Outsourcing) 서비스로 이해할 수 있다.

인터넷 상의 서버에 정보와 프로그램을 영구적으로 저장해 두고, 필요할 때마다 PC, 태블릿컴퓨터, 스마트폰 등의 여러 기기를 통해 사용하는 웹 기반 서비스다. 즉, 정보처리를 자신의 컴퓨터가 아닌 인터넷으로 연결된 다른 컴퓨터로 처리하는 기술을 말한다.

클라우드 컴퓨팅에서 클라우드[123]는 한 장소에서의 응용, 네트워킹, 데이터베이스, 운영체제, 인프라 구조 등의 자원의 조합을 의미한다.

클라우드 컴퓨팅의 특징은 사용의 용이성, 접근성, 다중 역할, 사용자 수준에서 보안성과 유연성 등이다.

- 자료나 정보를 클라이언트에서 일시적 또는 영구적으로 보관할 수 있다.
- 정보를 언제, 어디서나 이용할 수 있도록 하는 융통성이 높은 시스템이다.
- 무형의 형태로 존재하는 듯한 하드웨어 및 소프트웨어 등의 컴퓨팅 자원을 자신이 필요한 만큼 빌려 쓰는 것으로 유·무료 방식이 있다.
- 서로 다른 물리적인 위치에 존재하는 컴퓨팅 자원을 가상화 기술로 통합해 제공하는 기술이다.
- 클라우드 컴퓨팅을 도입하면 컴퓨터 시스템을 유지·보수와 관리에 따른 비용과 노력이 줄어든다.

클라우드 사용방식에 따른 분류

- **폐쇄형 클라우드/개인형 클라우드**(Private Cloud) : 특정한 기업 내부 구성원에게만 제공되는 서비스(Internal Cloud)를 의미한다.
- **공개형 클라우드/공공형 클라우드**(Public Cloud) : 일반인에게 공개되는 개방형 서비스(External Cloud)를 의미한다.

123) 클라우드라는 명칭은 컴퓨터 네트워크 구성을 그림으로 나타낼 때 인터넷을 '구름'으로 표현했기 때문이다. 즉, 수많은 컴퓨터가 연결되어 있는 인터넷 환경이 마치 하늘에 떠 있는 구름처럼 알 수 없는 존재로 여겼기 때문일 것이다.

- **혼합형 클라우드**(Hybrid Cloud) : 특정 업무는 폐쇄형 클라우드 방식을 이용하고, 기타 업무는 공개형 클라우드 방식을 적용하는 두 기법이 함께 이용되는 시스템이다.

클라우드 컴퓨팅의 장점과 단점

- 장점
  - 사용자를 위한 저비용의 컴퓨터 시스템 제공
  - 호스트가 클라우드에 인증된 안전한 프로그램만 제공하여 신뢰성이 높고, 데이터의 안정성이 강화된다.
  - 항상 개선되는 성능과 신속한 소프트웨어 업데이트
  - 낮은 IT 인프라 비용
  - 저렴한 유지보수비와 소프트웨어 비용
  - 하드웨어 구입을 위한 초기비용 절감
  - 개선된 운영체제간 호환성 및 개선된 문서 형식의 호환성 지원
  - 집단 협업, 비즈니스 민첩성 및 비즈니스 파트너간의 편리한 협업 지원
  - 특정 기기에 대한 구속성의 제거

- 단점
  - 클라우드에 저장된 민감하거나 취약한 데이터의 해킹이나 유출 문제
  - 지속적인 인터넷 연결의 필요
  - 느린 통신 속도에 따른 연결 작동 미비
  - 처리 지연이 발생할 수 있음.
  - 기능이 제한적일 수 있음.
  - 클라우드의 데이터를 잃는 경우 치명적 영향 발생

분산 처리 시스템의 분류

- 프로세서 모델에 따른 분류
  - 클라이언트/서버 모델
  - 프로세서 풀 모델
  - 혼합 모델

- **네트워크 위상에 따른 분류**
  - 완전 연결(완전 망형) 구조
  - 부분 연결(부분 망형) 구조
  - 계층(트리) 구조
  - 성형(스타형) 구조
  - 환형(링형) 구조
  - 다중 접근 버스 구조
  - 혼성 네트워크

- **분산 범위에 따른 분류**
  - 근거리 통신망
  - 광대역 통신망

- **운영체제 유형에 따른 분류**
  - 네트워크 운영체제
  - 분산 운영체제

생각의 창

백신 프로그램(Vaccine program)

컴퓨터 바이러스 프로그램을 찾아내고 손상된 파일을 치료하는 소프트웨어를 백신프로그램 또는 컴퓨터 백신이라고도 한다. 특정 파일에 대한 기록이나 변경을 감시하거나 주기적 덧붙임 검사(CRC) 등을 통해 바이러스 감염 여부를 확인하고 침범한 바이러스를 제거한다.
대표적인 무료백신은 다음과 같다.

- **알약** : 이스트소프트에서 개발한 알툴즈 제품군. 2007년 처음 발표. 바이러스 검사 시 알아서 해당 바이러스의 종류와 감염 파일 정보를 정리함. 백신 이외에 컴퓨터 관리 기능 포함하여 레지스트리 기록과 하드디스크 기록 등을 정리로 컴퓨터 속도 향상. 프로세서, 액티브X, 호스트 설정 등 각종 내부 설정을 조작하고 정리하는 기능 포함

- **V3 Lite** : V3 제품군 중 무료 공개 제품. 바이러스 감시와 치료, 실시간 감시 등 백신 프로그램의 주요 기능 포함. 액티브X를 비롯한 설치된 응용 프로그램 관리, 컴퓨터 환경 최적화 등 지원

- **네이버 백신** : 실시간 감시, 바이러스 검사 및 치료, 컴퓨터 최적화 기능 등 지원. UI의 지속적인 업데이트를 통해 사용자 편의성 개선, 예약 검사, 간편 검사, 정밀 검사 등의 기능을 제공

59장 프로세서 모델에 따른 분류

클라이언트/서버 모델(Client/Server Model)

- 대부분의 분산 시스템 유형으로, 정보를 제공하는 서버와 제공 받는 클라이언트(워크스테이션, PC 등)로 구성하며, 서로 협력하여 작업을 분산 처리하는 방식
- 다중 사용자 시스템으로, 사용자들 간에 CPU를 공유하기 위해 시분할 단일 컴퓨터로 구성하고, CPU나 기억장치 같은 하드웨어 자원을 할당하고 관리하는 운영체제를 갖는다.
- 서버는 공유된 다양한 시스템 기능과 자원을 제공한다.
- 공유된 중앙 컴퓨터가 없으며, 각 사용자는 작업을 수행할 성능이 우수한 컴퓨터를 지원받는다.
- 프로그램의 모듈성(기능별 분할)과 융통성을 향상시킬 수 있다.
- 하나의 프로세서를 네트워크상의 클라이언트와 서버에 나누어 분산하는 프로세서 방식에서, 클라이언트 쪽에서 RPC[124] 등의 형태로 요청하면 서버에서 그것에 대응한 프로세스를 하여 응답한다. 프로세스를 의뢰하는 쪽을 **클라이언트**라 하며, 의뢰받은 프로세스를 실행하여 응답하는 쪽을 **서버**라 한다.

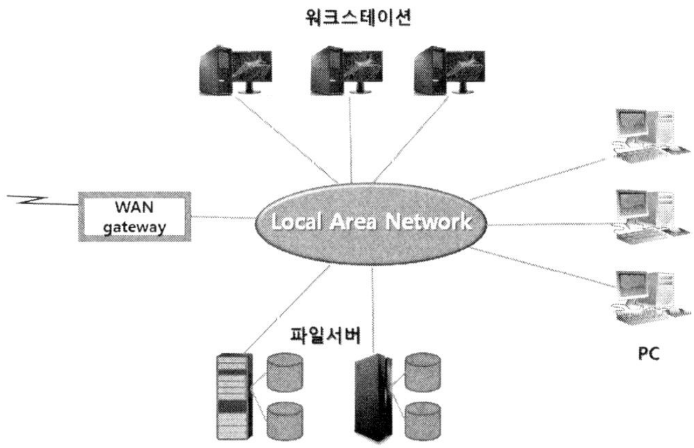

124) Remote Procedure Call 원격 절차 호출, 원격 프로시저 호출

프로세서 풀 모델(Processor Pool Model)

- 하나 이상의 프로세서 풀과 여러 워크스테이션, 서버 등이 연결된 형태
- 응용 프로그램(작업)들은 프로세서 풀의 프로세서에서 수행된다.
- 워크스테이션이나 터미널은 단순히 시스템의 자원을 접근하는 수단을 제공한다.

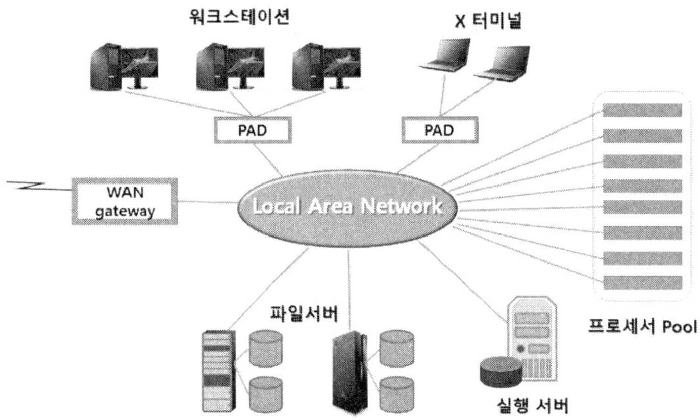

* PAD(Packet Assembler Disassembler) : 각종 데이터를 일정량 묶어 전송하는 장비

혼합 모델

- 클라이언트/서버 모델과 프로세서 풀 모델의 혼합형태
- 사용자는 워크스테이션이나 터미널을 통해 시스템에 접근
- 여러 개의 프로세서 풀이 과부하 처리를 위해 할당되어 병렬 수행한다.

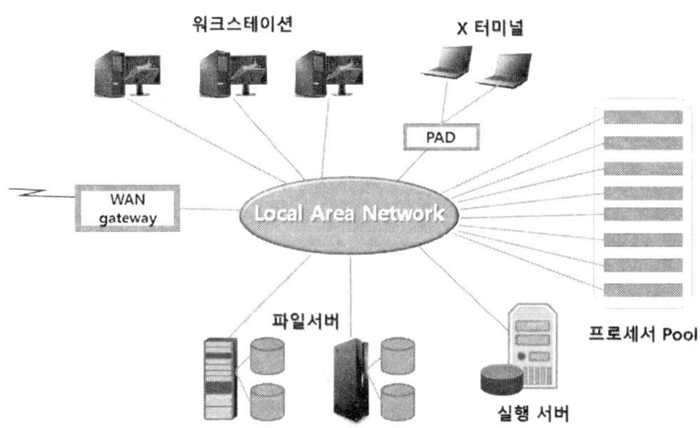

60장 네트워크 위상에 따른 분류

완전 연결(완전 망형) 구조

- 모든 노드(사이트)가 시스템 내의 다른 사이트들과 직접 연결된 구조로, 전체적인 기본비용은 많이 필요하나 통신비용은 적다.
- 두 노드간에는 하나의 회선으로 연결되어 전송속도가 빠르다.
- 특정 노드의 고장이나 회선의 장애로 시스템이 분리되지 않고, 다른 회선을 이용하여 연결되므로 신뢰성이 높다.
- 노드 수가 n개일 경우, 회선(링크) 수는 n(n-1)/2 개가 된다.

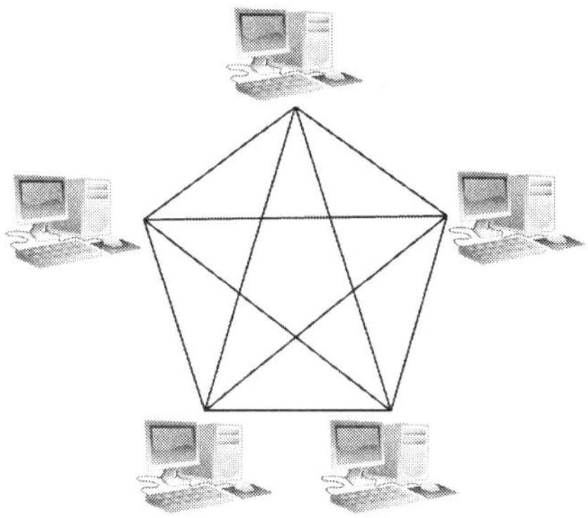

부분 연결(부분 망형) 구조

- 시스템 중 일부만 직접 연결된 구조로, 직접 연결되지 않은 노드는 다른 노드를 통해 연결(전송속도는 저하)된다.
- 기본비용은 완전 연결 구조에 비해 적으나, 통신비용은 완전 연결 구조에 비해 많이 든다.
- 완전 연결 구조보다는 일부의 고장으로 시스템이 분리될 수 있어 신뢰성이 낮다.

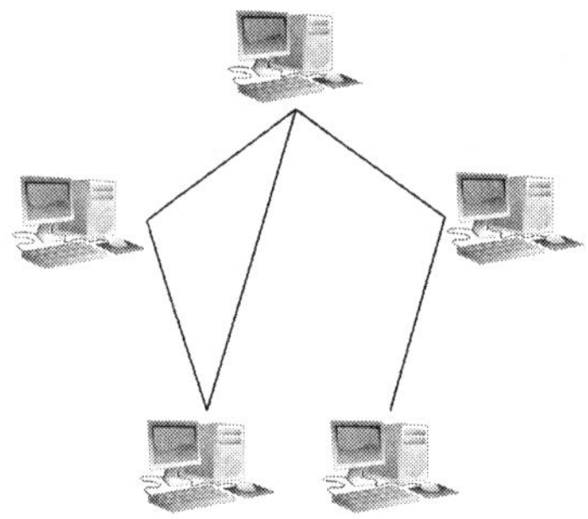

계층(트리) 연결 구조(Hierarchy Connection)

- 루트 노드를 제외한 각 노드는 하나의 부모 노드와 다수 개의 자식 노드를 지닌다.
- 부분 연결 구조보다 기본비용이 저렴하며, 통신비는 트리의 깊이에 비례한다.
- 자식 노드들은 부모 노드를 통해 연결된다.
- 부모 노드의 고장은 자식 노드들을 시스템으로부터 분리시키게 되어 여러 개의 서브 트리 구조로 분할될 수 있다.

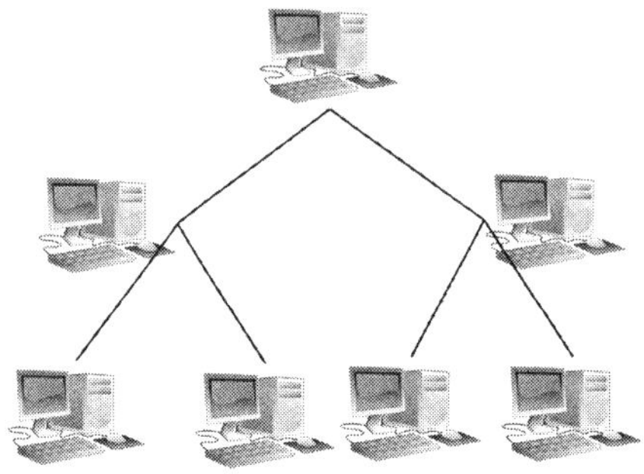

성형(스타형) 연결 구조

- 특정 노드가 중심 노드로서 모든 노드들과 연결되나, 다른 노드들끼리는 직접적인 연결이 없는 구조
- 기본비용은 노드의 개수에 따라 비례하며, 통신비는 낮다.
- 중심 노드에서 병목현상(Bottle Neck)[125]이 발생하기 쉽다.

125) 시스템의 가용 자원 중, 특정 부분에 부하가 많이 걸려 전체 시스템 효율의 저하되는 현상

- 구조가 간단하고, 유지·보수가 쉽다.
- 중앙 노드와만 경유하므로 통신 응답이 빠르다.

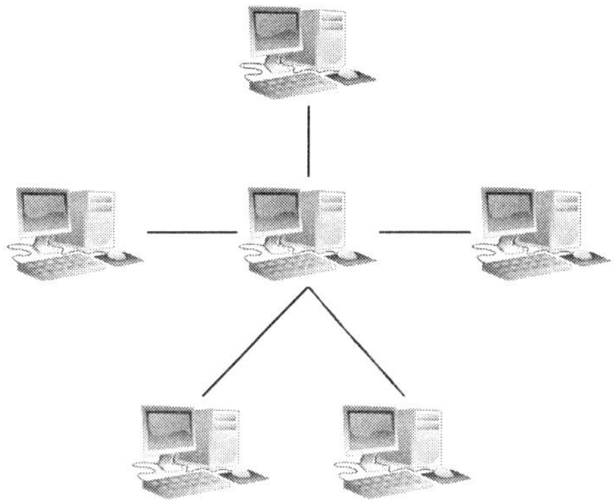

환형(링형) 연결 구조

- 각 노드는 두 개의 노드들과만 연결된다.(단일연결)
- 한 방향 또는 양방향으로 통신하는 방법이 있다.
- 기본비용은 노드 수에 비례하며, 통신비는 매우 높다.
- 한 방향 구조에서는 한 노드 또는 한 회선의 고장으로도 시스템이 분리되며, 양방향 구조에서는 한 노드나 한 회선의 고장으로는 시스템이 분리되지 않는다(두 개 이상의 노드나 회선의 장애 발생 시 분리).
- 이 경우, 한 방향 구조라도 이중연결을 하면 시스템 분리를 막을 수 있다.

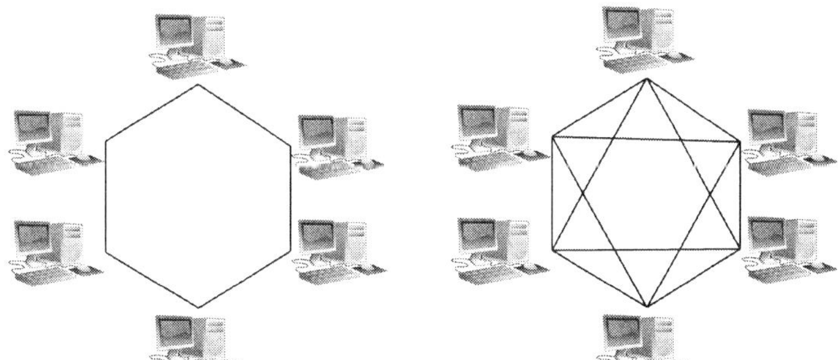

단일연결 이중연결

다중 접근 버스(Multi Access Bus) 구조

- 시스템 내의 모든 노드들은 공유버스에 연결된다.
- 기본비용은 노드 수에 따라 비례하고, 통신비용은 병목현상이 없으면 저렴한 편이다.
- 구조가 간단하고, 노드의 추가와 삭제가 쉽다.
- 노드의 고장은 전체 시스템에 영향을 미치지 않으나, 버스의 고장은 시스템을 정지시킨다.

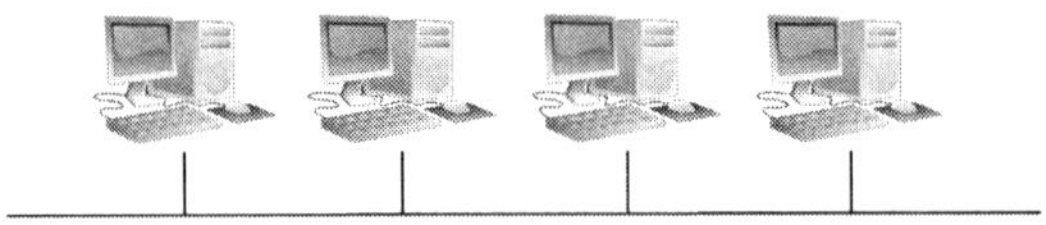

단일 버스

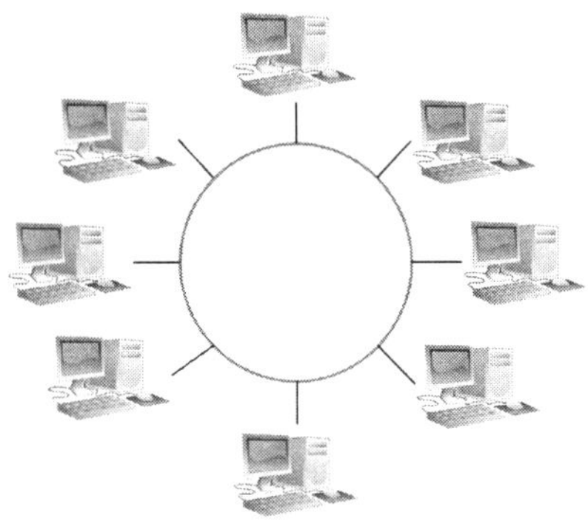

다중링 버스

혼성 네트워크

- 서로 다른 유형의 네트워크 위상들이 혼재되어 구성된 구조다.
- 예를 들어 특정 부분에는 이더넷[126](다중 접근 버스 구조)을 사용하고, 다른 노드들 간에는 계층 구조가 사용되는 등과 같은 구조다.

126) Ethernet : 가장 대표적인 버스 구조 방식의 근거리통신망(LAN)

생각의 창

✓ 슈퍼컴퓨터(supercomputer)

- 계산 속도가 매우 빠르고 대량의 자료를 오랜 시간 지속적으로 처리하는 컴퓨터
- 슈퍼컴퓨터 성능 기준 : 초당 부동소수점 연산량
- 단위 : 플롭스(FLOPS : FLoating-Point Operations Per Second)
- 현재는 수십~100P FLOPS 정도의 연산속도 지님.
- 슈퍼컴퓨터는 국방, 우주 개척, 재난 예방, 에너지 분야 등 국가 안보와 관련된 분야에서 크게 공헌하고 있으며, 최근에는 바이오, 자동차, 항공, 전자, 신소재 등 주요 산업 분야에서 신제품의 설계 및 개발에 슈퍼컴퓨터를 활용하고 있다.
- 중국, 선웨이 타이후라이트(Sunway TaihuLight) : 93 P FLOPS

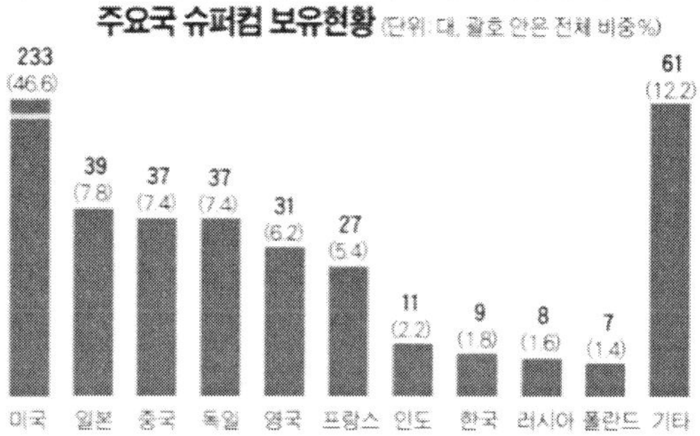

61장 분산 범위에 따른 분류

근거리 통신망(LAN : Local Area Network)

- 일반적으로 10Km 이내의 빌딩이나, 인접한 몇 개의 빌딩 등 좁은 지역에 분산된 프로세서들과 프린터 등 주변장치들이 하나의 시스템으로 결합되어 있는 네트워크
- 노드간의 거리가 짧아 전송 에러율이 낮고 전송속도가 빠르다. 전송 지연 시간도 비교적 짧고 고른 편이다.
- 메시지전송 비율은 메시지의 크기에 비례한다.
- 주로 공동 목표의식이 높은 조직 내의 구성으로 적합하며, 자원의 공유목적이 강하다(자료 및 장비의 공유가 쉽다).
- LAN에는 주로 버스형, 링형, 성형 구조를 주로 사용한다.
- 광대역 원거리 네트워크(WAN)보다 통신 속도가 빨라야 한다.
- LAN은 사무 자동화, 공장 자동화 등을 위해 한정된 지역 내의 여러 정보 기기들을 효과적으로 연결시켜, 모든 정보 기기들이 자유롭게 정보를 교환할 수 있게 해주는 통신 네트워크(Network)다.
- 두 네트워크 사이에 데이터를 교환할 수 있도록 하는 장치로는 **브릿지(Bridge)**를 사용하여 각 장치들을 접속한다. 브릿지는 데이터와 함께 전송되어 오는 주소를 판독하고 기록되어 있는 주소 목록과 대조하는 역할을 한다.

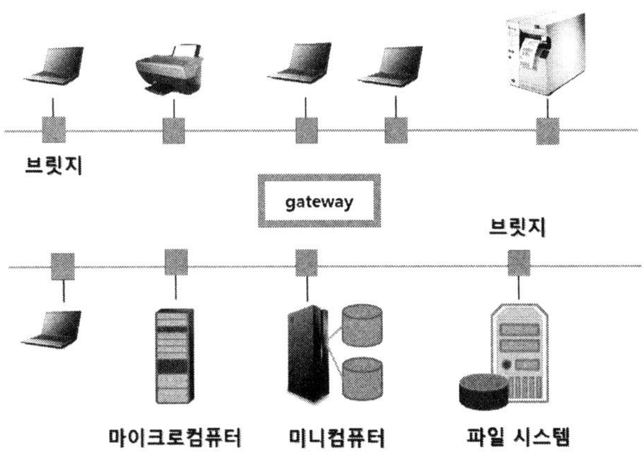

광대역 통신망(WAN : Wide Area Network)

- 국가단위나 대륙간 등 지역적으로 넓게 분포된 노드(사이트)의 분산으로, 통신은 느린 편이고 신뢰성이 낮다.
- 일정 지역 내의 노드들은 근거리 통신망(LAN)으로 연결된 후, 이들을 다시 연결하는 방식이다.
- WAN의 통신회선들은 특정 통신 프로세서에 의해 제어되며, 노드간 정보 전송과 통신에 필요한 인터페이스가 되어준다.
- 인터넷 WAN은 LAN의 **호스트**(Host)간의 상호 통신을 제공하며, 호스트 컴퓨터들은 형태, 속도, 워드길이, 운영체제 등이 서로 다를 수 있다.
- LAN은 글로벌 네트워크와 접속하기 위해 **라우터**(Router)[127]를 이용하며, 라우터는 네트워크상에 전송되는 메시지의 통신경로를 제어해 준다.
- **호스트**는 원거리 통신에서 프로그램이나 데이터 파일을 다른 컴퓨터에서 사용할 수 있도록 하는 등 중앙 집중적인 기능을 수행하는 컴퓨터다.
- 호스트 컴퓨터에 연결된 사용자는 이메일과 텔넷[128], FTP[129]와 같은 응용 프로그램을 사용하여 원하는 서비스를 요청할 수 있다.

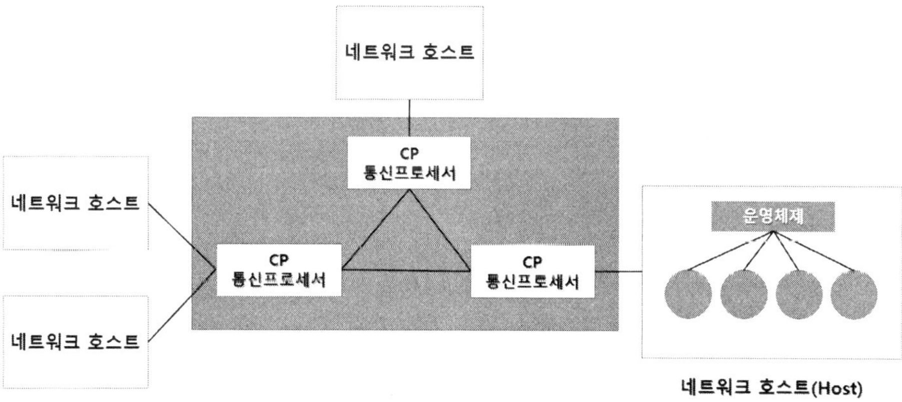

127) **라우터**(router)는 서로 다른 네트워크를 중계해주는 장치로서, 보내지는 송신정보에서 수신처 주소를 읽어 가장 적절한 통신로를 지정하고, 다른 통신망으로 전송하는 장치다. 유지보수가 용이하고, 대규모 통신망을 쉽게 구성할 수 있으며, 다양한 경로를 따라 통신량을 분산시킬 수 있다.
128) 인터넷을 통하여 원격지의 호스트 컴퓨터에 접속할 때 지원되는 인터넷 표준 프로토콜
129) FTP(File Transfer Protocol)는 인터넷을 통해 한 컴퓨터에서 다른 컴퓨터로 파일을 전송할 수 있도록 하는 방법과, 그런 프로그램을 모두 의미한다.

62장 운영체제 유형에 따른 분류

네트워크 운영체제

- **각 노드는 독자적인 운영체제**를 가지고 수행하다가, 필요한 경우만 다른 노드와 통신하기 위해 원격 노드로의 **로그인**을 하거나, **원격시스템**으로부터 필요한 자원을 전달받는다.
- 사용자는 시스템의 각 장치에 대하여 알고 있어야 한다.
- 네트워크 운영체제는 사용자에게 원격으로 **로그인**할 수 있게 한다. 인터넷은 이를 위해 텔넷 기능을 제공한다.
- 네트워크 운영체제의 다른 기능은 한 컴퓨터 시스템에서 다른 컴퓨터 시스템으로 파일을 전송하는 기법을 제공한다. 각 컴퓨터는 자신의 지역 파일 시스템을 관리한다.
- 지역적으로 멀리 떨어져 있는 대규모 시스템에 적합하나, 자원공유가 복잡하다.
- 구현이 쉽고, 장애발생 시 해당 작업만 잃는다.

분산 운영체제

- **하나의 운영체제**가 전체 시스템(모든 노드들)의 자원을 관리한다.
- 사용이 쉽고, 원격의 자원도 지역자원과 같이 쉽게 접근한다.
- 네트워크 운영체제에 비하여 많은 노력이 필요하지만 네트워크 관리, 유지·보수 등이 쉽다.
- 네트워크 운영체제가 기존의 운영체제에 통신 기능을 추가한 것이라면, 분산 운영체제는 통신 기능을 미리 고려한 후 운영체제를 설계한 것이다.
- 자원이나 프로세스를 요청한 컴퓨터에게 이주시켜 줌으로써 자원을 사용할 수 있게 해준다.

분산 운영체제 이주방식

- 데이터 이주(Data Migration)
  - 데이터를 요청한 컴퓨터로, 요청 받은 컴퓨터는 해당 데이터의 복사본을 전송시킨다.
  - 사용자 컴퓨터에서 더 이상 데이터가 필요하지 않으면, 데이터의 복사본을 원래의 컴퓨터로 보낸다.

- 연산 이주(Computation Migration)
  - 요청한 데이터를 지니고 있는 컴퓨터에서, 데이터를 처리하여 그 결과를 요청한 컴퓨터에게로 전송해 주는 방식이다.
  - 프로세스가 특정 노드(사이트)에 접근하면, 원격 프로시저 호출을 통해 이동한다.
  - 전송할 데이터가 많은 요청은, 데이터를 직접 전송하는 것보다, 요청 받은 컴퓨터에서 데이터를 처리하여 그 결과만 전송시키는 것으로, 효율성이 높다.

- 프로세스 이주(Process Migration)
  - 연산 이주에 대한 논리적 이주가 프로세스 이주다.
  - 전체 프로세스 또는 일부의 프로세스를 다른 컴퓨터에서 실행되도록 하는 방식으로, 전체 구성 시스템의 부하를 균등화하고, 연산속도를 향상하며, 프로세스를 실행하는 하드웨어가 더 적합한 컴퓨터에게 작업을 의뢰하는 등의 장점이 있다.

연습문제

1. 분산 처리 시스템의 장점이 아닌 것은?

① 자원의 공유　② 신뢰성
③ 성능 향상　④ 소프트웨어 개발용이

2. 분산 파일 시스템 구조를 옳게 표현한 것은?

① client/server 구조 ② mainframe/terminal 구조
③ ring 구조　④ bus 구조

3. 컴퓨터 분산시스템을 위한 소프트웨어에 대한 설명으로 가장 옳지 않은 것은?

① 이기종 컴퓨터 플랫폼에서 응용 프로그램 실행이 가능하다.
② ODBC 드라이버라는 미들웨어를 통해 응용 프로그램이 데이터베이스에 접근이 가능하다.
③ 한 컴퓨터에서 실행하는 응용 프로그램이 원격 컴퓨터에서 실행하는 다른 응용 프로그램과 통신할 수 있도록 한다.
④ 자주 읽기 전용 메모리가 부착된 영구 저장소에 저장되는 실행 가능한 명령들을 의미한다.

4. 분산처리 시스템의 위상(Topology)에 따른 분류에서 성형(Star) 구조에 대한 설명으로 가장 적합하지 않은 것은?

① 터미널의 증가에 다른 통신 회선수도 증가한다.
② 중앙 노드 이외의 장애는 다른 노드에 영향을 주지 않는다.
③ 각 노드들은 point-to-point 형태로 모든 노드들과 직접 연결된다.
④ 제어가 집중되고 모든 동작이 중앙 컴퓨터에 의해 감시된다.

5. 다중 처리기(Multi - Processor) 운영체제 구조 중 주종 (Master/Slave) 처리기에 대한 설명으로 옳지 않은 것은?

① 하나의 프로세서를 주(Master)프로세서로 지정하고, 나머지들은 종(Slave)프로세서로 지정한다.
② 운영체제의 수행은 주(Master)프로세서가 담당한다.

③ 주(Master)프로세서와 종(Slave)프로세서가 동시에 입출력을 수행하므로 대칭 구조를 갖는다.
④ 주((Master)프로세서가 고장나면 전체 시스템이 다운된다.

6. 하이퍼 큐브 구조에서 각 CPU가 5개의 연결점을 가질 경우 CPU의 총 개수는?

① 4　② 16
③ 32　④ 64

7. 임계 구역(Critical Section)에 대한 설명으로 옳지 않은 것은?

① 임계 구역에서 프로세스 수행은 가능한 빨리 끝내야 한다.
② 프로세스가 일정 시간 동안 자주 참조하는 페이지의 집합을 임계 구역이라고 한다.
③ 임계 구역에서는 프로세스가 무한 루프에 빠지지 않도록 해야 한다.
④ 임계 구역에서는 프로세스들이 하나씩 순차적으로 처리되어야 한다.

8. 분산처리 운영 시스템에 대한 설명으로 옳지 않은 것은?

① 사용자는 각 컴퓨터의 위치를 몰라도 자원 사용이 가능하다.
② 시스템의 점진적 확장이 용이하다.
③ 중앙 집중형 시스템에 비해 시스템 설계가 간단하고 소프트웨어 개발이 쉽다.
④ 연산속도, 신뢰성, 사용 가능도가 향상된다.

9. 병행 프로세스의 상호배제 구현 기법으로 거리가 먼 것은?

① 데커 알고리즘　② 피터슨 알고리즘
③ Test_And_Set 명령어 기법　④ 은행원 알고리즘

10. 16개의 CPU로 구성된 하이퍼큐브에서 각 CPU는 몇 개의 연결점을 갖는가?

① 2　② 4
③ 128　④ 256

11. 동시에 여러 개의 작업이 수행되는 다중 프로그래밍 시스템 또는 가상기억장치를 사용하는 시스템에서 하나의 프로세스가 작업 수행 과정에서 수행하는 기억장치 접근에서 지나치게 페이지 폴트가 발생하여 전체 시스템의 성능이 저하되는 것을 무엇이라고 하는가?

① Spooling ② Interleaving
③ Swapping ④ Thrashing

12. 임계 구역(Critical Section)에 대한 설명으로 옳지 않은 것은?

① 임계 구역에서 프로세스 수행은 가능한 빨리 끝내야 한다.
② 프로세스의 처리시간보다 페이지 교체에 소요되는 시간이 더 많아지는 현상을 의미한다.
③ 임계 구역에서는 프로세스가 무한 루프에 빠지지 않도록 해야 한다.
④ 임계 구역에서는 프로세스들이 하나씩 순차적으로 처리되어야 한다.

13. 프로세스보다 더 작은 단위이며, 다중 프로그래밍을 지원하는 시스템 하에서 CPU에게 보내져 실행되는 또 다른 단위를 의미하는 것은?

① BLOCK ② THREAD
③ SUSPEND ④ RESUME

14. 다중 처리기 운영체제 구조 중 주종(Master/Slave) 처리기에 대한 설명으로 옳지 않은 것은?

① 주프로세서가 고장 날 경우에도 전체 시스템이 다운되지 않는다.
② 주프로세서는 입출력과 연산을 담당한다.
③ 종프로세서는 입출력 발생 시 주프로세서에게 서비스를 요청한다.
④ 주프로세서가 입출력을 수행하므로 비대칭 구조를 갖는다.

15. 15. 하이퍼큐브 구조에서 각 CPU가 6개의 연결점을 가질 경우 CPU의 총 개수는?

① 4 ② 16
③ 32 ④ 64

16. 통신 회선으로 연결된 여러 개의 컴퓨터와 단말기에 작업과 자원을 분산시킨 후, 통신망을 통하여 교신 처리하는 운영체제 방식은?

① 실시간 시스템 ② 다중 처리 시스템
③ 시분할 시스템 ④ 분산 처리 시스템

1④ 2① 3④ 4③ 5③ 6③ 7② 8③ 9④ 10② 11④ 12② 13② 14① 15④ 16④

IX 부

운영체제들

63장 UNIX
64장 Windows
65장 MS-DOS

63장 UNIX

유닉스는 1969년에 원형이 완성된 후, 1973년에는 대부분이 C 언어로 수정되었다. 미국 벨(Bell) 연구소에서 개발된 소프트웨어 개발용 운영체제로, C언어로 제작되므로 **이식성**이 높아졌고, **다중 사용자/다중 태스크의 실행**을 지원하는 **대화형의 운영체제**다. 뿐만 아니라, 텍스트 조작 도구, 문서 처리, 전자 메일 외에 취급이 쉬운 파일 시스템을 갖추고 있다.

개발 당시에는 **미니컴퓨터용**이었지만 PC나 범용 컴퓨터용도 개발되어 일반에게 보급되었다. 현재는 **서버용**으로 많이 사용된다. UNIX는 사용자에게 시스템 구조를 숨기지만, 사용자 인터페이스가 간단하고 쉬워, 프로그램 개발 기간을 단축할 수 있다.

UNIX의 특징

- **시분할(Time Sharing) 시스템**을 위해 설계된 **대화식 운영체제**다.
- 프로그램 Source가 공개된 **개방형 시스템**이다.
- 대부분 C언어로 작성되어 **이식성**이 높고, 장치와 프로세스간의 **호환성**이 높다.
- 사용자 인터페이스가 간단하다.
- 프로그램 개발기간을 단축시켜 준다.
- 크기가 작고 이해히기 십디.
- **다중 사용자(Multi User)**[130]**/다중 태스킹(Multi Tasking)**[131]을 지원한다.
- 파일 시스템이 **트리 구조**다.
- 전무적 프로그램 개발에 적합하다.
- 유틸리티 프로그램이 다양하게 많다.
- 네트워킹 기능이 많아 통신망 관리용 운영체제로도 적합하다.

130) 여러 사용자가 동시에 시스템을 사용하는 것
131) 여러 개의 작업이 동시에 수행하는 것. 이들은 하나 이상의 작업을 **백그라운드**(후면처리 Back Ground)에서 수행하므로, 여러 작업을 동시에 처리한다.
백그라운드 실행이란, 우선순위가 낮은 작업들이 화면에 보이지| 않은 채 수행하는 것으로, 반대적 개념으로 **포그라운드**(Fore Ground) 방식이 있다.

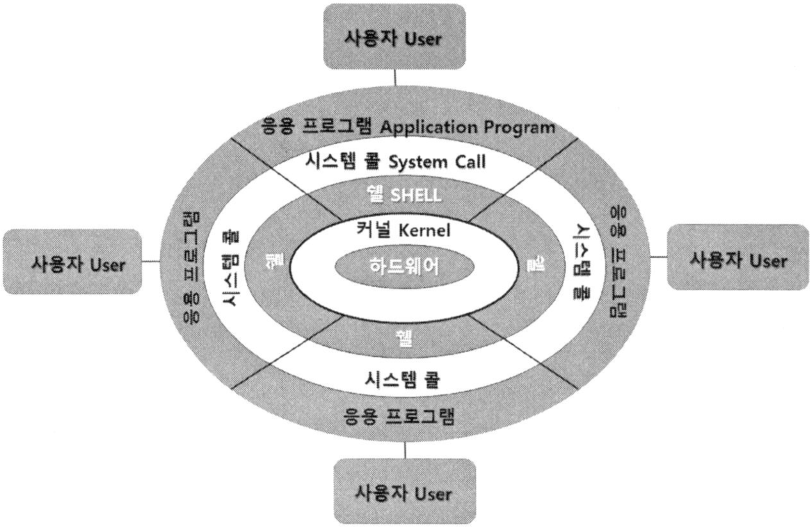

[그림 9-1] UNIX의 구조

커널(Kernel)

- 커널은 UNIX 운영체제의 **핵심부분**이다.
- 부팅 시, **주기억장치**에 적재되어 상주하면서 실행된다.
  하드웨어를 보호하고, 프로그램과 하드웨어간의 인터페이스 역할을 한다.
- 커널의 90% 정도는 C언어로 작성되고, 10%는 어셈블리어로 작성되어있다.
- 프로세스 관리, 기억장치 관리, 프로세스간의 통신, 입출력 관리, 파일 관리, 데이터 전송 및 변환 등의 기능을 수행한다.
- 사용자는 필요할 때마다, 시스템 호출을 통해 커널의 기능을 제공받는다.
- 커널은 시스템 내에 프로세스 테이블에 대한 정보를 지니고 있고, 파일에 대한 정보는 개방 파일 테이블에서 관리한다.

셸(Shell)

- 사용자의 명령어(또는 사용자 프로그램)를 인식하여, 이에 해당하는 프로그램을 호출해 명령을 수행하도록 하는 **명령어 해석기**(운영체제의 일부)다.
- **사용자와 시스템(커널)간의 인터페이스(중계자) 기능**을 한다.
- **명령어가 포함된 일반 파일(내장 명령어)** 형태로, 커널과는 달리 주기억장치에 상주

하지 않고, **보조기억장치**에 있다가 요청이 있을 때 주기억장치로 옮겨져 수행한다.
- 입출력의 오류가 발생하면 이에 대한 원인(redirection)을 알려주고, 입출력에 대한 방향을 알려준다.
- DOS의 COMMAND.COM과 같은 기능을 한다.
- **와일드카드**(Wildcard)[132] 기능을 제공한다.
- 파이프라인 기능이 있으며, 조건부/무조건부 명령열을 작성하는 기능도 있다.
- **서브 셸**(Sub shell)을 생성할 수 있고, **후면 처리**(Background Processing)가 가능하다.
- 셸 종류는 매우 다양하지만, **본 셸**(Bourne Shell, B셸)[133], **콘 셸**(Korn Shell, K셸)[134], C **셸**(C Shell)로 나눌 수 있고, 사용자 스스로 만든 셸도 사용이 가능하다. 유닉스의 **기본 셸은 본 셸**이다.
- 윈도우에서 볼 수 있는 명령창은 일종의 셸이다.
- 자체의 내장 명령어를 제공한다.
- 셸은 /bin/sh 명령으로 실행할 수 있으며, exit 명령을 통해 해당 셸을 빠져나올 수 있다.

유틸리티 프로그램(Utility Program)

- 일반 사용자가 작성한 응용 프로그램을 처리할 때 사용된다.
- DOS의 외부 명령어에 해당한다.
- **에디터**(Editor), **컴파일러**(Compiler), **인터프리터**(Interpreter), **디버거**(Debug) 등이 이에 해당한다.

시스템 호출(System Call)

- 사용자 프로그램이 커널에 접근하는 인터페이스를 제공한다.
- 시스템 호출은 커널 내의 서브루틴 형태로 존재하며, 커널의 기능인 입출력 시스템 호출, 프로세스간 통신 시스템 호출, 프로세스 관리 시스템 호출 등으로 분류된다.
- 프로세스는 시스템 호출을 통해 커널에 접근한다.

---

132) 임의의 문자열. 주로 '*'로 표현된다.
133) 본 셸은 스테판 본(Stephen Bourne)이 만들었으며 최초로 대중화된 셸이지만 기능이 제한적이다. 이후에 만들어진 C 셸은 C 언어와 비슷한 명령어 체계를 사용한다.
134) 콘 셸은 데이비드 콘(David Korn)이 만들었으며, B 셸이나 C 셸보다 강력하고 쓰기 쉽고, B 셸과 C 셸의 장점을 채택하고 있으며, vi Edit, Emacs Editor와 비슷한 전화면 편집 기능을 가지고 있는 것이 큰 특징이다.

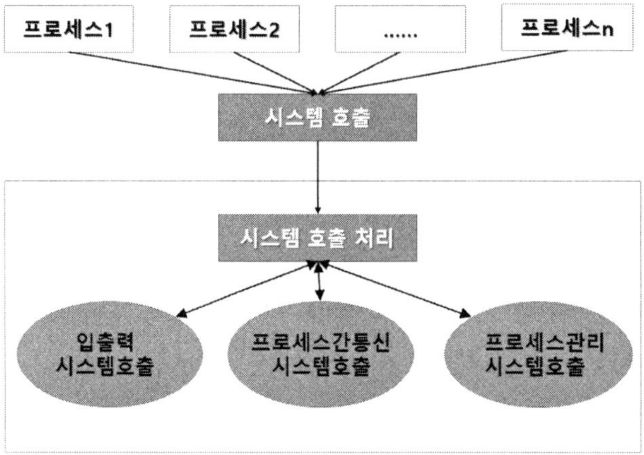

UNIX의 프로세스간 통신(IPC)

- IPC : Inter Process Communication
- 프로세스는 시스템 호출에 의해 커널 기능을 사용한다.
- 시스템 호출은 프로세스가 커널에 접근하기 위한 인터페이스를 제공하는 명령어다.

- IPC 방법 :
  ① 시그널(Signal) : 간단한 메시지를 이용한 통신방식. 초기에 주로 사용
  ② 파이프(Pipe) : 한 프로세스의 출력이 다른 프로세스의 입력으로 사용되는 정보교환방식으로 단방향 통신방식
  ③ 소켓(Socket) : 프로세스간의 대화를 가능하게 하는 쌍방향 통신방식

UNIX 파일 시스템의 특징과 형식

- UNIX 파일 시스템의 디렉터리는 **트리구조**다.
- **디렉터리, 주변장치는 파일과 동일**하게 다뤄진다.
- 파일의 생성, 삭제, 보호 기능 등이 있다.

- **파일 형식**
  ① **일반 파일** : *.txt, *.html 등과 같은 파일로 정규파일이라고도 함. 표준 파일 입출력 시스템 호출을 통해 참조된다.
  ② **디렉터리** : 파일명의 목록과 파일의 디스크 상 위치 등의 정보를 지닌 파일로 파일 시스템의 중심적 역할을 한다.
  ③ **특수 파일** : 프린터, 디스크, 단말기 등과 같은 주변장치에 접근하고 관리하며, 파이프와 소켓 같은 프로세스간 상호통신에 대한 정보를 지닌 파일이다.

UNIX 파일 시스템의 구조

- 파일 시스템 구조

① **부트 블록** : 부팅 시 필요한 코드를 저장하고 있는 블록
② **슈퍼 블록** : 전체 파일 시스템에 대한 정보를 지니고 있는 블록으로, 파일 시스템에 있는 모든 블록 개수, I-node 리스트 내의 I-node 개수, 사용 중인 블록 수, 자유 블록 비트맵 등을 지님.
③ I-node **블록(Index-node)** : 디렉터리와 각 파일에 대한 모든 정보를 지니고 있는 블록
④ **데이터 블록** : 디렉터리별로 디렉터리 엔트리[135]와 실제 파일의 데이터가 저장된 블록

I-node의 특징과 정보

- **각 파일에 대한 정보**를 저장하고 있는 것으로, 120Byte로 고정된 블록이다.
- 일반 파일이나 디렉터리 파일의 I-node는 각 파일의 디스크 블록의 위치를 포함하고 있으며, 특수 파일의 I-node는 주변장치를 식별하는 정보를 포함한다.
- I-node는 **I-node 리스트**로 불리는 디스크 시작부분의 특수저장장소에 저장된다.

- **I-node의 정보**

  파일 소유자의 사용자 번호(UID)와 그룹번호(GID), 파일크기, 파일타입(일반 파일, 디렉터리 파일, 특수 파일), 생성시기, 최종 수정시간, 최종 접근시간, 파일 보호권한, 파일 링크 수, 데이터가 저장된 블록의 시작주소, 일반 파일과 디렉터리 파일의 블록 위치, 특수 파일의 주기억장치 및 보조기억장치 식별번호 등이다.

135) 파일 이름, I-node 번호로 구성되고, 이들을 서로 연결하는 기능

UNIX 명령어(1)	
프로세스 명령어	
fork	새로운 프로세스 생성(자식 프로세스 호출, 프로세스 복제)
getpid	프로세스 ID를 취함
getppid	부모 프로세스의 ID를 취함
exit	프로세스 종료
wait	자식 프로세스를 기다림
exec	프로세스의 코드, 자료, 스택을 대치해 새로운 프로세스 수행
kill	프로세스 제거
&	백그라운드 처리를 위해 명령의 끝 부분에 입력
signal	신호를 받았을 때, 프로세스가 할 동작 지정
pipe	프로세스간 통신을 위한 경로 설정
ps	현재 작업 중인 프로세스의 상태 정보 확인
파일 편집 명령어	
awk	패턴을 검색하고 조작을 수행
diff	두 파일간의 차이점을 나열
ex	문서 편집기 실행
grep	특정 패턴을 검색
lpr	라인 프린터로 명시된 파일을 인쇄
pr	페이지 단위로 나눠 인쇄
sort	파일을 정렬
spell	철자 오류 발견
split	대형 파일을 분할
tr	파일 내 문자 변환
vi	스크린 편집기
wc	단어, 문자, 행수를 계산
시스템 관리 명령어	
date	시스템 날짜와 시간 표시
du	디스크 사용 상태 표시
env	현재 환경변수 표시
id	사용자 그룹의 ID 표시
mail	메일의 송수신에 사용
pwd	현재 작업하고 있는 디렉터리 위치 표시
who	현 시스템 사용자 표시
whereis	파일의 검색

<table>
<tr><th colspan="2">UNIX 명령어(2)</th></tr>
<tr><td colspan="2">파일 및 디렉터리 조작 명령어</td></tr>
<tr><td>cat</td><td>파일 내용을 화면에 출력</td></tr>
<tr><td>cd, chdir</td><td>현재 사용할 디렉터리 위치 변경</td></tr>
<tr><td>chmod</td><td>파일 보호 모드를 설정하여 파일의 사용 허가를 지정</td></tr>
<tr><td>cp</td><td>파일 복사</td></tr>
<tr><td>ls</td><td>현재 디렉터리 내의 파일 목록 확인</td></tr>
<tr><td>mkdir</td><td>디렉터리 생성</td></tr>
<tr><td>mv</td><td>파일의 이동 또는 이름의 변경</td></tr>
<tr><td>rm</td><td>파일 삭제</td></tr>
<tr><td>rmdir</td><td>디렉터리 삭제</td></tr>
<tr><td>creat</td><td>파일 생성</td></tr>
<tr><td>chown</td><td>소유자 변경</td></tr>
<tr><td>find</td><td>파일 찾기</td></tr>
<tr><td>mknod</td><td>특수 파일 생성</td></tr>
<tr><td>mount</td><td>파일 시스템을 마운팅</td></tr>
<tr><td>unmount</td><td>파일 시스템 마운팅의 해제</td></tr>
<tr><td>mkfs</td><td>파일 시스템 생성</td></tr>
<tr><td>fsck</td><td>파일 시스템 검사 및 보수</td></tr>
<tr><td>finger</td><td>사용자 정보 표시</td></tr>
<tr><td>>,<,<<,>>,|</td><td>파이프 필터 역할을 수행할 때 사용</td></tr>
<tr><td colspan="2">시스템 호출 명령어</td></tr>
<tr><td>sync</td><td>커널이 기록 지연 버퍼를 디스크에 저장</td></tr>
<tr><td>open</td><td>일반 파일 읽기 전용으로 준비</td></tr>
<tr><td>read</td><td>특정 프로세스가 시스템 호출하여 실행 시 파일을 읽어옴</td></tr>
<tr><td>write</td><td>특정 프로세스가 시스템 호출 후 파일을 기록함</td></tr>
<tr><td>close</td><td>파일을 닫고, 커널은 파일의 I-node를 디스크에 복사</td></tr>
<tr><td>dup</td><td>자유 파일기술자 배열엔트리 복사 및 파일 테이블 참조계수 증가</td></tr>
<tr><td>link</td><td>디렉터리에 하드 링크를 추가</td></tr>
<tr><td>unlink</td><td>디렉터리에 하드 링크를 해제</td></tr>
</table>

64장 Windows

특징

- GUI(Graphic User Interface) : 마우스로 아이콘(Icon)을 더블클릭하거나 메뉴를 통해 작업을 수행하는 방식
- 선점 멀티태스킹(Preemptive Multi Tasking) : 현재 사용 중인 여러 프로그램 중에서 사용자가 선택하여 강제로 종료시킬 수 있으며, 데이터를 한번에 32Bit단위로 처리하여 기존 16Bit 운영체제인 DOS에 비해 훨씬 빠른 실행 속도를 제공한다. 또 동시에 여러 프로그램을 실행하며, 실행 프로그램에 문제가 발생하면 강제 종료시킨다.
- PnP(Plug and Play) : 새 하드웨어 추가 시 사용자가 직접 장치에 대한 설정을 하는 것이 아니라, 컴퓨터에 장착하기만 하면 Windows가 자동으로 인식하고 필요한 장치 드라이버나 제어기를 설정 하는 기능으로, 프린터, 사운드 카드 등 주변장치를 설치하거나 연결하면 이를 수행하는 환경을 자동으로 설정한다.
- OLE(Object Linking and Embedding) : 다른 프로그램에서 작성된 문서, 그림, 사운드 등의 개체(Object)를 현재 작성 중인 문서에서 자유롭게 연결하거나 삽입하는 기능으로, 원본을 수정하거나 편집하면 사용한 곳에서도 똑같이 적용된다.
- 긴 파일명(255Byte) : VFAT(Virtual File Allocation Table, FAT32)를 이용하여 파일명을 지정할 때 최대 255Byte까지 사용(공백도 가능하며, 한글 명칭 사용도 가능하며, 그 길이는 최대 127자까지 가능) 가능하다.
- 단일 사용자 시스템 : 윈도우즈 운영체제는 한 대의 컴퓨터를 한 사람에게만 독점시켜 사용하도록 지원(Single User)한다.
- 폴더 개념을 사용한다.
- 인터넷과 운영체제의 통합적 환경 제공(작업표시줄에 인터넷 주소표시와 빠른 실행 등이 가능하다.
- 액티브 데스크탑으로 웹과 데스크탑의 결합 가능하다.
- IPP(Internet Printing Protocol) 지원으로 HTTP 프로토콜을 사용하여 인터넷 상으로 연결된 프린터를 사용할 수 있다.
- 여러 대의 컴퓨터를 연결해 사용할 수 있고, 인터넷 사용에 편리하다.

- 다양한 네트워크 프로토콜을 지원하는 **강화된 네트워크** 기능이 있다.
- **멀티미디어** 자료에 대한 쉬운 사용기능을 지원한다.
- CD-ROM의 자동 실행 : CD-ROM 드라이브에 CD가 삽입되면 Autorun.inf 파일에 의해 자동으로 실행된다.
- **설치 마법사** 기능을 지원하여 대화식으로 소프트웨어를 설치하고 제거할 수 있다.
- **가상기억장치** 기능을 지원한다.
- FAT 32 : 32 Bit체계의 File Allocation Table을 사용하여, 디렉터리와 파일의 저장 위치 등을 관리. I/O 단위인 **클러스터**(Cluster)[136]를 보다 적게 하여 디스크의 공간 낭비를 줄인다(2TByte**까지 한 드라이브**).

윈도우즈 10

- 시작 버튼과 시작 메뉴를 원하는 사용자와 **모던**UI[137](Modern UI)를 원하는 사용자를 동시에 만족시킨다.
- 가상 데스크탑 기능 추가, 강력한 보안, 화면 분할과 보다 발전한 멀티태스킹을 제공하고, 컨티넘(Continuum) 기능을 통해 노트북이면서 동시에 태블릿PC로 전환이 가능하다.
- 스마트폰 응용프로그램(앱)을 사용할 수 있어, PC와 스마트폰에서 같은 기능을 가진 앱을 구동한다.
- 윈도우8이 태블릿PC와 PC의 통합에 집중했다면, 윈도우10의 통합 전략은 스마트폰까지 확장했다.
- 지능형 음성비서 '코타나'를 탑재했다.
- 애플 아이폰의 '**시리**', 구글 안드로이드의 '**구글 나우**'와 유사한 '**코타나**(Cortana)'는 지능형 비서 서비스로, 시리가 음성 명령으로 동작하고, 구글 나우가 사용자의 습관을 반영해 맞춤형 서비스를 제공하는 데에 비해, 코타나는 음성 명령으로 동작하는 사용자 맞춤형 비서 서비스를 제공한다.

---

136) 몇 개의 섹터를 모은 것으로, 파일의 입출력 단위. 4~32 KByte(하나의 섹터:512Byte)
137) 태블릿PC나 스마트폰 등 터치스크린을 갖춘 기기에 적합한 사용 환경

65장 MS-DOS

특징

- 1970년대 마이크로소프트사 개발
- 16Bit와 32Bit의 PC용으로 가장 많이 보급
- 기본적으로 계층구조에 의한 파일관리를 하며, 윈도우즈와 조합하여 GUI 환경 제공
- 기억장치 확장 기능
- CUI(Character User Interface) : 문자중심의 사용자 인터페이스로 실행 명령을 프롬프트에서 직접 입력하여 실행
- **단일 사용자 시스템** : Single User 지원체계
- **단일 태스킹 시스템** : Single Tasking 한 번에 하나의 프로그램만 수행
- 파일 시스템의 디렉터리 구조는 **트리(Tree)구조**를 지원

파일 구조

- 시스템 파일
  - MS-DOS의 핵심파일로, 주변장치의 I/O와 시스템 전체를 통제
  - MSDOS.SYS : 프로세스, 기억장치, 주변장치 및 파일을 관리하고, 입출력 시스템 호출 기능을 수행
- 명령어 처리기(Command Processor)
  - COMMAND.COM : 명령 해독 및 실행 파일
  - 사용자와 MSDOS.SYS를 연결
  - 부팅 시 필요하고, 부팅 후엔 주기억장치에 상주
- 자동 일괄 처리 파일(Auto Batch File)
  - AUTOEXEC.BAT : 부팅에서 수행할 순서와 반복적인 명령을 모아둔 파일
  - 반드시 부팅에서 필요로 하는 파일은 아님.
- 환경 설정 파일
  - CONFIG.SYS : 작업을 수행할 때 필요한 시스템의 환경 설정 파일
  - 반드시 부팅에서 필요로 하는 파일은 아님.

DOS 명령어	
CD, CHDIR	디렉터리의 변경
CHKDSK	디스크를 검사하고 상태 보고서를 표시
CLS	화면을 지움
CMD	윈도우즈 명령 인터프리터의 새 인스턴스를 시작
COLOR	콘솔의 기본색과 배경색 설정
COPY	하나 이상의 파일을 복사
DATE	날짜를 표시
DEL	하나 이상의 파일을 삭제
DIR	디렉터리의 파일과 하위 디렉터리 목록 표시
DISKCOPY	디스크 단위 복사
ERASE	하나 이상의 파일을 지움
FIND	파일 찾기
FORMAT	디스크를 포맷함
HELP	명령어에 관한 도움말 제공
MD	디렉터리 생성
MOVE	파일의 이동
PATH	실행 파일의 찾기 경로나 설정
RD, RMDIR	디렉터리 삭제
REN, RENAME	파일명의 변경
TYPE	텍스트 파일의 내용 표시
UNFORMAT	포맷한 디스크의 복원
VER	버전을 표시

연습문제

1. UNIX시스템의 CPU 스케줄러에 대한 설명 중 틀린 것은?

① 우선순위를 기반으로 하는 multi level feedback을 갖는 round robin 방식을 사용한다.
② 스케줄링에 필요한 우선순위는 사용자 모드와 커널 모드의 우선순위로 분류된다.
③ 커널 모드의 프로세스들도 인터럽트가 가능하다.
④ 사용자 모드에 있는 프로세스는 CPU 사용량이 많을수록 우선순위가 낮아진다.

2. 다음 중 UNIX 구성이 아닌 것은?

① Shell ② Kernel
③ Exec ④ Utility Program

3. UNIX 운영체제에서 가장 핵심적인 부분으로 하드웨어를 보호하고 응용 프로그램들에게 서비스를 제공해 주는 것은?

① kernel ② shell
③ IPC ④ process

4. 유닉스에서 자식 프로세스를 생성할 때 사용하는 명령은?

① pipe ② fork
③ mknod ④ open

5. 유닉스에서 프로세스의 구성 요소가 아닌 것은?

① 자료 영역(data area)
② 스택 영역(stack area)
③ 메모리 영역(memory area)
④ 사용자 영역(user area)

6. UNIX에서 컴퓨터가 부팅될 때 주기억장치에 적재된 후 시스템이 꺼질 때까지 항상 주기억장치에 상주하여 기억장치관리, 프로세스관리, 파일입출력 등을 수행하는 부분은?

① kernel ② i-node
③ shell ④ PCB

7. UNIX의 특징으로 옳지 않는 것은?

① 대화식 운영체제이다.
② 다중 사용자, 다중 작업을 지원한다.
③ 리스트 구조의 파일 시스템을 갖는다.
④ 대부분 C 언어로 작성되어 이식성이 높다.

8. UNIX 시스템의 셸(Shell)에 관한 설명으로 옳지 않은 것은?

① 사용자가 입력시킨 명령어 라인을 읽어 필요한 시스템 기능을 실행시키는 명령어 해석기이다.
② 시스템과 사용자 간의 인터페이스를 제공한다.
③ 공용 셸이나 사용자 자신이 만든 셸을 사용할 수 있다.
④ 셸은 커널의 일부분으로 메모리에 상주하면서 사용자와 시스템 간의 대화를 가능케 해준다.

9. UNIX에 대한 설명으로 옳지 않은 것은?

① 다중 작업(multi-tasking)을 지원하지 않는다.
② 대화식 시분할 운영체제이다.
③ 두 사람 이상의 사용자가 동시에 시스템을 사용할 수 있다.
④ 대부분 C 언어로 구성되어 있다.

10. UNIX 시스템의 셸(shell)에 관한 설명으로 옳지 않은 것은?

① 사용자가 입력시킨 명령어 라인을 읽어 필요한 시스템 기능을 실행시키는 명령어 해석기이다.

② 셸은 커널의 일부분으로 메모리에 상주하면서 사용자와 시스템 간의 대화를 가능케 해준다.
③ 시스템과 사용자 간의 인터페이스를 제공한다.
④ 공용 셸이나 사용자 자신이 만들 셸을 사용할 수 있다.

1③ 2③ 3① 4② 5③ 6③ 7③ 8④ 9① 10②

부록 및 찾아보기

부록 1 운영체제 용어
부록 2 출제 경향
찾아보기

부록 1 운영체제 용어

가상 메모리(Virtual memory) : 가상 메모리는 시스템이 실제 가지고 있는 메모리보다 더 많은 메모리를 가지게 하는 하드웨어 기술이다.

가상기계(Virtual Machine) : 실제 컴퓨터의 복사본을 제공하여, 해당 프로세스가 메모리를 가지고 실행되는 것처럼 환상을 만들어주는 기계

가상메모리(Virtual Memory) : 프로그램을 실행하기 위해서는 주기억장치에 프로그램이 적재되어야 하는데, 주기억장치의 공간이 부족할 경우 실행에 필요한 부분만 적재하고 나머지는 보조기억장치에 두고 실행하는 것. 프로세스에 가상 주소공간을 할당하고 MMU(Memory Management Unit)가 실제 메모리로 맵핑한다.

검색엔진 : 인터넷에서 어떤 자료를 찾으려면 사이트주소를 정확히 알아서 입력해야 한다. 그러나 사이트를 모를 경우에는 찾고자하는 단어만을 입력함으로써 원하는 관련 사이트를 쉽게 찾게 해주는 기능을 가진 사이트를 말한다.

경계 레지스터(Boundary Register) : 주기억 장치가 분할된 영역으로 나뉘어 관리될 때, 사용자 영역에 존재하는 프로그램이 운영체제 영역을 침범하지 못하도록 하는 레지스터다.

경합 상태(Race Condition) : 두 개의 프로세스가 경쟁적으로 한 변수를 조작하는 상태

교착상태 발생 필수 4대 요소 : 상호배제(Mutual Exclusion), 점유와 대기(Hold & Wait), 비선점(Non Preemption), 순환 대기(Circular Wait, 환형 대기)

교착상태 회피(Avoidance) : 교착상태가 발생하지 않는 범위 내에서 하는 방안이다. 교착상태 회피 방안으로 사용하는 알고리즘에는 Dijkstra가 제안한 방식인 은행원(Banker's) 알고리즘이 가장 대표적이다.

교착상태(Deadlock) : 한 프로세스가 자원을 요청하면, 해당 자원이 사용할 수 없는 상태라면 대기(Wait) 상태로 들어간다. 이때 해당 자원을 사용하는 프로세스도 대기상태에 들어간 프로세스가 사용하고 있던 자원에 대한 대기상태였다면, 이들의 대기상태는 절대 풀리지 않게 된다.

교체(재배치) 전략 : 주기억 장치 내의 빈 공간 확보를 위해 제거할 프로그램이나 데이터를 선택하는 전략으로 최적화(OPT), FIFO(FCFS), LRU, LFU, NUR, Second Chance, PFF 등이 있다.

기계 검사(Hardware Check) 인터럽트 : 컴퓨터 시스템의 기계 고장으로 발생하는 인터럽트

내부 단편화(Internal Fragmentation) : 요청한 크기보다 할당된 자원의 크기가 더 커서 사용하지 않는 부분이 발생할 경우

논리주소와 물리주소(Logical Address & Physical Address) : CPU가 생성하는 주소를 일반적으로 논리주소라 하며, 메모리가 취급하는 주소를 물리주소라 한다.

다단계 큐(MQ) : 시스템 프로세스, 대화형 프로세스, 일괄 처리 프로세스 등으로 상위, 중위, 하위 단계의 단계별 준비 큐가 배치된다는 것과 선점과 비선점이 혼합된 방식이다.

다단계 피드백 큐(MFQ) 스케줄링 : 짧은 작업이나 입출력 위주의 작업에 우선권을 부여하기 위해 개발된 비선점 방식으로, 마지막 큐에서는 RR 방식으로 처리한다.

다중 접근 버스 연결(Multi Access Bus Connection) 구조 : 한 사이트의 고장은 나머지 사이트들 간 통신에 아무런 영향을 주지 않는다. 처리기나 기타 장치의 증설 절차가 복잡하지 않으며, 버스의 사용을 위한 경쟁 상태가 발생하여 시스템 성능 저하를 가져올 수 있다.

다중 프로그래밍(Multi Programming) : 2개 이상의 프로그램을 주기억장치에 두고 CPU를 번갈아 사용하며 자원을 최대한 활용하는 처리기법

대화상자 : 어떤 작업을 수행하기 전에 사용자가 원하는 것이 무엇인지 묻는 상자

데모버전 : 프로그램을 알릴 목적(홍보)으로 제한된 기능만을 공짜로 배포하는 프로그램으로, 이 프로그램은 사용이 제한되거나 기능이 제한되어 있다. 대표적으로 게임 버전에서 많이 사용된다.

데이터베이스 : 컴퓨터에 대량의 자료를 체계적으로 보관해 둔 것으로, 원하는 자료를 검색하고 자료를 순서대로 정렬하는 등의 작업을 신속하게 처리하도록 지원한다.

데커의 알고리즘(Dekker's Algorithm) : 상호배제 문제를 위해, 2개의 프로세스가 (int turn, bool f0, f1)세 변수를 공유하고, f0, f1변수는 현재 어떤 변수가 임계구역 안에 있는지를 나타내며 turn 은 어떤 프로세스의 차례인지를 나타낸다.

드라이버 : 주변장치 구동 프로그램으로, PC의 주변 장치를 쓸 수 있도록 하는 제어기능을 가진 소프트웨어를 의미한다. 프린터, 스캐너, CD-ROM, CD-WRITE, 디지털카메라 등 각종 주변기기는 본체 하드디스크에 드라이버를 설치해야만 사용할 수 있다.

디스패치(Dispatch) : 준비 상태에 있는 여러 프로세스 중에서 프로세스를 선정하여 CPU를 할당한다.

레지스터 : CPU에 있는 일시적인 메모리로 다양한 종류가 있다.

레지스트리 : 윈도우는 수많은 정보를 모두 저장해둔다. 그중 가장 큰 정보를 모아 놓은 것이 바로 레지스트리로, 시스템 구성 정보를 저장한 데이터베이스다. 프로세서 종류, 주기억장치 용량, 접속된 주변장치의 정보, 시스템 매개변수, 응용소프트웨어에서 취급하는 파일 타입과 매개변수 등이 저장된다.

로더의 일반적인 기능 : 할당(Allocation) → 연결(Linking) → 재배치(Relocation) → 적재(Loading) 등을 수행한다.

로우포멧 : 하드디스크를 초기화하는 것으로, 아무것도 없는 빈 상태로 만든다. 주로 하드디스크에 있는 베드섹터를 없앨 때 이용되나, 디스크에 무리를 주므로 빈번히 사용하는 것은 좋지 않다.

롤백(Role-back) : 시스템 장애가 발생되면 프로그램이 다시 수행되는 시스템

매크로 프로세서 기능 : 매크로 정의 인식, 매크로 정의 저장, 매크로 호출 인식, 매크로 확장 및 인수 치환

멀티 스레드(Multi Thread) : 1개의 응용 프로그램이 스레드(thread)로 불리는 처리 단위를 복수 개를 생성하여 복수로 처리를 병행하는 것으로, 응용 프로그램 내에서의 다중 작업(multi tasking) 처리를 의미한다. Thread마다 하나의 P프로그램 카운터를 가지며, 멀티 프로세스와는 달리 프로세스의 메모리를 공유하므로 전환 속도가 더 빠르다.

멀티 태스킹 : 한 대의 컴퓨터로 2가지 이상의 작업을 동시에 처리하거나, 2개 이상의 프로그램들을 동시에 실행시키는 것을 의미하며, 사용자가 대화형으로 태스크를 수행(time-sharing)한다.

멀티 프로세싱 : 컴퓨터 시스템의 처리능력을 높이기 위하여 2대 이상의 CPU를 이용하여 2개 이상의 작업을 동시에 병렬로 처리하는 형태로, 여러 대의 처리기(processor)가 제각기 다른 명령을 병렬로 수행하기 때문에 전체적인 작업 속도와 신뢰성을 높일 수 있다는 것이 가장 큰 특징이다. 동시에 처리 가능한 2개 이상의 CPU에 각각의 업무를 분담한다.

멀티 프로그래밍(Multi programming) : 여러 프로그램을 Main Memory에 넣고 CPU를 분할하여 처리하므로 CPU의 이용률을 높임. 입출력으로 인한 idle time시 다른 작업 진행한다. CPU는 Job 실행 시 다른 일은 할 수 없다.

멀티프로세서 시스템 : 2개 이상의 CPU로 구성된 하나의 시스템으로 Memory, Bus, Clock, 주변기기를 서로 공유한다. 공유 메모리 시스템으로 처리율증진, 비용절감, 신뢰성이 향상한다.

메모리(주기억장치) : CPU가 처리할 데이터를 미리 준비해주는 기억장치다. 용량이 크면 속도도 빨라진다. 하지만 너무 큰 용량은 오히려 방해가 된다. 따라서 적당한 용량의 메모리가 좋다. 램(RAM)과 롬(ROM)으로 구분되는데 램은 읽고 쓸 수 있지만 전원을 끄면 내용이 없어진다. 대표적으로 SD램이 있다. 전원을 꺼도 내용이 남는 것을 ROM이라 하며, CMOS 바이오스가 대표적이다.

메모리 단편화(Memory Fragmentation) : 프로세스를 위해 연속된 메모리 공간을 할당 및 반환할 때, 메모리 공간이 비어있는 부분이 생기고 이것이 많아지면 메모리를 사용하지 못하게 된다.

메모리 맵 파일(memory mapped file) : 가상 메모리 공간을 하나의 파일에 맵핑한 것처럼 사용하는 것으로, 가상메모리를 쉽게 쓸 수 있다. 윈도우에서 exe파일이 dll파일을 로드해서 사용할 때 메모리 맵 파일을 이용한다. 단, 파일의 크기가 512KB 이상일 경우에 성능의 향상이 있다.

메모리 보호 : Base Register(시작번지)와 Limit Register(상한번지)로 프로그램의 합법적인 메모리 접근 영역에 한계를 줘 공간을 Block화 하고 보호한다. Monitor mode에서 OS는 모든 메모리에 접근 권한을 가진다. 메모리 블록을 침범하면 오류로 간주하여 트랩(Trap)이 발생한다.

메모리 압축(Compaction) : 각 메모리의 남은 공간들을 합쳐서 큰 공간으로 만드는 것

문맥전환(Context Switch) : 이전 작업의 문맥(프로세스의 상태)을 저장하고 새로운 프로세스 상태로 복구하는 작업

뮤텍스(Mutex) : 공유 자원이 한 프로세스에게만 소유되어야 할 때, 뮤텍스 개체를 생성시켜 뮤텍스를 가진 스레드만 접근을 허용한다.

바이오스 : 사용자가 PC를 켜면 곧바로 시작되는 프로그램으로, 하드디스크, 비디오 어댑터, 키보드, 마우스, 프린터 등과 같은 주변장치와 컴퓨터 운영체계 간의 데이터 흐름을 관리하기도 한다.

반입 전략 : 프로그램이나 데이터를 주기억 장치로 가져오는 시기를 결정하는 전략이다.

방화벽(firewall) : 외부로부터 컴퓨터의 유입을 차단하는 것으로, 해킹이나 바이러스에 노출되는 것을 방지해주는 하드웨어나 소프트웨어를 의미한다.

배치 전략 : 프로그램이나 데이터의 주기억 장치 내의 위치를 정하는 전략으로, 최초 적합(First Fit), 최적 적합(Best Fit), 최악 적합(Worst Fit)이 있다.

백도어 : 시스템의 보안을 없앤 비밀통로로서 서비스 기술자나 유지보수 프로그래머들이 다른 PC에 접근하기 쉽게 시스템 설계자가 만들어 둔 것으로 **트랩도어**라고도 한다.

백업(backup) : 하드디스크나 플로피디스크 또는 테이프장치에 파일을 하나 더 만들어 놓는 작업을 말한다. 불의의 사고에 대비하여 안전하게 자료를 다른 곳 보관하는 것도 포함된다.

버그 : 원래 미국의 프로그래머들끼리 사용하던 말로 프로그래밍 상의 실수를 의미한다. 컴퓨터나 소프트웨어가 예상 밖의 동작을 할 때, 어디선가 기어 나오는 벌레(bug)와 닮았다는 것에 유래한다. 새로 나온 프로그램은 완벽할 수 없기에 프로그램을 만든 회사에서는 얼마 뒤에 그 프로그램의 버그를 수정하는 소프트웨어인 패치버전을 발표하기도 한다. 버그를 수정하는 작업을 디버깅, 버그수정, 버그잡기, 버그픽스, 버그퇴치 등으로 부른다.

버스(bus) : 버스란 컴퓨터시스템을 구성하는 각 부품 사이에 데이터를 전송하는 통로를 말한다.

버전(version) : 프로그램의 현 상태를 확인해주는 것으로, 프로그램이 발표되면 반드시 부족한 점이 드러나게 되고 또 첨가할 사항이 생겨난다. 이런 경우 프로그램을 새롭게 개선시켜 다시 내놓게 되는데, 이때 프로그램의 이름을 바꾸는 것이 아니라 이름 뒤에 숫자를 바꾸어 줌으로써, 처음보다 성능이 향상되었다는 상태를 구분해 준다.

버전업 : 이미 출시된 프로그램의 성능을 높이고 기능을 추가하면서 드러난 문제점을 고쳐 다시 내놓는 것이다. 보통 제품명을 바뀌지 않고 제품명 뒤의 숫자를 바꾼다. 관례화된 숫자를 보면 첫째자리는 대단히 큰 변화가 있을 때, 소수점 이하의 숫자가 바뀐 경우는 변경의 폭이 적은 경우다. 아주 큰 변화가 일어난 경우를 '메이저 버전업'이라하고, 소폭의 변화가 생긴 경우를 '마이너 버전업'이라 한다. 대체로 버전의 표시는 숫자로 하는 경우가 일반적이지만 발표년도를 표시하는 방법으로 사용되고 있다.

버퍼링 : 입출력장치의 느린 속도를 보완하기 위해 입출력 시 자료들을 임시로 저장하는 주기억장치의 일부분

번들 프로그램 : 하드웨어나 소프트웨어를 구입하면 함께 끼워주는 프로그램을 지칭한다.

범용 레지스터(general purpose register) : 컴퓨터의 CPU내에 있는 레지스터 중에서 계산 결과의 임시 저장, 산술 및 논리 연산, 주소 색인 등의 여러 가지 목적으로 사용될 수 있는 레지스터다. 이는 PC나 명령어 레지스터와 같이 특별한 용도로

사용되는 레지스터들에 대비되는 개념으로, 많은 컴퓨터가 CPU 내에 여러 개의 범용 레지스터를 가지고 있으며, 레지스터 번호로 각각을 지정한다.

베이스 레지스터(Base Register) : 프로그램이 한 영역에서 다른 영역으로 옮겨지더라도 명령의 주소 부분을 바꾸지 않고 정상적으로 수행될 수 있도록 한 레지스터이다.

베타 테스트 : 프로그램을 공식적으로 발표하기 전에 회사의 전문가들이 프로그램 문제 여부를 한 번 더 검사하는 것

분산 시스템(Distributed Systems) : 2개 이상의 독자적 시스템을 LAN으로 느슨하게 연결하여 File을 공유한다. 많은 컴퓨터들(많은 OS)로 구성되어 있으나 사용자는 단일의 통합된 컴퓨팅 시스템이라는 인식을 갖도록 하는 것이 목적이다.

블레디의 모순(Belady's Anomaly) : 프레임 크기가 늘어도 페이지 부재율이 증가하는 현상

VRAM(Video RAM) : 비디오 카드의 성능을 극대화시키도록 설계된 램으로서, 주로 EDO 램이나 DRAM이 이용된다. 일반 램은 액세스 포트가 하나밖에 없어서 읽기나 쓰기 한 가지만 가능하지만, 이 램은 포트가 두개여서 기록과 불러오기가 동시에 가능하며 가격이 비싸다.

비선점형 스케줄링 : CPU 사용 권한을 빼앗을 수 없는 것으로, 일괄 처리 방식에 적당하며, 대화형, 시간 분할, 실시간 시스템에는 부적당하다. 응답 시간 예측이 어렵다, FIFO, SJF, HRN, 우선순위, 기한부 방식 등이 있다.

사용자 스레드(User thread) : 사용자 스레드들은 생성하며 사용하기 쉽지만, 블로킹 시스템 콜(Blocking system call)을 수행할 경우 커널은 단일 사용사 스레드에 완전히 사로잡혀서 다른 프로세스들을 Block시키는 단점이 있다. 사용자 공간(User space)에 생성된다.

사용자 인터페이스 보안(User Interface Security) : 사용자의 신원을 운영체제가 확인하는 절차를 통해, 불법 침입자로부터 시스템을 보호하는 것이다.

사이클 스틸링(Cycle Stealing) : CPU와 I/O가 동시에 주기억 장치를 접구하려고 하는 경우, I/O에 우선순위를 부여하여 주기억 장치를 액세스하는 동안, CPU에서 주기억 장치에 대한 접근 작업을 양보하도록 한다.

상용소프트웨어 : 금액을 지불하고 사용하거나 구입하는 모든 프로그램과 소프트웨어

상호배제(Mutual Exclusion) : 임계 구역을 어느 시점에서 단지 한 개의 프로세스만이 사용할 수 있도록 하며, 다른 프로세스가 현재 사용 중인 임계 구역(공유 자원)에

대하여 접근하려고 할 때 금지하는 행위다.

색인 순차 접근 파일(Indexed Sequential Access File) : 디스크 기억 장치에 많이 이용되는 것으로, 각 레코드는 레코드 키값에 따라 논리적으로 배열하며, 실제 주소가 저장된 인덱스를 관리하고, 순차 접근과 직접 접근을 병행할 수 있기 때문에 융통성이 좋다.

서비스 팩 : 다수의 패치들과 향상되거나 새로운 애플리케이션이 포함된 것으로, 초기 소프트웨어의 성능향상작업을 사용자가 수월하게 할 수 있도록 제공된다.

선점형 스케줄링 : CPU 사용 권한을 빼앗을 수 있다. 일괄처리 방식에 부적당하며, 대화형, 시간 분할, 실시간 시스템에 적당하다. 응답 시간 예측이 용이하고, RR, SRT, MFQ 방식 등이 있다.

세마포(Semaphore) : Critical Section 문제를 풀기 위해 사용되는 동기화 도구다. 세마포는 초기화와는 별개로 대기와 신호 두 가지 값을 가질 수 있는 정수형 변수로, 원자적 함수 P(임계구역 들어가기 전)와 V(임계구역 나올 때)에서 S라는 정수 변수를 이용하여 S<=0 일 경우 접근을 제한하고, S>0일 경우에만 접근을 허용한다. P()에서는 S값을 줄이고 V()에서는 S값을 늘린다.

셸(Shell) : 사용자 명령의 입력을 받아 시스템 기능을 수행하는 명령 해석기로서 사용자와 시스템 간의 인터페이스를 담당한다. 즉, 사용자와 커널 사이에서 중계자 역할을 한다.

순수요구페이징(Pure Demand Paging) : 어떤 Page도 미리 주기억 장치에 올리지 않고 프로세스를 실행하는 것으로, 페이지가 필요할 때마다 페이지 부재(page fault)를 발생시켜 페이지를 주기억 장치에 기억시키는 방법이다. 즉, 페이지가 요구될 때까지 결코 기억 장치에 기록시키지 않는다.

순차 접근 파일(Sequential Access File) : 물리적으로 연속적인 위치에 기록하며 저장 매체의 효율이 매우 높다. 접근(Access) 시간이 가장 빠르나, 검색(Seek) 시간은 느리다. 공간의 낭비가 없고, 일괄 처리에 적합한 구조로 테이프를 모형화한 것이다.

쉐어웨어 : 약간의 금액을 지불하면 정품처럼 사용할 수 있는 프로그램으로, 지불을 거절하면 사용에 제한을 받는다. 요즘 대부분의 유틸리티가 셰어웨어에 속하며 대표적인 것으로는 알집, 윈집, acdsee 등이 있다.

스래싱(Thrashing) : 너무 잦은 페이지 교체 현상으로 어떤 프로세스가 계속적으로 페이지 부재가 발생하거나, 프로세스의 처리 시간보다 페이지 교체 시간이 더 많아지

는 현상

스레드(Thread) : 실행 중의 프로그램 라인으로, 가벼운 프로세스라고도 불리는 스레드는 CPU 활용의 기본 단위며, 스레드 아이디, 프로그램 카운터, 레지스터 세트 그리고 스택으로 이루어진다.

스와핑(Swapping) : 실행되어야 할 작업의 크기가 커서 사용자 기억 공간에 수용될 수 없을 때 사용된다. 작업의 모든 부분들이 동시에 주기억 장치에 상주하고 있을 필요가 없다. 따라서 일부만 올려 처리하다가 다른 영역이 필요하면 필요한 부분만 교체하여 처리를 계속하는 방법이다.

스왑(SWAP) : 모든 데이터는 주기억장치에서 처리하지만, 당장 쓰지 않는 데이터는 가상 메모리로 보낸다. 그러다가 다시 필요하면 주기억장치로 가져온다.

스케줄러(Scheduler) : 다음번에 실행될 프로세스를 선택하는 커널 컴포넌트

스파이웨어(Spyware) : 사용자 이름이나 IP주소, 방문한 웹사이트 목록, 클릭한 배너 광고 등 사용자 컴퓨터 속의 정보를 빼내서 전송하는 프로그램을 말한다. 바이러스보다 나쁜 영향을 끼친다.

스팸메일 : 받기를 원치 않는 사람들에게 상업적인 메일을 무차별적으로 배포하는 메일을 말하며 스팸(spam), 정크(junk), 벌크(bulk)메일이라 한다. 스팸메일을 보내는 사람을 스패머(spammer)라 부른다.

스풀(Spool) : 프로그램과 이를 이용하는 I/O(입출력)장치와의 속도 차를 극복하기 위한 장치로, 대부분 하드 디스크를 이용한다.

스풀링 : 디스크의 일부 공간을 버퍼처럼 사용하는 것으로, CPU와 출력장치의 속도차이를 해소하기 위한 것이다. 입출력 시 실제 데이터 입출력 장치를 통하지 않고, 디스크를 입출력 대상으로 사용하고, 다른 처리기에서 실제 입출력을 수행하도록 한다.

시분할(Time-Sharing) : 멀티프로그래밍의 확장된 개념으로 CPU 시간을 아주 짧게 나누어 각각 다른 프로세스가 수행되게 한다.

시스템 호출(System Call) : 프로그램이 OS에서 제공하는 서비스를 이용하는 것으로, 권한 때문에 할 수 없는 일들이 가능하게 한다.

안전모드(세이프 모드) : 윈도우를 사용하다 문제가 발생한 경우, 가장 기본적인 주변기기만을 사용하여 부팅하는 상태를 의미하며, 새로운 하드웨어를 추가하거나 프로그램 사용 중에 문제가 발생하여 제대로 윈도우 상태로 부팅되지 않는 경우에

유용하다.

알파 테스트 : 프로그램을 개발한 연구 직원들이 수행하는 성능 시험이다.

업그레이드와 업데이트 : 업그레이드는 하드웨어를 품질향상 또는 기능향상 시키는 것을 말하며, 소프트웨어(프로그램)를 기능을 향상시키거나 최신 버전으로 올리거나 새로운 것을 추가시키는 것을 업데이트라 한다.

에센바흐(Eschenbach) : 부하가 매우 큰 항공 예약 시스템을 위해 개발되었으며, 탐색 시간(Seek Time)뿐만 아니라, 회전 지연 시간(Rotational Delay Time)의 최적화를 위해 개발된 기법이다.

에이징(Aging) 기법 : 자원이 할당되기를 오랜 시간 동안 기다린 프로세스에 대하여, 기다린 시간에 비례하는 높은 우선순위를 부여하여 가까운 시간 안에 자원이 할당되도록 하는 기법이다. 기근현상 또는 기아현상, 무한연기를 방지해 준다.

오버레이(Overlay) : 사용하지 않는 프로그램의 부분에 사용할 내용을 겹쳐 저장하는 것

오버클록 : 메인보드의 바이오스나 점퍼 등을 사용해서 중앙처리장치(CPU), 메모리, 그래픽카드의 속도를 강제로 높이는 것

오픈 소스 운영체제(Open-Source Operating System) : OS를 바이너리(Closed Source)가 아닌 소스코드(Open Source)로 제공

와이프(WIPE) : 파일이나 자료를 복원할 수 없도록 완전히 삭제하는 것

완(WAN : Wide Area Network) : 멀리 떨어진 다른 지역을 연결하는 원거리 통신망. 인공위성을 이용하는 경우도 있으며, 인터넷이 대표적이다.

완전 연결(Fully Connected) 구조 : 네트워크의 각 사이트는 시스템 내의 다른 모든 사이트들과 직접 연결(Direct Link) 된다, 기본 비용이 매우 높으나, 사이트 간의 메시지는 매우 빠르게 전달된다.

외부 단편화(External Fragmentation) : 남은 메모리 공간을 모으면 충분하지만, 각각 작은 메모리의 공간이 연속되지 않아서 사용하지 못하는 경우 발생한다.

외부(External) 인터럽트 : 인터럽트 시계에 의해 프로세스가 시간 할당량이 종료된 경우 발생한다.

요구페이징(Demand Paging) : 일부 Page만 주기억 장치에 올리고 나머지 Page는 CPU에서 접근 시에 올리는 방법

우선순위 스케줄링(Priority Scheduling) : 우선순위가 높은 프로세스를 먼저 실행 시키는 스케줄링으로, 우선순위가 낮아 오랫동안 실행되지 못하면 에이징(aging)으로 순위를 높인다.

운영체제 : 사용자와 하드웨어간 인터페이스를 담당하는 시스템 소프트웨어

운영체제 시스템의 발달 순서 : 일괄 → 다중 프로그래밍 → 온라인 → 시간 분할 → 실시간 → 다중 모드 → 분산 → 병렬 운영체제

운영체제 성능평가 기준 : 처리량(Throughput), 반환 시간(Turn-around Time), 신뢰도(Reliability), 사용 가능도(Availability)

웜(worm) : 컴퓨터에 직접적으로 피해를 입히지는 않지만 자기복제능력을 가지고 있어서 연결되어 있는 컴퓨터에 끊임없이 복제하는 바이러스 프로그램의 한 종류

웜부트(Warm boot) : 컴퓨터 시스템을 끄지 않고 처음부터 다시 시작하는 것. IBM PC에서는 키보드의 Ctrl+Alt+Del키를 동시에 눌러 재작동 시킬 수 있다.

웹호스팅(web hosting) : 자기 도메인을 갖고 홈페이지를 운영하려 할 때, 서버 컴퓨터가 없는 사람들을 위해 생겨난 서비스다. 매월 일정액을 내고 서버의 일부 공간을 빌려 사용 할 수 있게 한 것이다. 저렴한 가격에 홈페이지를 관리할 수 있고, 게시판·방명록 등 어려운 기능을 쉽게 갖다 쓸 수 있다는 장점이 있다. 서버 제공 업체의 홈페이지를 통해 방문객을 늘릴 수도 있다.

Win.ini : 윈도를 실행하는 데 필요한 기본 파일들이 지정되어 있는 파일로, 윈도우즈는 이 파일을 참조해 윈도 환경을 설정한다. 하지만 한글 윈도95 이상 버전에서는 레지스트리 파일을 사용하기 때문에 이 파일에 대한 중요성이 점차 줄어들고 있다.

유틸리티 : '유용하다'는 의미로, 컴퓨터의 기능을 좀 더 편하게 도와주거나 다른 프로그램을 보조해주는 프로그램으로, 용량은 별로 크지 않고 대부분 쉐어웨어가 많다. 대표적으로 백신, 알집, 그래픽 프로그램 등이 이에 속한다.

응용프로그램 : 운영체제처럼 어떤 하드웨어의 기능적인 프로그램이 아닌, 어떤 기능적 목적을 이루기 위한 프로그램을 말한다. 대표적으로 일반적으로 사용하는 파워포인터, 엑셀, 한글97, 포토샵 또는 각종 게임프로그램 등이 있다.

이모티콘 : 이메일이나 채팅 그리고 메시지를 올릴 때, 문장의 내용을 보충하기 위해 키보드 글자나 부호들의 짧은 나열을 이용하여 얼굴표정을 흉내 내거나 느낌을 나타내는 등의 기호형식

인스톨(install) : 운영체제나 각종 응용프로그램을 컴퓨터에서 사용할 수 있도록 하드디스크에 설치하는 것을 말한다. 셋업(setup)라고 부르기도 한다.

인증 : 컴퓨터 시스템에서 전송 정보가 오직 인가된 당사자에 의해서만 수정될 수 있도록 통제하는 것이다.

인증 교환 기법(Authentication Exchange Mechanism) : 수신자가 메시지 전송 도중에 변경되지 않았음을 확인할 수 있으며, 메시지가 정당한 상대방으로부터 전달된 것임을 확인할 수 있는 기법이다.

인터럽트(Interrupt) : 실행 중인 프로그램(Process)을 중단하고 다른 프로그램을 넣어 실행시키는 것으로, 처리가 끝나면 원래 주소로 되 돌아간다.

인터리빙(Interleaving) : 기억 장치의 연속된 위치를 서로 다른 뱅크로 구성하여, 하나의 주소로 여러 개의 위치에 해당하는 기억 장치에 접근할 수 있도록 하는 방법이다.

임계 구역(Critical Section, 위험 영역) : 여러 개의 프로세스에 의하여 공유되는 데이터 및 자원에 대하여, 한순간에는 반드시 하나의 프로세스에 의해서만 자원 또는 데이터가 사용되도록 하는 영역이다. 임계 구역은 공통 변수들을 변경, 테이블을 갱신, 파일을 작성하는 등의 프로세스의 Code Segment다. 주어진 시간에 오직 하나의 프로세스만이 위험 영역에 진입할 수 있다. 상호 배타적인 특성인 위험 영역 문제는 프로세스들이 협동을 위해 사용할 수 있는 프로토콜을 설계하는 것이다. 위험 영역의 기본적인 세 가지 요구 사항, 상호 배제(Mutual exclusion), 진행(Progress) 한정 대기(Bounded waiting)가 있다.

입출력(Input/Output) 인터럽트 : 하드웨어적 인터럽트로 입출력 채널의 확인, 준비, 할당, 완료 시에 발생한다.

장치 상태 테이블 : 동시에 많은 입출력 요청 처리를 위해 필요한 정보(타입, 주소, 상태)를 가지고 있는 테이블

재시작(Restart) 인터럽트 : 사용자가 Ctrl + Alt + Delete를 입력하거나 Reset를 이용하여 시스템을 재부팅하는 경우

전자서명 : 각종 전자상거래, 인터넷 뱅킹 등에서 거래자가 본인임을 의미하는 것

제어 프로그램의 종류 : 감시 프로그램(Supervisor Program), 데이터 관리 프로그램(Data Management Program), 작업 제어 프로그램(Job Control Program) 등이 있다.

주요 프로세스 상태 : 준비(Ready) 상태, 실행(Run) 상태, 대기(Block, Wait, 보류) 상태 등이다.

직접 접근 파일(Direct Access File) : DASD의 물리적 주소를 통하여 직접 액세스, 검색하기 위하여 키(Key)와 보조 기억 장치 사이의 물리적인 주소로 변환할 수 있는 사상 함수, 해싱 사상 함수를 사용하므로 검색 속도가 가장 빠르다. 디스크 기억 장치에 많이 이용된다.

구역성, 집약성(Locality) : 요구하는 페이지들이 집중되는 것으로, 일정 시간에 집중되는 시간 집약성(Temporal Locality)과 일정 위치에 집중되는 공간 집약성(Spatial Locality)이 있다.

최소 빈도 사용 페이지 교체(LRU, Least Recently Used Page Replacement) : 가장 오랫동안 사용되지 않은 페이지를 교체하는 것으로, 페이지 호출 시마다 시간을 테이블에 기억하므로 오버헤드가 크다. Counter 또는 Stack이 필요하다.

최적 페이지 교체(OPT, Optimal Page Replacement) : 오랫동안 사용되지 않을 페이지를 교체하는 알고리즘

최적화 : 현재의 하드웨어와 소프트웨어상태에서 기능하는 시스템을 안정적이고 빠르게 작동할 수 있도록 만드는 것으로, 컴퓨터가 작동하기 좋은 상태를 말한다.

캐시 메모리(Cache memory) : 캐시 메모리는 컴퓨터 마이크로프로세서가 일반적인 랜덤 액세스 메모리(RAM)의 액세스보다 더 빨리 액세스할 수 있는 RAM을 사용한다. 마이크로프로세서가 데이터를 처리할 때, 먼저 캐시 메모리를 찾아보고 데이터를 찾으면 읽어 들이는데 시간을 더 이상 소비하지 않아도 된다. 레지스터와 메인 메모리간의 속도 격차를 완충하기 위한 메모리다.

캐싱(Cahing) : 사용 가능성이 많은 자료를 속도가 느린 디스크에서 속도가 빠른 임시저장소(Cache)로 복사 후 사용하므로 처리속도를 향상시킨다.

커널 : 운영체제의 핵심 루틴으로, 하드웨어 보호 기능, 사용자 서비스 제공, 프로세스 관리, 메모리 관리, 네트워크(통신) 관리, 입출력 관리, 파일 관리 기능 등을 제공한다. 커널을 운영체제로 볼 수 있다. 기억장치관리, 프로세스관리, 프로세스간 통신, 입출력관리, 파일관리 수행

커널 스레드(Kernel thread) : 커널 스레드는 운영체제에 의해서 직접 지원된다. 이들의 생성과 관리는 느리다.

컨텍스트 스위칭(Context-switching) : 한 프로세스에서 다른 프로세스로 제어를 변경해야 할 때, 이전 프로세스의 상태를 저장하고 새로운 프로세스의 저장된 상태를 불러온다. 이때 컨텍스트 스위칭에 걸리는 시간은 오버헤드가 된다. 왜냐하면 스위칭을 수행하는 동안에는 작업을 하지 못하기 때문이다. 이 시간은 메모리의 속도와 복사되어야 하는 레지스터의 개수, 특수한 Instruction의 존재에 따라 다르다.

컴파일러와 인터프리터 : 인터프리터는 프로그램의 명령 처리하기 위해 한 번에 한 라인을 읽어 들여 번역하고 실행한다. 컴파일러는 전체 Instruction을 한꺼번에 번역한다.

코덱(codec) : 음성 또는 영상의 아날로그 신호를 디지털 신호로 변환하는 코더와 디지털 신호를 음성 또는 영상의 아날로그로 변환하는 디코더(Decoder)의 합성어이다. 코덱을 사용해서 만든 파일은 코덱이 있어야만 재생이 가능하다.

쿨부팅 : Ctrl+Alt+Del 키가 적용되지 않을 때 즉, 웜부팅이 안 될 때 사용하는 방법으로, 리셋버튼을 통한 부팅을 의미한다.

크래커 : 해커와 비교되는 말로, 악의를 품고 타인의 서버나 PC에 침투하여 내용을 손상시키는 사람을 지칭한다.

클라우드 컴퓨팅(Cloud Computing) : 데이터와 프로그램들이 클라우드에 저장되고, 사용자는 여러 단말기를 통해 클라우드에 원격 접속하여 원하는 서비스를 받는 시스템이다.

클러스터 시스템(Clustered Systems) : 2개 이상의 독자적 시스템(Individual Systems)으로 구성하고, 고속 LAN으로 긴밀히 연결, Storage를 공유하며, 독자적 메모리를 가지고 병령 프로그래밍 기법을 통해 실행한다.

투명성(Transparency) : 사용자가 분산된 여러 자원의 위치 정보를 알지 못하고, 마치 하나의 커다란 컴퓨터 시스템을 사용하는 것처럼 인식하도록 설계할 수 있도록 한다.

트라이얼 버전 : 프로그램을 구입하기 전에 한번 사용해 보고 구입의사를 결정하라는 의미에서, 프로그램 제작사가 무료로 배포하는 프로그램이다. 인쇄나 저장기능을 빼고 공급하므로 정식제품과 차이는 있지만 미리 제품의 성능을 확인할 때 의미가 있다.

트래픽 : 흔히 네트워크를 통해 움직이는 데이터의 양이나 어떤 종류의 트랜잭션 및 메시지 등의 양을 의미한다.

트로이목마(바이러스) : 시스템에 몰래 숨어들어와 자료를 훔쳐가거나 지우는 악성 프로그램을 통틀어 말한다. 바이러스처럼 다른 파일에 감염을 시키진 않는다. 따라서 감염된 파일만 지우면 된다.

트웨인 : 스캐너, 디지털카메라, 캠코더와 같은 입력 장비와 이미지를 편집해주는 응용 소프트웨어간의 커뮤니케이션을 담당하는 표준 소프트웨어 프로토콜을 의미한다.

파일 시스템(File System) : 컴퓨터에서 저장이나, 검색을 위해 파일을 어디에 위치시킬 것인지 등에 대한 체계를 지니고 파일을 관리해준다.

파일 시스템의 기능 : 생성, 변경, 제거, 공유, 여러 제어 방법 제공, 다양한 응용처리, 파일 간 정보 전송, 백업 복구, 장치 독립성 제공, 암호화, 해독, 사용자 인터페이스 제공하고, 무결성과 보안을 유지해야 한다.

패치파일 : 프로그램의 버그나 잘못된 것을 수정하거나 조정해주는 수정파일(프로그램)을 말한다.

패킷 : 데이터 전송에서 사용되는 데이터의 묶음

페이지 교체(Page Replacement) : 페이지 부재가 발생할 때, 요구된 페이지를 메인 메모리에 할당할 곳이 없을 때 기존에 잇던 페이지와 교체하는 것

페이지 기법의 특징 : 블록(Block)이 고정된 것으로, 페이지 크기가 작을수록 많은 페이지 사상 테이블 공간이 필요하며, 내부 단편화는 줄어든다, 페이지의 집합을 효율적으로 운영할 수 있다.

페이지 부재(Page Fault) : 프로그램이 실행될 때, 프로그램에서 접근하려고 하는 페이지가 주기억 장치에 있지 않은 경우 발생하는 현상이다.

페이징(Paging) : 여러 프로그램을 넣고 동시에 처리할 수 있도록 실제 메모리(Frame)를 일정 크기(Page)의 논리 주소로 매핑 하는 것(Page Mapping)이다. 페이지들은 비연속적이여도 되며, 할당과 해제가 쉽다. 페이지 크기가 크면 내부 단편화가 생길 수 있으나 페이지 부재는 줄어든다.

포털사이트 : 검색엔진을 비롯한 갖가지 정보를 일목요연하게 정리해서 편리하게 배치시킨 홈페이지로, 회원제를 기본으로 하며 이메일이나 홈페이지계정을 제공하기도 한다.

폴링 : 특정 장치의 상태를 반복적으로 조사하는 동작

프로그램 검사(Program Check) 인터럽트 : Overflow나 Underflow 발생 또는 나눗셈에서 분모가 0인 경우 발생한다.

프로세스 동기화(Process Synchronization) : 여러 프로세스들이 동일한 데이터를 동시에 접근할 때, 경쟁 상대(race condition)가 발생할 수 있따. 이를 방지하기 위해서 한 번에 하나의 프로세스가 동일한 데이터를 조작하도록 사용되는 기술이다.

프로세스 제어 블록(PCB: Process Control Block) : OS가 프로세스에 대한 정보 관리를 위해 만든 테이블

프로세스(Process) : 실행 중인 프로그램으로, 종료 시 자원을 반환한다.

프로토콜 : 컴퓨터간 자료를 주고받을 때 사용되는 기본 언어(http://)

프리웨어 : 아무조건이나 기간, 기능 제한 없는 공짜로 배포되는 프로그램

해킹 툴 : 이용자의 컴퓨터를 원격지에서 조정해 중요한 정보들을 몰래 빼내는 프로그램

협동 프로세스(Cooperating Processing) : 데이터로 자원을 서로 공유하는 프로세스들이다. 프로세스들은 프로세스간 통신 기능을 통해 서로 통신하며, 채팅 프로그램이나 분산 시스템에서 많이 사용된다.

혹스(Hoax) : 이메일로 거짓 정보를 퍼뜨려 심리적으로 불안하게 만드는 것으로, 행운의 편지나 바이러스가 첨부된 것이 아니면서 바이러스를 첨부한 것처럼 꾸민 메일이다.

환형 연결(Ring Connected) **구조** : 각 사이트가 주변의 다른 두 사이트와 물리적으로 연결되는 것으로, 정보 전달 방향은 단방향 또는 양방향이다. 기본 비용은 사이트의 수에 비례한다.

후킹(hooking) : 해킹기법의 하나로, PC이용자가 키보드를 누른 정보를 밖으로 빼돌리는 것으로, 신용카드번호나 그 외 각종 비밀번호 등 중요한 정보를 유출시키는 기법이다.

부록 2 출제경향

1. 디렉터리 구조 중 다음 설명에 해당하는 것은?

- 하나의 루트 디렉터리와 여러 개의 부디렉터리로 구성된다. - UNIX, 윈도 운영체제에서 채택하고 있는 구조다. - 디렉터리 탐색은 포인터에 의하여 계층적으로 이루어진다.

① 1단계 디렉터리 구조
② 트리 디렉터리 구조
③ 2단계 디렉터리 구조
④ 비순환 그래프 디렉터리 구조

2. 3 페이지가 들어갈 수 있는 기억장치에서 다음과 같은 순서로 페이지가 참조될 때 FIFO 기법을 사용하면 페이지 부재(page fault)는 몇 번 일어나는가? (단, 현재 기억장치는 모두 비어 있다고 가정한다.)

참조열 : 1, 2, 3, 4, 1, 3, 1, 2, 4

① 4 ② 5
③ 6 ④ 8

3. 운영체제의 목적으로 거리가 먼 것은?

① 시스템 성능 향상 ② 처리량 향상
③ 응답시간 증가 ④ 신뢰성 양상

4. HRN 스케줄링 기법을 적용할 경우 우선순위가 가장 낮은 것은?

작업명	대기시간	서비스시간
A	30	30
B	20	40
C	50	10
D	20	80

① A ② B
③ C ④ D

5. 운영체제의 운용 기법 중 시분할 체제에 대한 설명으로 옳지 않은 것은?

① 일괄 처리 형태에서의 사용자 대기 시간을 줄이기 위한 대화식 처리 형태이다.
② 여러 사용자가 CPU를 공유하고 있지만 마치 자신만이 독점하여 사용하고 있는 것처럼 느끼게 된다.
③ 좋은 응답 시간을 제공하기 위해 각 사용자들에게 일정 CPU 시간만큼을 차례로 할당하는 SJF 스케줄링을 사용한다.
④ 단위 작업 시간을 Time Slice라고 한다.

6. UNIX의 특징으로 볼 수 없는 것은?

① 대화식 시분할 운영체제이다.
② 대부분의 코드가 어셈블리어로 구성되어 있다.
③ 높은 이식성을 가진다.
④ 트리 구조의 파일 시스템을 갖는다.

7. 교착상태 해결 방법 중 다음 사항과 관계되는 것은?

- Mutual Exclusion 부정
- Hold and Wait 부정
- Non-preemption 부정
- Circular Wait 부정

① Recovery ② Detection
③ Avoidance ④ Prevention

8. UNIX에서 파일 내용을 화면에 표시하는 명령은?

① cat ② finger
③ is ④ chown

9. SJF(Shortest Job First) 스케줄링에서 작업 도착 시간과 CUP 사용시간은 다음 표와 같다. 모든 작업들의 평균 대기시간은 얼마인가?

작업	도착시간	CPU 사용시간
1	0	29
2	3	32
3	8	7

① 6 ② 9
③ 12 ④ 18

10. 페이지 크기에 대한 설명으로 옳지 않은 것은?

① 페이지 크기가 클 경우 전체적인 입출력 효율성이 증가된다.
② 페이지 크기가 작을 경우 페이지 맵 테이블의 크기가 작아지고 매핑 속도가 빨라진다.
③ 페이지 크기가 클 경우 프로그램 수행에 불필요한 내용까지도 주기억장치에 적재될 수 있다.
④ 페이지가 크기가 작을 경우 디스크 접근 횟수가 많아진다.

11. 빈번한 페이지의 부재 발생으로 프로세스의 수행 소요시간보다 페이지 교환에 소요되는 시간이 더 큰 경우를 의미하는 것은?

① 스래싱(thrashing) ② 세마포(semaphore)
③ 페이징(paging) ④ 오버레이(overlay)

12. 시스템과 그 시스템 내의 자료에 대한 정보의 무결성과 안정성을 어떻게 보장할 것인지에 관련된 사항을 의미하는 것은?

① 보호 ② 보안
③ 침투 ④ 해킹

13. 분산 운영체제 시스템에 관한 설명으로 옳지 않은 것은?

① 약결합(loosely-coupled)으로 볼 수 있다.
② 업무량 증가에 따른 점진적인 확장이 용이하다.
③ 높은 보안성이 유지된다.
④ 제한된 자원을 여러 지역에서 공유 가능하다.

14. 프로세스의 정의로 옳지 않은 것은?

① 프로세스 제어 블록을 가진 프로그램
② 동기적 행위를 일으키는 주체
③ 운영체제가 관리하는 실행 단위
④ 프로시저가 활동 중인 것

15. 다음 표는 고정 분할에서의 기억장치 단편화 현상을 보이고 있다. 내부단편화(Internal Fragmentation)는 모두 얼마인가?

영역	분할의크기(k)	작업의크기(k)
A	20	10
B	50	60
C	120	10
D	200	100
E	300	90

① 170k ② 260k ③ 430k ④ 480k

16. 다음 중 천재지변이나 사고로 인해 정보의 손실이나 파괴를 막기 위해 취할 수 있는 방법으로 가장 올바른 것은?

① 파일시스템을 체계적으로 잘 정리한다.
② 백업(Back-up)을 주기적으로 실시하여 안전한 곳에 보관한다.
③ 컴퓨터에 안전장치를 하고, 필요할 때만 조심해서 사용해야 한다.
④ 사고는 컴퓨터가 가동될 때만 발생하므로 사용 후에는 컴퓨터 전원을 반드시 꺼놓는다.

17. 13k의 작업을 다음 그림의 40k 공백의 작업공간에 할당했을 경우 사용된 기억장치 배치전략 기법은?

OS
16K 공백
used
14K 공백
used
5K 공백
used
40K 공백

① Best fit ② Last fit ③ First fit ④ Worst fit

18. 임계구역의 원칙으로 옳지 않은 것은?

① 두 개 이상의 프로세스가 동시에 사용할 수 있다.
② 순서를 지키면서 신속하게 사용한다.
③ 하나의 프로세스가 독점하게 해서는 안 된다.
④ 임계구역이 무한 루프에 빠지지 않도록 주의해야 한다.

19. RR(Round Robin) 방식에 관한 설명으로 옳지 않은 것은?

① 시간할당량이 커지면 FCFS 방식과 같게 된다.
② 시간할당량이 너무 작으면 스래싱에 소요되는 시간의 비중이 커진다.
③ 준비상태 큐에서 기다리고 있는 프로세스들 중에서 실행시간이 가장 짧은 프로세스에게 먼저 CPU를 할당하는 기법이다.
④ 시스템이 사용자에게 적합한 응답시간을 제공해 주는 대화식 시스템에 유용하다.

20. 강 결합 시스템(Tightly Coupled System)의 특징에 해당하는 것은?

① 프로세서간의 통신은 공유 메모리로 이루어진다.
② 각 시스템은 자신의 운영체제를 가진다.
③ 각 시스템은 자신만의 주기억장치를 가진다.
④ 각 시스템간의 통신은 메시지 교환으로 이루어진다.

1② 2③ 3③ 4④ 5③ 6② 7④ 8① 9④ 10②
11① 12② 13③ 14② 15③ 16② 17④ 18① 19③ 20①

21. FIFO 기법을 적용하여 작업 스케줄링을 하였을 때, 다음 작업들의 평균 회수시간 (Turnaround time)은?(단, 문맥교환시간은 무시한다.)

작업명	대기시간	서비서시간
A	0	6
B	1	3
C	2	1
D	3	8

① 9.25 ② 8.25 ③ 7.75 ④ 7.25

22. HRN 스케줄링 기법을 적용할 경우 우선 순위가 가장 높은 것은?

작업명	대기시간	서비서시간
A	10	50
B	20	40
C	50	10
D	30	5

① A ② B ③ C ④ D

23. 먼저 도착한 요청이 먼저 서비스를 받으며, 일단 요청이 도착하면 실행 예정순서가 고정된다는 점에서 공평한 디스크 스케줄링 정책은?

① SSTF ② SCAN ③ FCFS ④ C-SCAN

24. 운영체제에 대한 옳은 설명 모두를 나열한 것은?

ㄱ. 사용자와 시스템 간의 용이한 인터페이스를 제공한다. ㄴ. 자원의 효과적 관리 및 스케즐링을 수행한다. ㄷ. 시스템의 오류를 검사하고 복구한다, ㄹ. 프로그램 실행을 위한 목적 프로그램을 생성 한다,.

① ㄱ, ㄹ ② ㄴ, ㄹ ③ ㄱ, ㄴ, ㄷ ④ ㄱ, ㄴ, ㄷ, ㄹ

25. 파일 디스크립터가 가지고 있는 정보가 아닌 것은?

① 파일의 구조
② 접근 제어 정보
③ 보조기억장치상의 파일 위치
④ 파일의 백업 방법

26. 은행원 알고리즘(banker's algorithm)과 관계가 깊은 것은?

① 교착상태 지연 ② 교착상태 발견
③ 교착상태 회피 ④ 교착상태 회복

27. 운영체제의 운용 기법 중 시분할(Time-Sharing) 처리 시스템에 대한 설명으로 옳지 않은 것은?

① 하나의 CPU를 여러 개의 작업들이 일정한 시간 간격동안 사용함으로써 각각의 작업은 CPU를 공유한다.
② Round-Robin 방식이라고도 한다.
③ 다중프로그래밍 방식과 결합하여 모든 작업이 동시에 진행되는 것처럼 대화식 처리가 가능하다.
④ 시스템의 효율 향상을 위하여 작업량이 일정한 수준이 될 때까지 모아두었다가 한꺼번에 일시에 처리한다.

28. SJF(Shortest Job First) 스케줄링에서 작업 도착 시간과 CPU 사용시간은 다음 표와 같다. 모든 작업들의 평균 대기시간은 얼마인가?

작업	도착시간	CPU사용시간
1	0	23
2	3	35
3	8	13

① 15 ② 16 ③ 24 ④ 26

29. 프로세스를 스케줄링 하는 목적으로 옳지 않은 것은?

① 모든 작업에 대한 공평성을 유지해야 한다.
② 응답시간을 최소화해야 한다.
③ 프로세스의 처리량을 최소화해야 한다.
④ 경과시간의 예측이 가능해야 한다.

30. 분산처리 운영체제 시스템의 구조 중 성형구종에 대한 설명으로 옳지 않은 것은?

① 시스템 내의 각 사이트가 인접한 다른 두 사이트와만 직접 연결된 구조이다.
② 사이트의 증가에 따른 통신 회선도 증가한다.
③ 중앙 사이트의 고장 시 모든 통신이 단절된다.
④ 비교적 간단한 구조이며, 유지보수가 용이하다.

31. SSTF 스케줄링 알고리즘을 이용할 경우 현재 헤드가 12 트랙에 위치한다면 가장 먼저 처리되는 트랙은?(단, 현재 헤드는 바깥쪽에서 안쪽으로 진행 중이며, 가장 안쪽의 트랙 번호는 0 이다.)

요구 큐 : 98, 183, 37, 122, 14, 124, 65, 67, 5

① 5 ② 14 ③ 98 ④ 183

32. UNIX의 셸(Shell)에 대한 설명으로 틀린 것은?

① 사용자의 커널 사이에서 중계자 역할을 한다.
② 스케줄링, 기억장치 관리, 파일 관리, 시스템호출 인터페이스 등의 기능을 가진다.
③ 여러 가지의 내장 명령어를 가지고 있다.
④ 사용자 명령의 입력을 받아 시스템 기능을 수행하는 명령어 해석기이다.

33. 다음 설명이 의미하는 것은?

단일 사용자 시스템에서 프로그램의 크기는 주기억 장치의 용량보다 클 수는 없다. 그러나 사용하지 않는 프로그램의 부분을 보조기억장치로 옮겨 와서 이제 더 이상 필요하지 않는 프로그램 부분이 사용하고 있던 장소를 다른 프로그램이 사용하게 하면 실제 영역보다 더 큰 프로그램의 실행이 가능하다.

① 오버레이(overlay) ② 구역성(locality)
③ 워킹 셋(working set) ④ 스레드(thread)

34. 분산처리 운영 시스템에 대한 설명으로 적당하지 않은 것은?

① 시스템을 구성하는 소형 컴퓨터들의 자율성을 보장하므로 전체 시스템의 통합적 제어기능은 불필요하다.
② 하나의 대형 컴퓨터에서 하던 일을 지역적으로 분산된 여러 개의 소형 컴퓨터에서 분담 수행하므로 시스템의 효율을 증대시킬 수 있다.
③ 데이터 처리 장치와 데이터베이스가 지역적으로 분산되어 있으며 정보교환을 위해 네트워크로 상호 결합된 시스템이다.
④ 자료가 중앙에 집중된 대형 컴퓨터의 고장으로 인한 업무 마비를 예방할 수 있다.

35. 16K의 작업을 40K 공백의 작업공간에 할당했을 경우, 사용된 기억장치 배치전략 기법은?

OS
16K 공백
used
20K 공백
used
6K 공백
used
40K 공백

① First-Fit ② Worst-Fit ③ Last-Fit ④ Best-Fi

36. 디렉터리 구조 중 모든 파일이 유일한 이름을 가지고 있어야 하며, 하나의 디렉터리 내에 위치하여 관리되는 구조는?

① 트리 디렉티리 구조
② 비순환 그래프 디렉터리 구조
③ 1단계 디렉터리 구조
④ 2단계 디렉터리 구조

37. 3 페이지가 들어갈 수 있는 기억장치에서 다음과 같은 순서로 페이지가 참조될 때 FIFO 기법을 사용하면 페이지 부재(page fault)는 몇 번 발생하는가?(단, 현재 기억 장치는 모두 비어 있다고 가정한다.)

참조열 : 1, 2, 3, 4, 1, 3, 1, 2

① 4　　② 5
③ 6　　④ 8

38. 데이터 암호화 시스템 중, 암호화키와 해독키가 따로 존재하여 암호화 키는 공용키로 공개되어 있고 해독 키는 개인키로 비밀이 보장되어 있는 방식은?

① 비밀 번호(password)
② DES(Data Encryption Standards)
③ 공개 키 시스템(public key system)
④ 디지털 서명(digital signature)

39. 다음은 무엇에 대한 정의인가?

- 실행중인 프로그램 - 커널에 등록되고 커털의 관리하에 있는 작업 - 각종 자원들을 요청하고 할당 방을 수 있는 개ㅊ[

① Page　　② Semaphore
③ Monitor　　④ Process

40. UNIX에 대한 설명으로 옳지 않은 것은?

① 다양한 유틸리티 프로그램들이 존재한다.
② 멀티유저, 멀티태스킹을 지원한다.
③ 2단계 디렉터리 구조의 파일 시스템을 갖는다.
④ 대화식 운영체제이다.

21① 22④ 23③ 24③ 25④ 26③ 27④ 28② 29③ 30①
31② 32② 33① 34① 35② 36③ 37③ 38③ 39④ 40③

41. 분산처리 운영체제 시스템에 대한 설명으로 옳지 않은 것은?

① 중앙 집중형 시스템에 비해 소프트웨어 개발이 쉽다.
② 여러 사용자들이 데이터를 공유할 수 있다.
③ 시스템의 점진적 확장이 용이하다.
④ 사용 가능도가 향상된다.

42. 로더의 기능이 아닌 것은?

① compile ② allocation
③ linking ④ relocation

43. 분산처리 운영체제 시스템의 구조 중 성형구조에 대한 설명으로 옳지 않은 것은?

① 자체가 단순하고 제어가 집중되어 모든 작동이 중앙 컴퓨터에 의해 감시되므로 하나의 제어기로 조절이 가능하다.
② 집중제어로 보수와 관리가 용이하다.
③ 중앙 컴퓨터 고장 시 전체 네트워크에는 영향을 주지 않는다.
④ 중앙 노드를 제외한 노드의 고장은 다른 노드에 영향을 주지 않는다.

44. 임계 구역(Critical Section)에 대한 설명으로 옳지 않은 것은?

① 특정 프로세스가 독점해서는 안 된다.
② 하나의 프로세스만 접근할 수 있다.
③ 임계 구역 내에서의 작업은 신속하게 진행되어야 한다.
④ 실행 중인 프로세스가 일정 시간 동안 참조하는 페이지의 집합을 의미한다.

45. 세 개의 페이지를 수용할 수 있는 주기억장치로 현재 페이지는 모두 비어 있는 상태이다. 어떤 프로그램이 다음과 같은 순서로 페이지 번호를 요구하였을 때, 페이지 교체 기법으로 FIFO 기법을 사용하였다면, 페이지 부재는 몇 번 일어나겠는가?

요청한 페이지 번호 : c, d,ce, nb, d, e, c, d

① 3번 ② 4번
③ 5번 ④ 6번

46. SJF(Shortest Job First) 스케줄링에서 작업 도착 시간과 CPU 사용시간은 다음 표와 같다. 모든 작업들의 평균 대기시간은 얼마인가?

작업	도착시간	CPU사용시간
1	0	20
2	3	32
3	8	13

① 6 ② 9 ③ 12 ④ 14

47. 가상기억장치에 대한 설명으로 옳지 않은 것은?

① 컴퓨터시스템의 주기억장치 용량보다 더 큰 저장용량을 주소로 지정할 수 있도록 해준다.
② 페이징과 세그먼테이션 기법을 이용하여 가상기억장치를 구현할 수 있다.
③ 다중 프로그래밍의 효율을 높일 수 있다.
④ 프로세스가 갖는 가상주소 공간상의 연속적인 주소가 실제 기억장치에서도 연속적이어야 한다.

48. 파일 내용을 화면에 표시하는 UNIX 명령은?

① cp ② mv
③ rm ④ cat

49. 워킹 셋(WORKING SET)의 의미로 가장 적합한 것은?

① 프로세스가 실행되는 동안 일부 페이지만 집중적으로 참조되는 경향을 의미한다.
② 최근에 참조된 기억장소가 가까운 장래에도 계속 참조될 가능성이 높음을 의미한다.
③ 하나의 기억장소가 참조되면 그 근처의 기억장소가 계속 참조되는 경향이 있음을 의미한다.
④ 프로세스가 효율적으로 실행되기 위해 프로세스에 의해 자주 참조되는 페이지들의 집합을 말한다.

50. 13K 작업을 다음 그림의 14K 공백의 작업공간에 할당했을 경우 사용된 기억장치 배치전략 기법은?

OS
16K 공백
used
14K 공백
used
5K 공백
used
30K 공백

① Last-Fit ② First-Fit ③ Worst-Fit ④ Best-Fi

51. 다음 설명에 해당하는 디렉터리 구조는?

- 디렉토리와 파일 공유에 융통성이 있음 - 사이클이 허용됨 - 탐색알고리즘이 간단하며 원하는 파일에 접간하기 용이함. - 불필요한 파일의 제거를 위한 참조 카운터가 필요함

① 1단계 디렉터리 구조
② 2단계 디렉터리 구조
③ 일반적인 그래프 디렉터리 구조
④ 트리 디렉터리 구조

52. UNIX에서 사용자 명령의 입력을 받아 시스템 기능을 수행하는 명령 해석기로서 사용자와 시스템 간의 인터페이스를 담당하는 것은?

① 커널(Kernel) ② 셸(Shell)
③ 유틸리티(Utility) ④ 포트(Port)

53. 사용자 Password에 대한 설명으로 옳지 않은 것은?

① 추측 가능한 사용자의 전화번호, 생년월일 등으로는 구성하지 않는 것인 바람직하다.
② 암호가 짧을수록 추측에 의한 암호 발각 가능성이 희박하다.
③ 암호는 자주 변경하는 것이 바람직하다.
④ 불법 액세스를 방지하는데 사용된다.

54. 다음 프로세스에 대하여 HRN 기법으로 스케줄링 할 경우 우선순위로 옳은 것은?

작업	도착시간	CPU사용시간
1	10	30
2	6	12
3	12	84

① B → C → A　② C → A → B
③ B → A → C　④ A → B → C

55. 프로세스(Process)의 의미로 거리가 먼 것은?

① 실행 중인 프로그램
② PCB의 존재로서 명시되는 것
③ 동기적 행위를 일으키는 주체
④ 프로시저가 활동 중인 것

56. 초기 헤드의 위치가 100번 트랙이고 디스크 대기 큐에 다음과 같은 순서의 액세스 요청이 대기 중이다. SSTF 스케줄링 기법을 사용하여 액세스 요청을 모두 처리할 경우 가장 마지막에 처리하는 트랙은?(단, 가장 안쪽 트랙 : 0, 가장 바깥 쪽 트랙 : 150)

디스크 대기 큐 : 65, 112, 40, 16, 90

① 16　② 40
③ 90　④ 112

57. UNIX의 특징이 아닌 것은?

① Multi-User, Multi-Tasking 지원
② 대화식 운영체제
③ 높은 이식성
④ 2단계 디렉터리 구조

58. 운영체제의 기능으로 거리가 먼 것은?

① 사용자 인터페이스 제공
② 자원 스케줄링
③ 데이터의 공유
④ 원시 프로그램을 목적 프로그램으로 변환

59. Round-Robin 스케줄링(Scheduling) 방식에 대한 설명으로 옳지 않은 것은?

① 할단된 시간(Time Slice) 내에 작업이 끝나지 않으면 대기 큐의 맨 뒤로 그 작업을 배치한다.
② 시간 할당량이 작아질수록 문맥교환 과부하는 상대적으로 낮아진다.
③ 시간 할당량이 충분히 크면 FIFO 방식과 비슷하다.
④ 적절한 응답시간이 보장되므로 시분할 시스템에 유용하다.

60. 자원 할당 그래프와 관계되는 교착상태 해결 기법은?

① Prevention ② Avoidance
③ Recovery ④ Detection

41① 42① 43③ 44④ 45④ 46④ 47④ 48④ 49④ 50④
51③ 52② 53② 52② 55③ 56① 57④ 58④ 59② 60②

61. 운영체제의 대한 설명으로 옳지 않은 것은?

① 다중 사용자와 다중 응용프로그램 환경 하에서 자원의 현재 상태를 파악하고 자원분배를 위한 스케줄링을 담당한다.
② CPU, 메모리 공간, 기억 장치, 입/출력 장치 등의 자원을 관리한다.
③ 운영체제의 종류로는 매크로 프로세서, 어셈블러, 컴파일러 등이 있다.
④ 입출력 장치와 사용자 프로그램을 제어한다.

62. 운영체제의 성능평가 요인 중 다음 설명에 해당하는 것은?

이것은 컴퓨터 시스템 내의 한정된 각종 자원을 여러 사용자가 요구할 때, 어느 정도 신속하고 충분히 지원해 줄 수 있는지의 정도이다. 이는 사용 가능한 하드웨어 자원의 수나 다중 프로그래밍 정도 등의 요소가 좌우하는 것으로 같은 종류의 시스템 자원수가 많을 경우에는 이것이 높아질 수 있다.

① Throughput ② Availability ③ Turn around Time ④ Reliability

63. 분산 운영체제에 대한 설명으로 옳지 않은 것은?

① 자원 공유 ② 연산속도 향상 ③ 신뢰성 증대 ④ 보안성 향상

64. 은행가 알고리즘은 다음 교착상태 관련 연구 분야 중 어떤 분야에 속하는 가?

① 예방 ② 발견 ③ 회피 ④ 회복

65. UNIX의 특징으로 옳지 않은 것은?

① 하나 이상의 작업에 대하여 백그라운드에서 수행 가능하다.
② Multi-Tasking은 지원하지만 Multi-User는 지원하지 않는다.
③ 트리 구조의 파일 시스템을 갖는다.
④ 이식성이 높으며 장치 간의 호환성이 높다.

66. 다중 처리기 운영체제 구성에서 주/종(Master/Slave) 처리기 에 대한 설명으로 옳지 않은 것은?

① 주 프로세서가 고장 날 경우에도 전체 시스템은 작동한다.
② 비대칭 구조를 갖는다.
③ 종 프로세서는 입출력 발생 시 주 프로세서에게 서비스를 요청한다.
④ 주 프로세서는 운영체제를 수행한다.

67. 운영체제의 목적이 아닌 것은?

① 처리 능력의 향상　② 반환 시간의 최대화
③ 사용 가능도 증대　④ 신뢰도 향상

68. 보안 유지 방식 중 사용자의 신원을 확인한 후 권한이 있는 사용자에게만 시스템에 접근하게 하는 방법은?

① 운용보안　② 시설보안
③ 사용자 인터페이스보안　④ 내부보안

69. 메모리 관리 기법 중 Worst fit 방법을 사용할 경우 10K 크기의 프로그램 실행을 위해서는 어느 부분이 할당 되는가?

영역번호	메모리크기	사용여부
NO. 1	8K	FREE
NO. 2	12K	FREE
NO. 3	10K	IN USE
NO. 4	20K	IN USE
NO. 5	16K	FREE

① NO.2　② NO.3
③ NO.4　④ NO.5

70. HRN 방식으로 스케줄링 할 경우, 입력된 작업이 다음과 같을 때 우선순위가 가장 높은 순서부터 차례로 옳게 나열한 것은?

작업	대기시간	서비스(실행)시간
A	40	20
B	20	20
C	70	10
D	120	30

① B→A→C→D　② B→A→D→C
③ C→D→A→B　④ D→C→A→B

71. 초기 헤드 위치가 50 이며 트랙 0번 방향으로 이동 중이었다. 디스크 대기 큐에 다음과 같은 순서의 액세스 요청이 대기 중일 때, SSTF 스케줄링 사용하여 모든 처리를 완료하고자 한다. 가장 먼저 처리되는 트랙은? (단, 트랙 가장 안쪽 트랙 0, 가장 바깥쪽 트랙 200)

대기 큐 : 100, 180, 40, 120, 0, 130, 55, 80, 51, 200

① 0 ② 40 ③ 51 ④ 200

72. UNIX 시스템에서 커널의 수행기능에 해당하지 않는 것은?

① 프로세스 관리 ② 기억장치 관리
③ 입출력 관리 ④ 명령어 해석

73. RR(Round Robin) 스케줄링에 대한 설명으로 옳지 않은 것은?

① Time slice가 작을 경우 문맥교환이 자주 일어한다.
② Time Sharing System을 위해 고안된 방식이다.
③ FCFS 알고리즘을 선점 형태로 변형한 기법이다.
④ 우선순위는 "(대기시간+서비스시간)/서비스시간"의 계산으로 처리한다.

74. 페이징 기법과 세그먼테이션 기법에 대한 설명으로 옳지 않은 것은?

① 페이징 기법에서는 주소 변환을 위한 페이지 맵 테이블이 필요하다.
② 페이지 크기로 일정하게 나누어진 주기억장치의 단위를 페이지 프레임이라고 한다.
③ 페이징 기법에서는 하나의 작업을 다양한 크기의 논리적인 단위로 나눈 후 주기억장치에 적재시켜 실행한다.
④ 세그먼테이션 기법을 이용하는 궁극적인 이유는 기억공간을 절약하기 위해서이다.

75. 파일 디스크립터(File Descriptor)에 대한 설명으로 옳지 않은 것은?

① 파일 관리를 위한 파일 제어 블록이다.
② 시스템에 따라 다른 구조를 가질 수 있다.
③ 보조기억장치에 저장되어 있다가 파일이 개방될 때 주기억장치로 옮겨진다.
④ 사용자의 직접 참조가 가능하다.

76. 프로세스 제어 블록을 갖고 있으며, 현재 실행 중이거나 곧 실행 가능하며, CPU를 할당받을 수 있는 프로그램으로 정의할 수 있는 것은?

① 워킹 셋 ② 세그먼테이션
③ 모니터 ④ 프로세스

77. UNIX에서 파일 내용을 화면에 표시하는 명령과 파일의 소유자를 변경하는 명령을 순서적으로 옳게 나열한 것은?

① dir, chown ② cat, chown
③ type, chmod ④ type, cat

78. 4개의 페이지를 수용할 수 있는 주기억장치가 있으며, 초기에는 모두 비어 있다고 가정한다. 다음의 순서로 페이지 참조가 발생할 때, FIFO 페이지 교체 알고리즘을 사용할 경우 페이지 결함의 발생 횟수는?

페이지 참조 순서 : 1, 2, 3, 1, 2, 4, 5, 1, 2, 3, 4

① 6회 ② 7회 ③ 8회 ④ 9회

79. 프로세서의 상호 연결 구조 중 하이퍼 큐브 구조에서 각 CPU가 3개의 연결점을 가질 경우 총 CPU의 개수는?

① 2 ② 3 ③ 4 ④ 8

80. 80. 여러 사용자들이 공유하고자 하는 파일들을 하나의 디렉토리 또는 일부 서브트리에 저장해 놓고 여러 사용자들이 이를 같이 사용할 수 있도록 지원하기 위한 가장 효율적인 디렉토리 구조는?

① 비순환 그래프 디렉토리 구조
② 트리 디렉토리 구조
③ 1단계 디렉토리 구조
④ 2단계 디렉토리 구조

61③ 62② 63④ 64③ 65② 66① 67② 68③ 69④ 70③
71③ 72④ 73④ 74③ 75④ 76④ 77② 78④ 79④ 80①

81. 교착상태 해결 방안으로 발생 가능성을 인정하고 교착상태가 발생하려고 할 때, 교착상태 가능성을 피해가는 방법은?

① 예방(Prevention) ② 발견(Detection)
③ 회피(Avoidance) ④ 복구(Recovery)

82. 파일 보호 기법 중 다음 설명에 해당하는 것은?

사용자에 따라 접근할 수 있는 파일이나 디렉토리의 목록을 정해서 사용자의 신원에 따라 서로 다른 접근 권한을 허용한다

① Cryptography ② Password
③ Naming ④ Access control

83. 가상기억장치 구현에서 세그먼테이션(Segmentation) 기법의 설명으로 옳지 않은 것은?

① 주소 변환을 위해서 페이지 맵 테이블(Page Map Table)이 필요하다.
② 세그먼테이션은 프로그램을 여러 개의 블록으로 나누어 수행한다.
③ 각 세그먼트는 고유한 이름과 크기를 갖는다.
④ 기억장치 보호키가 필요하다.

84. 주기억장치 배치 전략 기법으로 First Fit 방법을 사용할 경우, 다음과 같은 기억장소 리스트에서 10K 크기의 작업은 어느 영역에 할당되는가?(단, 탐색은 위에서 아래로 한다.)

영역번호	영역크기	상태
A	11K	사용중
B	5K	공백
C	15K	공백
D	30K	공백
E	12K	사용중
F	25K	공백

① A ② C ③ E ④ F

85. 현재 헤드 위치가 53에 있고 트랙 0번 방향으로 이동 중이다. 요청 대기 큐에는 다음과 같은 순서의 액세스 요청이 대기 중일 때, SSTF 스케줄링 알고리즘을 사용한다면 헤드의 총 이동거리는 얼마인가?

요청 대기 큐 : 98, 203, 37, 122, 14, 1247, 65, 67

① 202 ② 236
③ 256 ④ 320

86. 로드(Loader)의 종류 중 별도의 로더 없이 언어번역 프로그램이 로더의 기능까지 수행하며, 연결 기능은 수행하지 않고 할당, 재배치, 적재 작업을 모두 언어번역 프로그램이 담당하는 것은?

① Relocating Loader ② Dynamic Loading Loader
③ Absolute Loader ④ Compile And Go Loader

87. 3개의 페이지 프레임(Frame)을 가진 기억장치에서 페이지 요청을 다음과 같은 페이지 번호 순으로 요청했을 때 교체 알고리즘으로 FIFO 방법을 사용한다면 몇 번의 페이지 부재(Fault)가 발생하는가?(단, 현재 기억장치는 모두 비어 있다고 가정한다.)

요청 된 페이지 번호의 순서
2, 3, 2, 1, 5, 2, 4, 5, 3, 2, 3

① 7번 ② 8번 ④ 9번 ④ 10번

88. 분산 운영체제의 구조 중 완전 연결(Fully Connection)에 대한 설명으로 옳지 않은 것은?

① 모든 사이트는 시스템 안의 다른 모든 사이트와 직접 연결된다.
② 사이트들 간의 메시지 전달이 매우 빠르다.
③ 기본 비용이 적게 든다.
④ 사이트 간의 연결은 여러 회선이 존재하므로 신뢰성이 높다.

89. 분산 운영체제에서 사용자가 원하는 파일이나 데이터베이스, 프린터 등의 자원들이 지역 컴퓨터 또는 네트워크 내의 다른 원격지 컴퓨터에 존재하더라도 위치에 관계없이 그의 사용을 보장하는 개념은?

① 위치 투명성 ② 접근 투명성
③ 복사 투명성 ④ 접근 독립성

90. 운영체제의 목적으로 거리가 먼 것은?

① 신뢰도 향상 ② 응답시간 단축
③ 반환시간 감소 ④ 처리량 감소

91. RR(Round-Robin) 스케줄링에 대한 설명으로 옳지 않은 것은?

① 우선순위 계산식은 "(대기시간+서비스시간)/서비스시간" 이다.
② "Time Sharing System 을 위해 고안된 방식이다.
③ 시간 할당이 커지면 FCFS 스케줄링과 같은 효과를 얻을 수 있다.
④ 시간 할당이 작아지면 프로세스 문맥 교환이 자주 일어난다.

92. UNIX에서 파일의 사용 허가를 지정하는 명령은?

① CP ② cat
③ chmod ④ ls

93. 다중 처리기 운영체제 형태 중 주/종(master/slave) 시스템에 대한 설명으로 옳지 않은 것은?

① 주 프로세서와 종 프로세서 모두 운영체제를 수행한다.
② 비대칭 구조를 갖는다.
③ 주프로세서는 입출력과 연산을 담당하고 종프로세서는 연산만 담당하다.
④ 주프로세서가 고장 나면 시스템전체가 다운된다.

94. 파일 시스템에 대한 설명으로 옳지 않은 것은?

① 사용자가 파일을 생성하고 수정하며 제거할 수 있도록 한다.
② 한 파일을 여러 사용자가 공동으로 사용할 수 있도록 한다.
③ 사용자가 적합한 구조로 파일을 구성할 수 없도록 제한한다.
④ 사용자가 보조기억장치 사이에서 인터페이스를 제공한다.

95. UNIX 시스템에서 명령어 해독의 기능을 수행하는 것은?

① Pipe ② Utility Program
③ Kernel ④ Shell

96. 시분할 시스템(Time Sharing System)에 대한 설명으로 옳지 않은 것은?

① 대화식 처리가 가능하다.
② 시분할 시스템에 사용되는 처리기를 Time Slice 라고 한다.
③ 실제로 많은 사용자들이 하나의 컴퓨터를 공유하고 있지만 마치 자신만의 컴퓨터 시스템을 독점하여 사용하고 있는 것처럼 느끼게 된다.
④ H/W를 보다 능률적으로 사용할 수 있는 시스템이다.

97. 사이클이 허용되고, 불필요한 파일제거를 위해 참조카운터가 필요한 디렉터리 구조는?

① 1단계 디렉터리 구조
② 2단계 디렉터리 구조
③ 트리 디렉터리 구조
④ 일반 그래프형 디렉터리 구조

98. HRN 방식으로 스케줄링 할 경우 입력된 작업이 다음과 같을 때 우선순위가 가장 높은 것은?

작업	대기시간	서비스(실행) 시간
A	5	20
B	40	20
C	15	45
D	60	20

① A ② B
③ C ④ D

99. 스레드(Thread)에 대한 설명으로 거리가 먼 것은?

① 하나의 스레드는 상태를 줄인 경량 프로세스라고도 한다.
② 하나의 프로세스에는 하나의 스레드만 존재한다.
③ 프로세스 내부에 포함되는 스레드는 공통적으로 접근 가능한 기억장치를 통해 효율적으로 통신한다.
④ 스레드를 사용하면 하드웨어, 운영체제의 성능과 응용 프로그램의 처리율을 향상시킬 수 있다.

100. UNIX의 특징으로 옳지 않은 것은?

① 트리 구조의 파일 시스템을 갖는다.
② 대화식 운영체제다.
③ 이식성이 높으며, 장치, 프로세스 간의 호환성이 높다.
④ Multi-Tasking은 지원하지만 Multi-User는 지원하지 않는다.

81③ 82④ 83① 84② 85③ 86④ 87① 88③ 89① 90④
91① 92③ 93① 94③ 95④ 96② 97④ 98④ 99② 100④

찾아보기

(A)

ACL 200
Aging 62, 89
AI 25
Allocation 16
ALU 31

(B)

Bakery Algorithm 84
BIOS 96
Bootstrap 15
Buffering 100
Bus 34

(C)

C-LOOK 160
C-SCAN 160
Channel 100
CL 201
Cloud Computing 23
Coalescing Holes 124
Compaction 124
Compiler 13
Context Switching 58
CPU 30
CPU 스케줄링 53
Critical Section 78
CSS 15

(D)

DAM 170
Dead Line 22
Deadline 61
Deadlock 88
Dijkstra 91
Dispatcher 58
Distributed Processing System 22
DMA 99
DOS 명령어 261

(E)

E 레지스터 34

(F)

FCFS 59
FCFS 스케줄링 157
FIFO 137
File 167
Fragmentation 119, 124

(G)

Garbage Collection 124
GUI 28

(H)

HRN 61

HTML 15

(I)

I-node 255
infinite Postponement 89
Interpreter 13
IPL(Initial Program Load) 15
ISAM 171

(J)

JCB 43
JCL 18
Job Scheduler 8

(K)

Kernel 28

(L)

Lamport의 제과점 알고리즘 84
LAN 242
LFU 139
Linkage Editor 16
Linker 9, 16
Linking 16
Loader 16
Loader Module 9
Loading 16
Long Term Scheduling 57
LOOK 160
LRU 138

(M)

Macro 26
Master Scheduler 8
Medium Term Scheduling 57
MFQ 66
MFT 119
MIMD 216
MISD 216
MS-DOS 260
Multi Accessing 22
Multi Mode Processing 22
Multi Processing System 21
Multi Tasking 22
Multi User 22
Multi-Level Queue 65
Mutual Exclusion 79
MVT 119, 121

(N)

N-step SCAN 161
NFS 230
Non-Preemptive Scheduling 56
NUR 140

(O)

OPT 136

(P)

Parking Zone 154
PCB 43
Polling 97
POST 97

Preemptive Scheduling 56
Priority 62
Protection 197
PSWR 32

(R)

RAM 153
Real-Time Processing System 22
Register 31
Response Time 20
ROM BIOS 96
Round Robin 19, 63
RR 63

(S)

SAM 169
SCAN 159
SCR 141
Security 203
Segmentation 132
Shell) 28
Short Term Scheduling 58
SIMD 216
SISD 216
SJF 60
SLTF 161
Sort/Merge Program 9
Source Code 13
SPOOLer47
SPOOLing 101
SRT 64
SSD 153
SSTF 158
Starvation 89
submit 46
Swap In 57, 118
Swap Out 57, 118
Swapping 57

(T)

TCB 43
Thread 49
Time Slice 19, 63
TSS 19

(U)

UNIX 29, 251
UNIX 명령어 256

(V)

Virtual Memory 114, 128
VSAM 173

(W)

WAN 243
Windows258

(ㄱ)

가로채기 204
가변 분할 할당 121
가비지 컬렉션 184
가상 컴퓨터 6
가상기억장치 114, 128
가상화 기술 23
강결합 다중 처리기 221

개인키 206
검사 레지스터 34
결함 허용(Fault Tolerance) 228
경계 레지스터 33
계층(트리) 연결 구조 238
고급 언어 12
고아 포인터 183
고정 분할 할당 119
공간 구역성 144
공개키 206
공백의 합병 124
공용키 206
광대역 통신망 243
교착상태 88
교착상태 발생 89
교착상태 예방 90, 93
교착상태 탐지 92
교착상태 회복 92
교착상태 회피 91
구역성 117
권한 리스트 201
그룹핑 185
근거리 통신망 242
기계어(Machine Language) 12
기근상태 89
기아상태 62
기아현상 89

(ㄴ)

내부 단편화 119, 124
네트워크 운영체제 244
누산기 32

(ㄷ)

다단계 큐 65
다단계 피드백 큐 66
다운사이징(Downsizing) 226
다중 리스트 파일 174
다중 링 파일 175
다중 모드 처리 22
다중 접근 버스 240
다중 처리 시스템 21, 215
다중 키 파일 174
다중 프로그래밍 시스템 19
단기 스케줄링 54, 58
단편화 119, 124
대기 리스트 45
대기시간 54
데이지 체인(Daisy Chain) 105
데이터 레지스터 33
데이터 버스 35
데커(Dekker) 알고리즘 80
동기적(Synchronous) 수행 76
동기화 76
동기화 기법 86
동적적재 로더 17
디렉터리 180
디스크 스케줄링 156
디스크 인터리빙 154
디스크 처리시간 154
디스패처 58
디지털 서명 기법 208

(ㄹ)

라운드 로빈 63
라운드 로빈 방식 19

라이브러리안 9
래치 31
랜덤 파일 170
레지스터 31
레코드 168
로더 16
로드 모듈 9
록-키 202
롬 바이어스 96
링커 16

(ㅁ)

마스터 인덱스 173
마스터 파일 175
마이크로 명령어 26
매크로 26
매크로 프로세서 26
매핑(Mapping) 130
맬웨어 218
멀티 스레딩 49
멀티 스레딩(22
메모리 구역성(Locality) 143
메모리 버퍼 레지스디 33
메모리 주소 레지스터 33
메모리의 구역성 144
메이저 스테이터스 레지스터 33
명령 레지스터 30, 32
명령 해독기 30
명령어 파일 175
모니터 86
목적 프로그램(Object Program) 8
무한연기 89
문맥 교환 47

(ㅂ)

바이트코드 언어 13
반환시간 54
반환시간(Turn Around Time) 5
배열 프로세서 220
버스 30, 34
버퍼 입력 레지스터33
버퍼 출력 레지스터34
버퍼링 48
범용 레지스터 34
베이스 레지스터 33
벡터 프로세서 220
벨레이디의 모순 137
변조 204
병행 프로세스 75
병행성 76
병행처리 75
보고서 파일 175
보안 203
보조기억장치에 16
보호 197
복호화(Decryption) 206
부동 소수점 레지스터 34
부모 프로세스 44
부분 연결(부분 망형) 구조 237
부인방지 205
부인봉쇄 208
부트스트랩 15
부팅순서 96
부호기 30
분산 운영체제 244
분산 처리 시스템 22, 226
분산 파일 시스템 229

분산 할당 115
분할파일 173
불연속 할당 방법 189
블록 168
블록 지향 파일 사상 기법(FTA 이용 기법) 191
블록체인 기법 190
비동기적(Asynchronous) 수행 76
비밀키 206
비선점 스케줄링 56
비선점(Non-Preemption) 조건 89

(ㅅ)

사용 가능도 5
사이클 스틸링 98
산술 레지스터 33
상위단계 스케줄링 54
상주 모니터 18
상태 레지스터 32
상호배제 77, 79
상호배제(Mutual Exclusion) 조건 89
색인 블록체인 기법190
색인 순차 파일 171
서브 프로그램 27
선입선출 59
선점 스케줄링 56, 63
선점 우선순위 스케줄링 65
성형(스타형) 연결 구조 238
세그먼테이션 132
세그먼테이션-페이징 기법 134
세그먼트 맵 테이블 134
세마포 86
섹터 154
섹터 큐잉161
셸(Shell) 28, 252
소스 코드 13
순차 접근 방식 169
순차접근 153
순차파일 169
순환 레지스터 34
슈퍼바이저 28
스래싱 146
스레드 49
스와핑 57, 118
스풀러 47
스풀링 48, 101
시간 구역성 144
시분할 시스템 19
시분할(Time Sharing) 및 공유버스(Common Bus) 222
시스템 소프트웨어 3
시프트 레지스터 33
신뢰도(Reliability) 5
실린더 154
실린더 인덱스 173
실시간 처리 시스템22
쓰레기 수집 124

(ㅇ)

악성 소프트웨어 218
암호화(Encryption) 206
압축 124
약결합 다중 처리기 221
어셈블러(Assembler) 9
어셈블리어(Assembly Language) 12
언더 플로우 34

언어 번역 프로그램 8
언어 번역기 8
에센바흐 161
에이징 89
역 파일 174
연결 16
연결 리스트 185
연결 편집기 9
연관 맵 테이블 135
연산장치 30, 31
연속 할당 115
연속 할당 방법 188
오버 플로우 34
오버레이 117
오버헤드(Overhead) 47
온라인 시스템 19
완전 연결(완전 망형) 구조 237
외부 단편화 119, 124
우선순위 62
운영체제 3
운영체제 정의 4
워킹 셋 145
원시 프로그램(Source Program) 8
위조 204
유틸리티 프로그램 10
은행원 알고리즘 91
응답시간 20, 54
인공지능 25
인덱스 레지스터 33
인덱스 종류 172
인터럽트 98, 102
인터럽트 종류 103
인터프리터(Interpreter) 9, 13
일괄 처리 시스템 18
임계구역 76, 78
입출력 버퍼링 100
입출력 프로그래밍 95

(ㅈ)

자식 프로세스 44
자원 할당 그래프 92
작업 41
작업 스케줄러 47
작업 제어 언어 18
작업파일 175
장기 스케줄링 54, 57
재배치 16
저급 언어12
적재 16
전송시간 154
전역 테이블 199
절대 로더17
점유와 대기(Hold and Wait) 조건 89
접근 제어 리스트 197, 200
접근 제어 행렬 199
정렬/합병 프로그램9
정적 할당 기법 119
제어 레지스터 34
제어 버스35
제어 버퍼 레지스터30
제어 주소 레지스터 30
제어 프로그램 7
제어장치 30
주/종 관계 224
주기억장치 114
주기억장치 할당 기법 115
주소 레지스터 33

주소 버스 35
준비 리스트 45
중간단계 스케줄링 54
중기 스케줄링 54, 57
중앙 집중 처리 시스템 226
중앙처리장치 30
직접 파일170
직접연결 로더 17
직접접근 153

(ㅊ)

채널 100
처리 프로그램 7
처리능력(Throughput) 5
최악 적합(Worst-fit) 전략 127
최적 적합(Best-fit) 전략 126
최초 적합(First-fit) 전략 126

(ㅋ)

카운팅 186
커널 28
커널(Kernel) 252
컴파일러 13
컴파일러(Compiler) 9
크로스바 교환 행렬 222
클라우드 컴퓨팅 23, 231
클라이언트/서버 235
클러스터 154

(ㅌ)

타임 슬라이스 46
타임아웃 92
탐색시간 154
태스크 41
트래픽 제어기 43, 47
트랙 154
트랙 인덱스 173
트랜잭션 파일 175
트레이서(tracer) 10
트리(tree) 180

(ㅍ)

파이프라인 프로세서 219
파일 167
파일 디스크립터 177
파일 시스템 176
패스워드(Password) 205
펌웨어(Firmware) 96
페이지 교체 알고리즘 136
페이지 맵 테이블 130
페이지 부재(Page Fault) 131
페이징(Paging) 기법 130
포인터 43
폴링(Polling) 방식 104
프로그래밍 언어 12
프로그램 계수기 32
프로그램 레지스터 34
프로그램 카운터 32
프로그램 파일 175
프로세서 41
프로세스 41
프로세스 스케줄러 47
프로세스 스케줄링 53
프로세스 식별자 43
프로세스 제어 블록 43

프로세스의 상태 전이 45
프리페이징 147
플래그 레지스터 33
플립플롭 31
피터슨 알고리즘 82

(ㅎ)

하드디스크 153
하드디스크 구조 155
하위단계 스케줄링 54
하이퍼큐브 223
할당 16
해시 함수 170
핸들(HANDLE) 177
혼성 네트워크 240
환형(링형) 연결 구조 239
환형대기(Circular Wait) 조건 89
회전지연시간 154
휘발성 메모리 153

운영체제 Operating System

2017년 2월 28일 초판 인쇄

2017년 3월 5일 인쇄 발행

저 자 이 헌

발 행 인 송기수

발 행 처 도서출판 GS인터비전

편 집 처 도서출판 GS인터비전

인 쇄 처 대명프린팅

등록번호 제 25100-2016-000050호

I S B N 979-11-5576-178-6(93000)

주 소 서울 은평구 증산로15길 69, 2층

전 화 02-976-7898, 0707-720-7898

팩 스 02-6468-7898

홈페이지 gsintervision.co.kr

이-메일 gsinter7@gmail.com

정 가 22,000원

이 책의 무단전재, 복제, 복사는 저작권법 제 97조에 의거 5년 이하의 징역 또는 5천만원 이하의 벌금에 처하게 됩니다.